Marc Dutroux : le dossier

René-Philippe Dawant

EDITIONS
LUC PIRE

Les amis de
la RTBF- Charleroi

Remerciements

Je tiens à remercier tout particulièrement Chantale Anciaux, journaliste au "Vif-L'Express" pour son aide précieuse. Un très grand merci à Annie Allard et Marc Dechamps. Merci aussi à Luciano Arcangeli, Marc Bouvier, Martine Ernst, Michel Hellas, Michel Hucorne, Georges Huercano-Hidalgo, Yves-Etienne Massart, Gérard Rogge, Marie-Jeanne Van Heeswick et Christophe Vanhex.

L'auteur

Je tiens à remercier les équipes des magazines "Faits divers" et "Au nom de la loi"

L'éditeur

Marc Dutroux : le dossier.
Par René-Philippe Dawant

© Copyright 1997 : Editions Luc Pire -
Tournesol Conseils SPRL - 76, rue Lesbroussart - B- 1050 Bruxelles
Photo de couverture : JP. Pfister
Mise en page : Idées-Graph sprl. Liège
Couverture : Marc Dosimont
Imprimerie J. Chauveheid - Stavelot

ISBN : 2.930088.47.8
Dépôt légal : D-1997-6840-3

Table des matières

Avertissement 5

Avant-propos 7

Une enfance bousculée 13
Turbulences familiales 16
Les troubles de l'adolescence 19
Un début sombre et difficile 22
La vie commence à 20 ans 24
Un homme idéal 27
Le casse de Haine-Saint-Pierre 31
Drames et problèmes familiaux 34
Le complice rêvé 36
Un voleur patenté 37
L'amour forcé 40
Arrêté 51
Marc Dutroux "innocent" 56
Michelle Martin libérée 58
Un beau specimen de psychopathe 61
Le procès de Mons 65
Détention 68
Un bon petit-fils 70
Un déménagement forcé 72
Libération conditionnelle 74
La décision de Melchior Wathelet 78
Un libéré conditionnel modèle 82
La valse du patineur 85
Opération Décime 86
Un parquet à la dérive 90
La "bande" à Dutroux 93
Les vacances slovaques 98
Julie et Mélissa disparaissent 100

Les parents contre la justice 107
L'enquête du juge Doutrèwe 114
La gendarmerie fait cavalier seul 116
Opération Othello 125
L'enlèvement de An et Eefje 129
Les ennuis de l'inspecteur Zicot 132
Les mystères de novembre 134
Le secret de Bernard Weinstein 138
Les perquisitions ratées du mois de décembre 140
Marc Dutroux est relâché 143
La bonne élève a disparu 147
L'enquête exemplaire 149

EPILOGUE
Les deux dossiers de Neufchâteau 153
L'appel du juge Connerotte 154
La commission d'enquête 156

ANNEXES
Justice mode d'emploi 159
Paroles de Magistrats 163
Le voisin de Bernard Weinstein 174

Avertissement

Le présent ouvrage résulte de la volonté conjointe du producteur de l'émission "Au Nom de la Loi", Marc Dechamps, et de l'éditeur Luc Pire de conserver une trace écrite de l'émission spéciale, diffusée sur la RTBF le 27 novembre 1996, résultat du travail mené par les équipes d' "Au nom de la Loi" et de "Faits Divers". L'ambition de l'auteur s'est limitée à développer certains points traités au cours de cette soirée spéciale, à en réactualiser d'autres en fonction des développements récents de l'affaire.

Il s'agit d'un ouvrage écrit à chaud, dans l'urgence, et dont le seul objectif est de permettre au lecteur de faire le point après des mois de tourmente émotionnelle et médiatique.

Telle est son ambition et sa limite.

Les noms et prénoms des victimes de Marc Dutroux, de certaines personnes qui lui furent proches, d'anciens complices ou d'autres protagonistes ont été modifiés.

René-Philippe Dawant, le 15 janvier 1997.

Avant-propos

La stupéfaction provoquée par la découverte des crimes de Marc Dutroux au cours du week-end du 15 août 1996 a rapidement cédé la place à l'écoeurement et à la colère.

Ainsi, les parents de Julie Lejeune et Mélissa Russo, qui clamaient leur conviction aux magistrats, aux policiers, aux journalistes depuis plus d'un an avaient raison : leurs enfants auraient pu être sauvées.

Ainsi, An Marchal et Eefje Lambrechts n'étaient pas parties pour s'amuser. Et les policiers ont eu tort d'attendre 10 jours avant de commencer à s'inquiéter, malgré les supplications des parents.

Et cette amère victoire relance le combat trop longtemps oublié des parents d'autres disparus, Loubna Benaïssa, Elisabeth Brichet, Kim Heyman, Sylvie Carlin, Liam Van den Branden.

Ainsi, il était possible que l'on vole des enfants et des adolescentes en Belgique pour satisfaire les instincts les plus malsains, les pulsions les plus sadiques.

Ainsi, la guerre des polices et les dysfonctionnements de l'appareil judiciaire avaient permis à un criminel en libération conditionnelle de récidiver alors que quelques jours après son premier forfait, il était le suspect numéro un de la gendarmerie.

Ainsi, le pouvoir judiciaire avait eu, à l'égard de ces "deuxièmes" victimes que sont les parents des enfants disparus, un comportement indifférent et inhumain, refusant d'entendre leurs voix, de prendre en compte leurs avis, de les informer sur l'évolution de l'enquête, en se retranchant dignement derrière le respect du secret de l'instruction.

Les Lejeune et les Russo qui "sentaient" que leurs filles étaient vivantes avaient vu juste : les enquêteurs n'y ont pas cru. Pas assez. Et les parents enragent de constater que l'on peut rassembler des moyens énormes, mobiliser des équipes jour et nuit, appeler des spécialistes allemands, hollandais et britanniques pour retrouver des cadavres, mais pas pour rechercher des enfants en vie. Ils dénoncent la pédophilie triomphante et le laxisme des autorités. Des soupçons qui s'étayent du rappel de scandales récents : le curé de Kinkempois, libéré après quelques mois de prison, comparaissant libre devant une Cour d'assises qui le condamne à 3 ans de prison avec sursis; le vieux sacristain de Tubize, condamné à 15 ans et qui retrouve la liberté après 15 mois par le biais d'une grâce royale; le gendarme Eddy Huybrechts, membre actif d'un réseau, pris sur le fait et relâché après quelques semaines en attendant son procès.

Les funérailles de Julie et Mélissa provoquent une houle émotionnelle considérable, amplifiée dès le lendemain par le procureur du Roi de Neufchâteau, Michel Bourlet, qui promet, au cours d'une émission de la RTBF, d'aller jusqu'au bout "si on le laisse faire".

Dans ce contexte surchauffé, quelques voix imprudentes lancent des rumeurs sans fondement sur l'existence de puissants réseaux de pédophiles aux ramifications internationales impliquant des protections à tous les niveaux : policiers, magistrats, parlementaires, ministres. Personne ne peut imaginer que Marc Dutroux a agi seul.

Le 3 septembre, la population bouleversée apprend le calvaire d'An et Eefje. Elle assiste aux règlements de comptes croisés entre la magistrature, la Police Judiciaire et la gendarmerie. Le comble est atteint lorsque la Cour de cassation, sur requête de l'avocat de Marc Dutroux, dessaisit le juge Connerotte, devenu le symbole du magistrat intègre et efficace. Toute motivée qu'elle soit, la décision de la plus haute instance judiciaire du pays est ressentie comme la confirmation d'une volonté délibérée d'empêcher la manifestation de la vérité. Des arrêts de travail spontanés se produisent dans plusieurs entreprises, des manifestations ont lieu devant les palais de justice. L'affaire Dutroux réveille les citoyens que l'on avait cru assommés par la crise et d'un seul coup toutes les rancoeurs et les frustrations accumulées se catalysent dans un mouvement de sympathie et de compassion qui s'exprime dans le plus grand rassemblement jamais organisé à Bruxelles. La "marche pour la vérité" draîne, sans incidents, 300.000 citoyens pour un hommage aux victimes et à leurs parents, mais aussi pour qu'il y ait plus de justice, pour que "cela change". Le Roi Albert II s'en inspire pour son message de Noël.

Est-ce un hasard si la mobilisation citoyenne commence à l'usine VW de Forest, sans mot d'ordre syndical ? La population rappelle brusquement à Jean-Luc Dehaene que la Belgique n'est pas peuplée uniquement de chiffres, de pourcentages, de taux d'inflation, de normes européennes, mais bien d'hommes et de femmes qui souhaitent plus de justice, plus d'humanité, plus d'écoute et de compréhension. Le premier ministre n'a même pas interrompu ses vacances pour rentrer dans un pays traumatisé par la découverte des corps de Julie et Mélissa et semble avoir empêché le Roi Albert II de se mettre au diapason de l'émotion populaire. Il y a désormais d'un côté les marcheurs, et de l'autre les politiciens.

Depuis plus de 20 ans, nous vivons, comme la plupart des pays industrialisés, dans une période dite de crise. Les plans d'austérité se succèdent sans succès. Au contraire, les délocalisations, les restructurations et les faillites se multiplient, aggravant le chômage. L'économie triomphante débouche sur l'horreur économique.

AVANT-PROPOS

Le citoyen a de plus en plus le sentiment que les décisions importantes échappent au pouvoir politique, simple gestionnaire d'une situation qu'il ne contrôle plus. Les vraies décisions se prennent à la Banque Mondiale, au Fonds Monétaire International, à la Commission Européenne, organismes perçus comme des entités abstraites, au service d'une économie qui méprise l'homme, réduit à une simple "ressource humaine".

C'est confusément le refus de tout ce système, basé sur la compétitivité, la rentabilité, la gestion financière, l'injustice sociale, la machinerie bureaucratique, qui nie l'existence de l'individu dans ce qu'il a de plus tendre et de plus fragile qui a poussé les gens à prendre la parole pour dire "ça suffit".

Relayée d'une manière très spectaculaire par les médias, la charge émotionnelle de la "marche blanche" a exercé une pression sans précédent sur le monde politique, débloquant des situations enlisées depuis des décennies.

La réforme de la justice, qui, jusqu'au 15 août 1996, n'était pas porteuse électoralement parlant, devient la priorité des priorités, alors que la presse, les magistrats et les policiers en dénoncent les dysfonctionnements depuis des années dans l'indifférence générale.

La politique criminelle, qui ne fut jamais un sujet de discussion, passe au premier plan des préoccupations d'un ministre de la Justice qui, pendant un temps, occupe seul le terrain médiatique. Dans la foulée, il prend des mesures inimaginables quelques semaines auparavant : c'est ainsi qu'il gèle tous les dossiers de libération conditionnelle des délinquants sexuels, en attendant un examen attentif de chaque cas.

La réforme du Code de procédure pénale, en panne depuis près d'un demi-siècle, est promise avant la fin de l'année.

Les travaux de la Commission d'enquête parlementaire sur les disparitions d'enfants sont retransmis en direct à la télévision. Le spectacle est édifiant : magistrats, policiers et gendarmes se déchirent à propos de l'enquête sur Marc Dutroux, ce qui confirme l'impression désastreuse qu'il y a eu des dysfonctionnements du système judiciaire à tous les niveaux. Mais surtout, le service public de la justice apparaît comme un système vieillot, où l'esprit de caste génère l'irresponsabilité, la politisation engendre la médiocrité et l'incompétence, où la bureaucratie encourage la paresse et l'inertie, où la guerre des polices sacrifie l'efficacité des enquêteurs à l'esprit de corps et aux ambitions d'état-major. On pense aux grands dérapages du Bureau national des drogues de la gendarmerie, à l'affaire du Heysel et à l'échec de l'enquête sur les tueries du Brabant wallon.

Face à ce désastre, le dynamisme de l'enquête menée à Neufchâteau rappelle opportunément qu'il y a une administration de la justice qui fonctionne, qu'il y a des enquêteurs consciencieux, que la gendarmerie peut se montrer efficace.

La réforme qui se prépare, dans la foulée des travaux de la Commission sera un travail de longue haleine, où tout le monde aura un rôle à jouer : la pression doit être maintenue. Transformer la révolte du coeur en volonté durable de changement tout en évitant le dénigrement partisan ne sera pas la tâche la plus facile de ceux qui veulent rester les aiguillons du monde politique et les garants des promesses données sous la pression populaire.

L'enquête se poursuit à Neufchâteau et le dossier Dutroux n'a pas livré tous ses mystères. Les questions essentielles demeurent : y a-t-il bien un réseau Dutroux-Nihoul ? Marc Dutroux a-t-il enlevé des enfants et des adolescentes sur commande ou pour satisfaire ses seules pulsions criminelles ? Quelle part la pédophilie a-t-elle réellement dans cette affaire ? Car s'il est prouvé que Marc Dutroux a manifesté un comportement sadique et cruel envers deux petites filles, il semble bien que le trait dominant de sa personnalité soit d'ordre psychopathique. C'est ce qu'il faut garder à l'esprit pour bien comprendre son parcours criminel.

Anne Stroobants, psychologue au Centre de recherche-action et de consultation en sexo-criminologie (CRASC) définit le psychopathe comme un individu dont les lois internes, les interdits qui façonnent notre conscience, ne sont pas développés.

"Il connaît très bien la différence entre le bien et le mal, mais il n'a aucune barrière, aucune inhibition, et agit uniquement en fonction de son plaisir, de la satisfaction immédiate de ses pulsions".

"Actuellement", dit la psychologue du Crasc, "il y a deux théories sur la cause de cette pathologie psychiatrique. D'après la première, la psychopathie serait un trait héréditaire, une aberration au niveau des gènes, comme un chaînon manquant. Ce qui fait que l'individu est incapable d'intégrer des lois, de développer des normes et des valeurs. La seconde théorie veut qu'il n'y ait pas de cause unique, mais qu'il s'agisse plutôt d'un ensemble d'événements qui vont renforcer ou contrebalancer certaines prédispositions, tout au long de l'enfance et de l'adolescence". Cependant, ce seraient surtout les premières années, jusqu'à l'âge de 7 ans, qui sont critiques : relations déficientes avec le père et la mère. En raison d'une relation instable ou insuffisante, l'enfant n'a pas pu s'identifier au père, qui représente les règles à respecter. Le bébé a pu être perturbé par une mère trop froide, qui lui a donné le sentiment d'être rejeté, ou par une mère trop laxiste, qui n'a pas été capable de poser des limites et d'éduquer l'enfant à la frustration.

"Les enfants dont le surmoi n'est pas développé ont des émotions primaires : ils ont mal ou ils ont bon. Ils ne connaissent pas la culpabilité et sont totalement indifférents à la souffrance des autres. Ils recherchent uniquement ce qui leur fait plaisir". Et Anne Stroobants poursuit : "ils sont également bloqués dans la phase narcissique de leur évolution. Ils restent l'enfant-roi, centre d'un monde où tout leur est permis, où ils peuvent à leur guise manipuler, séduire, contrôler les autres, où ils sont les plus intelligents et les plus forts. Quand quelqu'un ou quelque chose échappe à leur maîtrise, ils entrent dans des états de fureur irrépressible".

L'adulte psychopathe est quasiment irrécupérable dans l'état actuel de la science. On ne sait jamais s'il faut croire ce qu'il raconte ou non : c'est un manipulateur-né, qui peut facilement convaincre les autres de sa guérison. Il ne ressent aucune émotion développée, mais sait très bien reconnaître les émotions des autres, en jouer, ou faire semblant d'en ressentir. Le psychopathe va toujours trouver le point faible chez l'autre. Sa victime favorite, recherchée même, est le névrosé, tellement fragile et instable que le contrôler ajoute du plaisir. Il est généralement très sûr de lui, conscient d'être un individu supérieur, "invincible".

Chez le psychopathe, ce qui est le plus important, c'est le sentiment de pouvoir, de contrôle exercé sur l'autre, bien plus que l'acte criminel, d'ordre sexuel ou non. Le choix de la personne en elle-même n'est pas déterminante. C'est ce qui différencie un psychopathe d'un pédophile. Le pédophile est généralement fixé sur un âge particulier, et sur un sexe. Ce n'est pas le cas du psychopathe. Le pédophile peut se soigner. Le psychopathe ne se soigne pas. La seule manière de le contrôler, c'est de l'enfermer et d'attendre qu'il vieillisse. Avec l'âge, les manifestations de son désordre de la personnalité risquent d'être moins violentes.

La récidive peut être foudroyante. Pris d'une "rage narcissique", le psychopathe qui a été arrêté fera tout pour ne pas retourner en prison. R. Holmes et S. Holme dans "Profiling violent crime : an investigative tool"(1) citent l'interrogatoire d'un violeur emprisonné aux Etats-Unis : "Je préfère les adolescentes minces, au plus mince au mieux. Il faut travailler de la bonne manière. On a échoué par manque d'expérience. La première chose à faire, c'est de posséder une maison avec une cave sans soupirail, équiper cette cave avec des cages en acier pour y garder les victimes et bien vérifier que la cave soit insonorisée. C'est seulement à ce moment-là que l'on peut partir en chasse. Il faut prendre son temps et trouver exactement ce que l'on veut. En trouver une qui soit parfaite. Ensuite, on la garde enfermée jusqu'au moment où on la tue et puis on va en rechercher une autre. Mais si on torture, il vaut mieux en prendre deux, comme cela il y en a toujours une qui récupère pendant qu'on s'occupe de l'autre".

Marc Dutroux est une personnalité hors norme. A Sars-la-Buissière, le jour où l'on a déterré les corps de Julie et Mélissa, il était le seul à ne pas avoir les larmes aux yeux. Il est incapable d'en avoir et n'avait pas envie, ce jour-là, de faire semblant de ressentir de l'émotion.

---

(1) Sage Publications, California, 1996. Op. cit. p. 208.

Une enfance bousculée

Marc Dutroux est le fils d'un couple d'instituteurs. Ses parents se sont rencontrés au milieu des années 50 sur la cour de récréation de l'école communale d'Ixelles, dans l'agglomération bruxelloise. Victor Dutroux a 27 ans. Jeannine Lauwens en a 20. Du charme, de la verve, c'est une jeune femme sans complexe, qui n'en est pas à sa première expérience amoureuse. Elle est fille unique. Ses parents habitent Jemeppe-sur-Sambre. Son père, qui a obtenu un Prix de Conservatoire en trombone, est devenu indépendant au cours de l'occupation pour échapper au travail obligatoire en Allemagne. Avec son épouse, il a installé une cressonnière dans sa propriété. La jeune Jeannine a vu ses parents travailler "comme des forçats jour et nuit : marché matinal, cressonnière, vente" (1). Elle s'est prise en charge très jeune et a reçu une excellente formation d'institutrice.

Victor Dutroux est d'origine ardennaise par son père, qui est né à Boeur, un petit village situé près de Tavigny, dans l'entité d'Houffalize. Les grands-parents paternels de Victor Dutroux avaient fait un mariage consanguin. Tous leurs enfants sont morts en bas âge, sauf le père de Victor, unique survivant de la famille, qui a grandi à Boeur, dans une maison typique de la région, établie sur un terrain de 7 hectares (2). La mère de Victor Dutroux est née à Tirlemont où sa famille possède une grande propriété à laquelle son fils restera fort attaché. C'est un terrien dans l'âme.

Quand les deux instituteurs tombent amoureux, ils mènent une vie assez libre. Plus tard, ils s'accuseront l'un l'autre d'être volage. Ce qui explique le doute que Victor Dutroux laisse planer sur sa paternité biologique à l'égard de son aîné Marc (2). En février 1956, lorsque Victor Dutroux épouse Jeannine Lauwens, il projette de s'installer dans ce qui s'appelle encore le Congo Belge. Victor Dutroux a presque atteint la limite d'âge pour s'engager à la colonie. C'est pourquoi il s'embarque au début octobre, afin d'être sur place dans les délais légaux. Il laisse derrière lui son épouse enceinte. Quelques semaines plus tard, le 6 novembre 1956, Marc Dutroux naît à la maternité d'Ixelles. Un enfant non désiré, venu trop vite ? Marc Dutroux prétend que sa mère lui reprocha une naissance, "qui a brisé sa jeunesse"(2). A 2 mois et demi, il quitte la Belgique pour le Congo. Le 19 décembre 1957, les Dutroux ont un deuxième fils, André, qui naît à Usumbura. Le 12 février 1959, naissance de Jacques à Bukavu. Mais ce dernier est victime d'une encéphalite à l'âge de 4 mois, qui provoque un handicap durable. Prise dans la tourmente de l'indépendance, la famille Dutroux revient en Belgique en 1960 et s'installe dans le village d'Obaix, entre Nivelles et Pont-à-Celles. Victor Dutroux et Jeannine Lauwens deviennent instituteurs à Roux, près de Charleroi. Marc Dutroux a 6 ans, l'âge d'entrer en primaire. Victor Dutroux préfère que son fils ne fréquente pas l'école où il est enseignant. Le jeune Marc n'ira pas à Roux, il est envoyé à l'Ecole Normale de

Nivelles. Chaque matin, il quitte la maison familiale avec son cartable, rejoint la gare d'Obaix, distante d'un bon kilomètre, prend le train jusqu'à la gare de l'Est à Nivelles. De là, il descend la rue de Namur pour rejoindre l'école. Il garde un mauvais souvenir de ses navettes d'enfant. C'est aussi le cas du voisin qui est chargé de veiller sur lui pendant le court trajet entre Nivelles et Obaix : le garnement est intenable, il parcourt les compartiments en tous sens, escalade les banquettes, grimpe dans les filets à bagages (4). L'année suivante, son jeune frère André l'accompagne. Au cours de l'hiver 1963, de fortes chutes de neige, soufflées par le vent, provoquent des congères dans les environs d'Obaix. Malgré l'interdiction de sa mère, Marc emmène André par le raccourci qu'il prend régulièrement à travers champs. Bientôt les deux enfants sont bloqués dans une masse de neige atteignant environ 70 centimètres de haut. Un voisin vient les secourir, mais de retour chez lui, Marc Dutroux, a chaud aux fesses ! L'année suivante, il faut le retirer de l'école de Nivelles : un contrôleur l'a surpris alors qu'il se penche par une portière ouverte entre Nivelles et Obaix. Il rejoint l'école de ses parents à Roux. Un quatrième fils naît en 1964, il est prénommé Henri.

Les conceptions pédagogiques de Victor Dutroux sont un peu particulières : tout ou presque est interdit. Les enfants ne peuvent pas faire de bruit pendant sa sieste, ni chahuter quand ils jouent. Les friandises sont rares. Elles sont enfermées dans une armoire et réservées en priorité à un père "qui ne boit pas et ne fume pas". Il y a eu des punitions et des brimades inutiles, comme cette obsession de Victor Dutroux à faire trier les poubelles par ses enfants au moment de la diffusion de leur feuilleton favori à la télévision, ou encore, cette obligation imposée aux aînés d'enlever les mauvaises herbes du jardin avec un vieux couteau pendant leur temps de loisir. Les quelques bons souvenirs que Marc Dutroux retient de son enfance sont les moments qu'il passe chez ses grands-parents maternels, à Jemeppe-sur-Sambre. Il prétend que c'est le seul endroit où il bénéficie d'une certaine affection, où il est apprécié, et où il peut mener la vie d'enfant qu'il aurait voulu vivre chez lui. C'est là qu'il connaît la douceur d'être pris sur les genoux, les bonnes odeurs des crêpes et des confitures. Il ne faut pas lui demander d'aider son grand-père, il le fait spontanément et avec plaisir (3).

A Obaix, Victor Dutroux considère l'aîné comme responsable des autres enfants. Marc Dutroux prétendra que son éducation l'a éloigné de ses frères, que ses parents n'ont jamais manifesté la moindre attention à son égard, qu'il a été écrasé, discriminé, que son père lui a fait subir des punitions injustes et systématiques, qu'il était battu (3). Son frère André revoit un père imposant une discipline rigide, de type militaire, ne tolérant ni discussion ni critique et un Marc rebelle, affrontant les coups de baguette avec insolence(5). Les parents, eux, ont souvenance d'un enfant turbulent, jaloux, égoïste, dictatorial, essayant de mettre ses frères sous sa coupe.

A l'école de Roux, Marc Dutroux se rend rapidement insupportable. Les collègues des Dutroux s'en plaignent amèrement, ce qui provoque une décision autoritaire et un premier affrontement direct entre le père et le fils. Comme il n'est plus possible de garder le jeune Marc à Roux et que ce dernier est de plus en plus difficile, Victor Dutroux décide de l'envoyer en pension à l'école de Morlanwez. Marc Dutroux déteste l'ambiance qui règne à l'internat. Il se sent délaissé. Bien plus tard, il apprendra que, pendant son séjour à Morlanwez, son père suit des cours de perfectionnement dans la même école. Il n'est jamais venu lui dire un petit bonjour. Au bout de quelques semaines, l'élève Dutroux réagit très mal et très fort : il prévient son père que si on le laisse à l'internat, il ne fera plus rien. Et il tient parole : ses résultats scolaires deviennent rapidement catastrophiques. Il provoque des bagarres à la cour de récréation, où le patronyme de Dutroux n'est pas facile à porter. Son comportement irrite les surveillants. L'un d'eux l'a-t-il pris en grippe ? Marc Dutroux, qui se dit victime d'une punition injuste, pique une crise de rage. Il est renvoyé. Ses parents décident qu'il finira son cycle primaire à l'école communale de son village, Obaix. Jeannine Lauwens connaît bien l'institutrice de sixième, elle lui explique le cas de son aîné. Libéré de l'internat, Marc Dutroux se sent de meilleure composition. Il aime son institutrice, qui est "juste, sévère et gentille" et il décide de bien travailler "pour lui faire plaisir." Il réussit (3).

---

(1) Jeannine Lauwens, novembre 1996.
(2) Victor Dutroux, déposition du 21 avril 1986.
(3) Déclaration de Marc Dutroux écrite à la prison de Jamioulx en novembre 1987.
(4) Jeannine Lauwens, déposition du 13 octobre 1986.
(5) André Dutroux, déposition du 14 octobre 1986.

Turbulences familiales.

A l'école de Roux, Victor Dutroux passe pour un farfelu. Il ne boit pas, il ne fume pas, mais il cause, beaucoup, beaucoup trop. Passionné de livres, de botanique et fanatique du jeu d'échecs, il se pique de psychologie, de philosophie et surtout de politique. C'est un militant très engagé du jeune Rassemblement Wallon. Son caractère entier et ses engagements politiques, son militantisme et son prosélytisme ne lui valent pas que des amis. Il vit au centre d'un tourbillon assez passionnel, qu'il a lui-même provoqué.

Un incident d'ordre familial va le déstabiliser complètement. Victor Dutroux est viscéralement attaché à la terre. Vers le milieu des années 60, il apprend que ses parents ont accepté de vendre une partie de la propriété de Tirlemont à une grande entreprise de la région, qui finira par agrandir son territoire à coup d'expropriations aux dépens du domaine familial. Il en est bouleversé. Cet événement est, semble-t-il, à l'origine d'une détérioration de son état mental (1). A partir de cette époque, Victor Dutroux se chamaille encore plus avec ses collègues de l'école de Roux. Relations difficiles, qui tournent rapidement à l'esclandre. Son comportement frise le délire verbal. Les incidents deviennent plus graves. Sous prétexte qu'il fait trop froid dans les bâtiments, il abandonne sa classe pour rentrer chez lui avec ses propres enfants. Il s'en prend à un collègue, qui se sent menacé. En 1967, l'école communale de Roux se débarrasse de Victor Dutroux qui est admis à la retraite d'office. Il bénéficie d'une pension très modeste, mais il a de l'argent du côté de ses parents. La vente des biens de Tirlemont ne le laisse pas complètement démuni.

Au début de l'année 1968, les Dutroux ont un cinquième enfant. C'est une fille, Christine, qui naît le 26 février. Mais le couple Dutroux bat de l'aile. Victor Dutroux court le guilledou. Il est travaillé par le démon de midi et s'est aménagé une pièce particulière dans le grenier de sa maison, où il y a des affiches de pin-ups sur les murs et une collection de revues genre Play Boy (2). Son caractère s'est aigri et il est de plus en plus impulsif. Un poste de télévision est fracassé sur le sol du living, alors que les enfants regardent "Bonhommet et Tilapin" au lieu d'enlever les mauvaises herbes dans le jardin.

La vie familiale devient rapidement intenable. Quatre ans plus tard, le couple se sépare d'un commun accord. Jeannine Lauwens va vivre à 500 mètres du domicile conjugal, dans une petite maison qui appartient à ses parents. Une maison laissée à l'abandon et où il n'y a ni meubles ni confort. La mère et ses cinq enfants dorment sur des lits de camp. Jeannine Lauwens abandonne tout à son mari "pour avoir la paix"

Institutrice, elle quitte sa grande classe de Roux à 16 heures pour retrouver sa petite classe à Obaix. La discipline est maintenue avec un système de bons et de mauvais points, pas avec les poings, ce qui n'est pas simple face à une fille et quatre garçons. Mais il y a aussi une compensation de taille : Jeannine Lauwens a un très jeune ami, qui vient la rejoindre le soir chez elle, Albert F. Au départ, ses visites nocturnes sont discrètes et les enfants ne s'en aperçoivent pas. Puis un jour, la liaison devient plus officielle. Albert F. n'a que trois ans de plus que Marc Dutroux. Ce dernier prétendra qu'il a été profondément perturbé par la liaison de sa mère avec un garçon aussi jeune. Il le confiera à un certain Serge M. dont il partagera le logement après avoir quitté le domicile familial.

Au début de la séparation, Victor Dutroux vit dans sa maison, à Obaix, mais il revient chez son épouse pour prendre ses repas. Il s'incruste, harcèle, menace. Et quand son épouse le rejette, il reprend sa décision de divorcer par consentement mutuel. Quelques scènes plus tard, une procédure de divorce est entamée. Mais Victor Dutroux s'entête. Il vient passer des heures à parler ou à jouer aux échecs avec Albert F. La garde des enfants et les visites donnent lieu à des incidents incroyables. Il lui arrive de défoncer une porte, une fenêtre, ou de s'introduire de nuit dans le lit de sa femme (1). Un jour, il profite de l'absence de Jeannine Lauwens pour forcer ses garçons à le suivre. Marc refuse. Son père lui arrache la montre que l'enfant porte au poignet, une montre à laquelle il tient énormément, elle lui vient de sa grand-mère maternelle. Quelques jours plus tard, Marc Dutroux pénètre dans la maison occupée par son père, récupère la montre et fait main basse sur des friandises et divers objets qui lui appartiennent. Il pousse son frère André, sur lequel il possède une grande influence, à aller voler chez son père. Victor Dutroux va surprendre son fils et voudra le traîner devant le bourgmestre (3). Il décide ne plus s'occuper que des deux cadets, Henri et Christine. Les autres, il n'en veut plus. Il affirme que son fils Marc lui a un jour jeté une brique à la tête, alors qu'ils étaient en train de travailler à Tirlemont.

Dans la maison d'Obaix, Victor Dutroux entreprend toutes sortes de travaux qu'il abandonne bien vite. Un jour, il laisse un trou béant dans le toit, une autre fois, c'est un châssis de fenêtre qui est démonté sans être remplacé. Il vit dans un très grand désordre. Son logement est encombré d'un fatras de livres et de plantes ramassées un peu partout et élevées dans des petits pots à yaourt. Il s'éprend d'ésotérisme et s'adonne à la numérologie. Il paraît qu'il passe des journées dans le chalet qu'il possède à Middelkerke en galante compagnie. Mais quand on demande à Jeannine Lauwens si son ex-mari était un monstre sexuel, elle a plutôt envie de rire. "C'est surtout un pique-assiette, un coucou, un pigeon voyageur" (1). Il va commencer une longue errance et changer très souvent de logement. Il est également pris d'une rage procédurière qui ne le lâchera jamais. Son but est d'éviter de devoir payer la pension alimentaire de ses deux derniers rejetons. Rien ne le décourage, il accuse son épouse de saboter les phares de sa voiture et veut déposer plainte, mais une fois dans les locaux de la gendarmerie, il refuse de signer le procès verbal et exige la présence de son médecin traitant. Il est colloqué à l'institut Saint-Bernard de Manage en 1971.

Quand il sort de l'hôpital, il reprend son droit de visite et la guérilla recommence. Mais Henri et Christine se plaignent. Ils en ont marre de suivre leur père dans ses parties d'échecs ou ses visites à ses anciens compagnons de l'hôpital de Manage. Sans compter les séjours au chalet où "papa regarde un monsieur et une dame qui font pouêt pouêt" (1). Il revient encore à Obaix et provoque de nouveaux esclandres. En 1974, il est très vigoureusement prié par Albert F. de vider les lieux et de ne plus entrer dans la maison, ni par la porte, ni par la fenêtre. Cette fois, c'est la guerre. Victor Dutroux dépose plainte pour coups et blessures. Condamné en première instance, Albert F. est acquitté en appel. Victor Dutroux quitte Obaix pour aller vivre 6 ans dans la maison de son père, à Boeur, dans les Ardennes.

---

(1) Jeannine Lauwens, novembre 1996.
(2) Jeannine Lauwens, déposition du 13 octobre 1986.
(3) Déclaration de Marc Dutroux, écrite à la prison de Jamioulx en novembre 1987.

Les troubles de l'adolescence

Marc Dutroux entre en humanités modernes à l'école normale de Nivelles. Il est une nouvelle fois à l'internat. Ses études l'ennuient. Il passe son temps à disparaître, des heures entières, dans les sous-sols de l'établissement et affirme être démuni de tout : pas un franc d'argent de poche, pas une friandise (1). Il échoue. Son avenir scolaire est discuté en famille. Serait-il intéressé par l'horticulture ? Sa mère l'inscrit dans un établissement de Fleurus, à quelques kilomètres de la maison de ses grands-parents qui l'hébergent pendant un an. "Une surprise à laquelle je n'osais pas croire. Ce fut la seule année heureuse de mon enfance" affirme-t-il en 1987, mais ce bonheur n'améliore manifestement pas son caractère : il est renvoyé de Fleurus pour insolence. A Jemeppe-sur-Sambre, il se fait gâter par sa grand-mère, qui est folle de lui, mais il excède son grand-père qui demande qu'on vienne le reprendre (2).

Retour à Obaix. Pour les vacances, la famille Dutroux se rend dans le chalet de Middelkerke. Il conserve un mauvais souvenir de ses vacances, parce que sa mère, inquiète de son poids, le met au régime. D'autre part, on lui impose une coupe de cheveux "ridicule", qu'il ressent comme une brimade supplémentaire. A la rentrée, Jeannine Lauwens, l'institutrice laïque, se demande si un établissement du réseau libre ne conviendrait pas mieux au caractère de son aîné. Elle inscrit Marc Dutroux aux Aumôniers du travail de Charleroi, en section mécanique générale. L'année suivante, il est en section électricité. Mais le fait marquant de son passage à Charleroi est totalement étranger à l'énergie des volts et des ampères : un jour, à la sortie de l'école, il est abordé par un homme d'une trentaine d'année, un certain Serge M., homosexuel notoire, qui lui propose de s'occuper de son éducation sexuelle. Il suggère que les cours particuliers soient, non pas payants, mais payés. Marc Dutroux certifie qu'il n'a jamais eu de relations homosexuelles, que cette idée à elle seule le dégoûte profondément (1). Dans son entourage, on doute qu'il ait eu ce type de relations "ce n'est pas son genre", mais on sait déjà, à cette époque, qu'il fait beaucoup de choses pour de l'argent (2). C'est le champion toute catégorie de la vente de billets de tombola. Il est tellement performant, que, pour le récompenser, un de ses professeurs lui donne une série d'autocollants, qu'il va vendre un peu partout en laissant entendre que "c'est pour l'école", alors qu'il empoche le bénéfice. Pris sur le fait, il se défend en affirmant que personne ne lui a dit qu'il était interdit de vendre ces autocollants. C'est ainsi que le 26 juin 1972, la direction des Aumôniers du travail fait savoir, par une lettre adressée à Jeannine Lauwens, que "son fils Marc est désormais indésirable dans l'établissement" (3).

Un peu plus tard, Albert F., l'ami de Jeannine Lauwens, découvre qu'il y a une chaîne haute fidélité dans la chambre de Marc Dutroux. Il s'inquiète, parce que le prix de l'installation ne correspond pas à l'argent de poche qu'il reçoit. Alertée, Jeannine Lauwens visite la chambre et découvre un rouleau de billets de banque représentant une somme de 7.500 francs. Ces rouleaux, elle les reconnaît. C'est comme cela que ses parents rangeaient leurs économies à Jemeppe-sur-Sambre. Et puis, il y a une odeur sur cette liasse, l'odeur de l'armoire de sa mère, qu'elle identifie immédiatement. Sommé de s'expliquer, Marc Dutroux nie avec véhémence. La scène aura des répercussions durables sur les rapports entre la mère et son fils, ce dernier prétendra toujours que l'argent lui a été donné par sa grand-mère, qui n'a jamais confirmé, ni infirmé. Jeannine Lauwens est persuadée que son fils a volé cet argent (2). Elle commence à s'inquiéter très sérieusement. C'est l'époque où le caractère de Marc Dutroux devient encore plus difficile.

Un jour, il renverse un bassin d'eau, qu'il avait préparé pour faire sa toilette. Sa mère lui demande de ramasser l'eau, ce qu'il fait de très mauvaise grâce. Il prétend avoir terminé d'éponger l'eau répandue, quand sa petite soeur Christine constate à haute voix qu'il "reste un peu d'eau en-dessous d'un meuble". Pris d'un accès de colère, Marc Dutroux frappe la petite fille au visage avec la serpillière humide. Elle hurle sous la douleur. Albert F., qui assiste à la scène, se jette sur lui, l'empoigne et le colle brutalement au mur en lui ordonnant de ne plus jamais recommencer (2). Pour Marc Dutroux, c'est la fin d'un règne. Aîné des enfants, il ambitionnait de devenir le chef d'une famille, privée de l'autorité paternelle. Cette place, il la revendiquait face à une mère dont il supportait difficilement la tutelle et la mise au pas l'humilie profondément, surtout qu'elle vient d'un jeune homme à peine plus âgé que lui. Montrant ses biceps, il lance à son beau-père "T'es fort avec ça", s'enferme dans sa chambre, hurle et boude. L'incident semble oublié, mais des années plus tard, il se souviendra d'avoir craint pour son intégrité physique, si pas pour sa vie (1 et 2). Une chose est certaine : Marc Dutroux a physiquement peur de son beau-père. Une nouvelle mise au point sera nécessaire, parce qu'il insulte continuellement sa mère. Marc Dutroux déteste Albert F. : "Il était inculte, buveur, mal intentionné à mon égard. Encouragé par ma mère, l'orgueil, à 17 ans, de se prendre pour le père lui est monté à la tête. Il aurait fallu se soumettre au nouveau dur. Avec trois ans de moins, je n'étais pas prêt à supporter la domination de cet inconnu" (1). Cet incident va le déterminer à quitter le foyer familial. Mais pour l'heure, il n'a pas les moyens de s'en aller.

Ses trois frères doivent supporter un aîné, seul à disposer d'une chambre particulière, alors qu'ils cohabitent dans une autre chambre avec leur petite soeur. Ils considèrent leur grand frère comme un dictateur, dominant les autres sans souci du tort qu'il peut leur faire. Marc Dutroux exerce une véritable emprise sur André, son puîné, le poussant à faire des choses que lui-même n'ose pas faire (4). Quand ils jouent aux échecs, si André réussit un coup, Marc annule la partie sous prétexte qu'il a eu un moment de distraction. S'il lui arrive de perdre, c'est la crise de rage garantie. Si on essaye de discuter avec lui, peine perdue, il ne tolère aucune contradiction, prétendant être le seul détenteur de la vérité (5). Marc considère son frère Jacques, qui est handicapé, "comme un rejet". Il lui impose ses volontés par la pression psychologique, sans jamais utiliser la violence. Jacques se souvient d'un aîné "égoïste, s'appropriant tous les jouets, ne partageant rien et d'une jalousie féroce" (6). La seule personne qui n'ait jamais trouvé un défaut à Marc Dutroux c'est sa grand-mère maternelle, Armande Camps, qui croira toujours en l'innocence de son petit-fils (7).

Jeannine Lauwens avait décidé de permettre à chaque enfant de doubler deux fois. Elle donne une dernière chance à son fils Marc en l'envoyant à l'Ecole des Arts et Métiers de Nivelles. Mais étudier ne l'intéresse plus : il brosse les cours. Il disparaît un week-end entier sans donner de nouvelles. Le 9 février 1973, sa mère reçoit une lettre du directeur des Arts et Métiers. Marc Dutroux est puni de 3 jours de renvoi et on lui enlève 5 points de conduite pour avoir vendu des photos "osées" à un interne. La direction refuse qu'il termine sa qualification (8). De toute manière, il veut obtenir son indépendance personnelle et financière et se fait embaucher dans une entreprise de Nivelles, la Twin Disc. Enfin, il gagne de l'argent. Ce qui fait rebondir le conflit familial : il discute parce que sa mère lui réclame une partie de sa paie pour contribuer à son entretien. Il argumente, calcule, négocie, exige son steak quotidien, quel que soit le menu des autres membres de la famille, refuse de partager "sa" bouteille de coca, traite sa mère de voleuse. Bref, il sème la pagaille dans l'organisation familiale, d'autant plus qu'il se dérobe quand il s'agit de partager les tâches ménagères. Il affirmera que sa mère lui confisquait toute sa paie et même ses heures supplémentaires, ne lui laissant quasiment rien comme argent de poche (1).

A 17 ans, il quitte définitivement la maison familiale pour vivre sa vie. Un combat de chef oppose l'adolescent rebelle, qui veut s'en sortir tout seul, et sa mère qui lui promet de revenir sous peu la supplier de le reprendre à Obaix. Il ne reviendra jamais. Ses frères considèrent son départ comme une délivrance.

---

(1) Déclaration de Marc Dutroux écrite à la prison de Jamioulx en novembre 1987.
(2) Jeannine Lauwens, novembre 1996.
(3) Lettre de la direction des Aumôniers du travail de Charleroi, datée du 28 juin 1972.
(4) Jeannine Lauwens, déposition du 13 octobre 1986.
(5) André Dutroux, déposition du 14 octobre 1986.
(6) Jacques Dutroux, déposition du 14 octobre 1986.
(7) Armande Camps, déposition du 28 avril 1986.
(8) Lettre de la direction des Arts et Métiers de Nivelles, datée du 9 février 1973.

Un début sombre et difficile

Quand il quitte Obaix, Marc Dutroux n'a pas de plan à long terme. Il agit sur un coup de tête et est recueilli pendant un mois par un compagnon de travail dans un studio du boulevard Fleur de Lys à Nivelles. Il essaie ensuite de trouver un logement, mais il est démuni de tout. C'est alors qu'il décide de retrouver Serge M. Après une nuit passée sur les bancs de la gare du Sud à Charleroi, le contact est rétabli et Serge M. l'emmène rue de Turenne, dans un restaurant fréquenté par des homosexuels. Là, le tenancier de l'établissement lui donne une chambre, gratuitement, mais un soir, il se fait contrôler par la BSR alors qu'il est en train de boire une limonade dans le café de son propriétaire. Il est prié de ne plus fréquenter cet établissement (1). Marc Dutroux est encore mineur d'âge. Une assistante sociale vient prévenir sa mère que son fils vit avec des homosexuels et aurait même monnayé sa cohabitation. A cette époque, il n'y a pas de conflit insurmontable entre Marc Dutroux, sa mère et son beau-père. Il ne vient pas souvent à Obaix, mais, quand il a besoin d'un coup de main, il se signale (2). Le 23 mars 1974, Jeannine Lauwens lui signe l'autorisation de passer un bail de location. L'idée est de louer une maison à son nom et de sous-louer une partie de l'habitation à Serge M. qui pourra y recevoir ses petits amis comme il l'entend. Au début, Marc Dutroux n'est pas à l'aise : les premières nuits, il dort tout habillé, mais, plus tard, Serge M. soutient qu'il se montrera plus conciliant et acceptera des masturbations réciproques, contre paiement. Ce que l'intéressé contestera avec force (3). Marc Dutroux travaille alors comme ouvrier tourneur aux Usines Hanrez. Il n'est pas rare que Serge M. vienne l'attendre dans la loge du concierge, ce qui, vu son apparence typiquement homosexuelle, suscite certains commentaires. Marc Dutroux n'est pas un ouvrier modèle. La direction se plaint de son manque d'assiduité et surtout de la faible rentabilité de ses prestations, qu'il explique sans convaincre par les performances médiocres de sa machine. Eu égard à son jeune âge et sa situation personnelle difficile (il vit seul à 17 ans), il échappe à toute sanction. Le concierge de l'usine lui trouve un logement à Monceau, logement qu'il va partager de temps en temps avec Serge M. Celui-ci prétend que leur liaison s'est prolongée d'une manière sporadique pendant plusieurs années pour cesser définitivement avec le mariage de Marc Dutroux. Est-ce Serge M. ou un autre compagnon de solitude qui débarque un beau matin à Jemeppe-sur-Sambre ? En tous cas, le grand-père Lauwens, effaré, reçoit la visite d'un homme d'une quarantaine d'années, homosexuel notoire, qui vient se plaindre : Marc Dutroux lui a volé 15.000 francs et quelques meubles (2). Entretemps, il a été licencié des usines Hanrez pour raisons économiques et travaille aux Galeries Saint-Roch, à Moustier. En 1986, alors qu'il est détenu pour faits de viols, Marc Dutroux sera confronté avec Serge M. qui soutiendra avoir entretenu des relations sexuelles rétribuées avec lui, tout en concédant que Dutroux n'agissait pas par goût de la chose, mais uniquement pour l'argent qui lui était versé à chaque fois. Manifestement, cette déposition déplaît à Marc Dutroux qui accuse Serge M. de lui avoir dérobé une collection de timbres et d'être un indicateur de police.

Au moment du service militaire. Marc Dutroux est convoqué au Petit Château pour les fameux "trois jours" de sélection. Il se souvient qu'étant plus jeune, il a souffert d'une otite aiguë. Il obtient un certificat médical, et il annonce triomphalement à tous ses proches "qu'étant plus malin que les médecins militaires, il les a tous eus". C'est l'époque où il s'estime protégé par une force invincible, persuadé que rien ne peut lui arriver.

---

(1) Déclaration de Marc Dutroux, rédigée à la prison de Jamioulx le 2 février 1987.
(2) Jeannine Lauwens, novembre 1996.
(3) Serge M., déposition du 13 avril 1986.

La vie commence à 20 ans

A Obaix, c'est le soulagement général quand Marc Dutroux annonce ses fiançailles et son prochain mariage avec une jeune orpheline de 18 ans, Florence L., qu'il "fréquente" depuis deux ans. Florence est le premier amour de Marc Dutroux. C'est une jeune fille effacée, touchée par son besoin de tendresse et d'affection. Elle est la confidente qui écoute avec compassion la saga des malheurs familiaux du jeune Marc. Elle est probablement la grande consolatrice de cet adolescent solitaire qui se sent abandonné par tous et se dit orphelin sur le plan affectif. A l'époque, Marc Dutroux est timide et inexpérimenté. Les deux jeunes gens font des projets d'avenir, mais Marc Dutroux est mineur d'âge. Pour pouvoir se marier, il lui faut le consentement de ses parents, ce qui provoque un nouveau psychodrame familial.

Jeannine Lauwens trouve la jeune Florence très sympathique, mais accuse Victor Dutroux de rejeter sa future belle-fille qu'il considère comme "trop bête pour lui donner une descendance intelligente". Marc Dutroux affirme de son côté que Victor Dutroux a bien accueilli Florence L. qui lui a été présentée à Boeur, mais il prétend que Jeannine Lauwens conditionne son consentement à l'absence de Victor Dutroux pendant la cérémonie de mariage. Quelle que soit la vérité, Marc Dutroux est coincé. Il utilise un stratagème pour contourner l'obstacle et annonce à sa mère qu'il peut, d'après l'administration communale, se passer du consentement paternel. "Il y a juste un papier à signer, par deux personnes". Le beau-père, Albert F., et le grand-père maternel se portent volontaires.

Le 3 mars 1976, Marc Dutroux épouse Florence L. à la maison communale de Haine-Saint-Pierre. Personne ne s'embarrasse trop des formalités et, quand l'employé communal demande au grand-père du marié s'il "sait ce qu'il est en train de signer", ce dernier ne prend pas le temps de lire le document. La confiance règne et un bon repas a été retenu dans un restaurant d'Auvelais où toute la famille se retrouve (1). La mariée et sa soeur, le jeune marié, sa mère, ses frères et soeur, et Albert. Le jeune marié aurait voulu acheter une grande maison à Spy, mais il n'a plus de travail, il vient de quitter son dernier emploi en date, chez Glaverbel, et personne ne veut lui servir d'aval. Son grand-père lui déniche une petite maison, à Onoz, tout près de chez lui, dans une propriété du Comte de Beaufort, qu'il connaît depuis 40 ans. C'est une maisonnette de la société des chemins de fer, qui avait été aménagée pour loger un directeur de travaux lors de la construction du viaduc d'Onoz.

Tout baigne sauf un petit détail : pour se marier sans le consentement paternel, il fallait que le père soit réputé absent. C'était cela le fameux document que le jeune marié avait fait signer à Albert F. et à son grand-père : une attestation que Victor Dutroux a disparu. L'ennui, c'est que Marc Dutroux, à peine marié, va s'empresser d'aller narguer son père. Furieux et vexé, Victor Dutroux, "trop heureux de se venger d'Albert F. et de jouer un sale tour au père Lauwens"(1), entame immédiatement une procédure pénale et fait condamner le duo pour faux et usage de faux. Albert F. apprécie d'autant moins la plaisanterie que Marc Dutroux lui lance, pour seule explication : "T'avais qu'à être assez malin pour lire avant de signer !" (2).

Désormais, Marc Dutroux s'éloigne de sa famille. Il interdit à sa jeune épouse de parler à sa mère. En 1978, Marc Dutroux a un fils. Florence est frappée par la jalousie du père à l'égard du jeune enfant : il supporte difficilement que son épouse distraie un peu de tendresse pour son nouveau-né. Jeannine Lauwens va voir son petit-fils à la maternité, mais le jeune couple évite de rencontrer Albert F.

Un jour, la mère et le fils se croisent par hasard, à Jemeppe-sur-Sambre, chez les grands parents. Marc Dutroux, qui repeint les châssis juché sur une échelle, est tellement effrayé de voir arriver sa mère et Albert F. qu'il laisse tomber son pot de peinture; dans le même temps, son épouse se cache derrière la voiture.

Autre touche d'ambiance : quelques mois plus tard, quand Marc Dutroux et Florence L. sont à table, en compagnie des grands-parents, et que l'on évoque, une fois de plus, les difficultés financières, il déclare, en parlant de sa femme : "Il faudra que je la remplisse, elle va bientôt être rayée de la mutuelle". A cette époque, il ne cache plus son mépris des femmes en général et de son épouse en particulier. Il est volage, coureur et se vante de ses conquêtes féminines. Il affiche une véritable obsession à l'égard du sexe opposé et son grand-père lui reproche souvent ses séances de patinage (1). Une expression à double sens. Depuis son adolescence, Marc Dutroux est un passionné du patinage. Il fréquente les patinoires de l'Olympic, de Namur, de Liège, de Forest, de Valenciennes. C'est aussi, pour lui, l'occasion de multiplier les rencontres et les conquêtes.

A la patinoire de l'Olympic, il se fait appeler Marc Dubois et se montre très entreprenant. Un père de famille se plaint à la direction parce que "Dubois" poursuit sa jeune fille de ses assiduités. Il est exclu de la patinoire, mais il en faut plus pour le décourager. En 1979, tout en patinant, il drague Sidonie W., âgée de 16 ans, qui devient sa maîtresse quelques semaines plus tard. Très amoureuse de lui, Sidonie se laisse emmener selon les circonstances dans sa caravane, dans un garage qu'il loue à Montignies et dans lequel il a aménagé une vieille Lada bleue avec un chauffage électrique, voire au domicile conjugal quand son épouse est absente. Là, Sidonie se laisse photographier complètement nue à plusieurs reprises. Parfaitement au courant de la situation familiale de "Marc Dubois", la jeune fille aura des relations suivies avec lui pendant plus de 4 ans. Elle rompt ses relations amoureuses au moment où Marc Dutroux devient l'amant de Michelle Martin, en 1983, mais restera en contact amical avec lui.

C'est à Onoz que Marc Dutroux commence vraiment sa carrière de voleur. Il prend des acomptes sur des motos ou des meubles qu'il vend plusieurs fois. Il s'intéresse de très près au chantier de la SNCB, proche de son domicile, et essaie de voler un rail, dans le but de le découper et de le vendre au poids. La police l'a repéré depuis 1975 : il se fait contrôler avec des voitures en défaut de contrôle technique, il provoque des accidents, refuse généralement de reconnaître ses torts et préfère toujours un mauvais procès à un bon arrangement. C'est comme cela qu'un conflit pour accident de roulage se termine devant la Cour de cassation ! Au village, il est surpris en train de voler des bonbonnes de gaz. Une plainte pour coups est déposée au parquet de Namur. Classée sans suite. Il doit quitter la maison d'Onoz qu'il laisse dans un triste état. Son grand-père répare les dégâts. Marc Dutroux est engagé à l'usine Caterpillar de Gosselies. Ce sera son dernier emploi. Il y est victime d'un accident au genou, en conservera des séquelles et touchera une petite pension d'invalidité.

Les Dutroux juniors s'installent à Haine-Saint-Pierre, près de La Louvière. C'est là que naît leur deuxième garçon, en 1980. Après avoir changé plusieurs fois de domicile, ils finissent par obtenir un logement social dans une cité à Goutroux, rue des Anémones, où Marc Dutroux, chômeur ne ratant pas un jour de pointage, commence à "bricoler" dans le secteur de l'automobile. Détenteur d'un registre de commerce pour vente de pièces de démolition et vente de voitures neuves, il est titulaire d'une plaque "marchand", loue d'une part un hangar à Morlanwez où il démonte des véhicules destinés à la mitraille, et d'autre part des garages à Roux, Fontaine l'Evêque et Lodelinsart où il entasse des moteurs, des bidons, des outils et des meubles. Un de ses compagnons de patinage à l'Olympic l'accuse de lui avoir dérobé des accessoires automobiles. Il est manifeste qu'il continue à voler et à traficoter. Les voisins se souviennent d'un homme, toujours en salopette pleine de cambouis, travaillant sur de vieux moteurs entassés dans son garage à toutes les heures de la nuit, la sono à fond débitant les oeuvres de Michel Sardou. Certains se sont émus quand les Dutroux abandonnaient parfois leurs enfants en bas âge, enfermés et hurlant dans leur chambre, pendant des soirées entières.

Florence L. considère que l'attitude de Marc Dutroux fut tout à fait normale pendant la durée de leur mariage, mais elle concède : "J' acceptais tout de lui et je m'opposais rarement à ses volontés. Quand c'était le cas pourtant, le ton haussait très vite et des objets étaient jetés par terre". Elle affirme cependant qu'il n'y a jamais eu trop de brutalité ni à son égard, ni à l'égard de ses deux fils.

Hors de chez lui, Marc Dutroux adopte un comportement réservé et poli. Pour les voisins, c'est "quelqu'un qui dit toujours "bonjour". Il travaille son personnage, il donne une impression de calme et de correction. Il lui arrive de rendre service, de donner un coup de main, d'héberger des gens de passage. Pourtant, les querelles ne l'effraient pas. Ainsi, quand un voisin menace de lui casser la figure, il répond posément que si on le touche, il citera en justice, pour obtenir des dommages et intérêts.

---

(1) Déclaration de Marc Dutroux, rédigée à la prison de Jamioulx le 2 février 1987.
(2) Jeannine Lauwens, novembre 1996.

L'homme idéal

Au début des années 80, Marc Dutroux est un assidu de la patinoire de Forest, dans l'agglomération bruxelloise. C'est là qu'il rencontre, fin 1981, une jeune femme blonde et très réservée qui vient patiner en compagnie de sa cousine. Quelques mots sont échangés, et petit à petit, le contact s'établit. Michelle Martin est rapidement éblouie par cet habile patineur, sympathique, entrant facilement en contact avec les autres, serviable, et sachant écouter. Elle ignore qu'il est marié et a deux enfants. Marc Dutroux devient son professeur de patinage. Ils prennent des rendez-vous et au bout d'un certain temps, Michelle Martin accepte de le rejoindre dans son hangar de Morlanwez. A 22 ans, elle n'a jamais connu que des petits flirts. Marc Dutroux est son premier amant. Elle est ravie d'avoir trouvé un homme d'expérience qui l'initie avec patience aux choses du sexe et, pour la première fois de sa vie, elle connaît la passion amoureuse. Une passion ravageuse, absolue, qui va sceller son destin à celui de Marc Dutroux.

Quand Michelle Martin naît, le 15 janvier 1960 à Watermael-Boitsfort, ses parents ont une quarantaine d'années. L'enfant a été longtemps désirée et devient le "petit dieu" de ses géniteurs. En 1964, la famille Martin déménage à Waterloo. Le père travaille aux PTT et la mère est employée dans une usine de la région. Une famille heureuse et sans histoire qui bascule dans le drame un matin de 1966. Alors que M. Martin conduit sa fille à l'école avec sa petite voiture, il est victime d'un terrible accident de la route et meurt sur le coup. La fillette est retrouvée coincée sous le radiateur : elle souffre d'une fracture du crâne avec commotion cérébrale, d'une fracture de la jambe gauche et de plusieurs brûlures. Hospitalisée pendant 15 jours, elle ne se remettra jamais de cet accident. Sa mère non plus, qui refuse de se remarier, par fidélité à son mari et pour ne pas imposer un autre homme dans la maison. Elle souffre régulièrement de dépression nerveuse. Michelle est une enfant calme et studieuse, qui réussit sans problèmes ses études primaires à l'école Saint François d'Assise, ses humanités modernes au lycée de Braine-l'Alleud et sort de l'Ecole Normale de Nivelles en 1981, avec un diplôme d'institutrice. Elle a un excellent contact avec les enfants, trouve son métier enrichissant, réussit son stage, puis effectue un intérim d'un an à l'Athénée Royal de Waterloo, mais elle ne garde pas sa place, par suite d'une diminution du nombre des élèves. Encore deux intérims de 15 jours et elle s'inscrit au chômage.

Enfant, adolescente, jeune femme, Michelle Martin est couvée par sa mère qui établit avec elle une relation passionnelle et exclusive à un point tel que la jeune Michelle n'ose pas s'émanciper, redoutant de faire souffrir une mère que la vie a rendu très malheureuse. Les deux femmes vivent repliées sur elles-mêmes, dans une atmosphère douillette et protégée. Michelle Martin a 17 ans lorsque sa grand-mère maternelle, qui connaît des problèmes de santé, vient vivre dans la maison de sa fille à Waterloo. Dans ce gynécée, la présence d'un homme, l'autorité paternelle, avec la protection et la relation qu'elle implique, manque cruellement.

L'éducation de Michelle Martin est austère et ses sorties sont sévèrement contrôlées par une mère très réticente à tout ce qui concerne le sexe opposé et qui appréhende le moment où un garçon la séparera de sa fille qu'elle maintient à ses côtés en entretenant son caractère craintif et sa peur des hommes. Michelle Martin est culpabilisée au point de se reprocher, à 20 ans, de laisser sa mère toute seule quand elle est invitée à une boum. A 22 ans, c'est une vierge à l'état pur. De plus, ayant perdu son père à l'âge de 6 ans, elle a magnifié son image et, jeune fille, a longtemps rêvé à l'homme parfait, à la relation optimale. Marc Dutroux va devenir son amant et le substitut du père. Elle le rencontre à l'insu de sa mère pendant plus d'un an, puis elle ose lui avouer qu'elle a trouvé l'homme idéal, mais elle ne le lui présente pas.

Michelle Martin coupe le cordon ombilical en 1983 quand elle loue une maison à Monceau-sur-Sambre. Une séparation brutale qui met un terme à une longue bataille de retardement menée par une mère qui ne veut pas que sa fille lui échappe et qui a fini par refuser tout dialogue à propos de sa liaison avec Marc Dutroux. En réalité, Michelle Martin habitera très peu dans la maison qu'elle loue (1). En février 1983, Florence L. la découvre dans son lit et, le jour même, elle quitte la rue des Anémones avec ses deux fils. Quelques heures plus tard, Michelle Martin prend sa place. Florence L. garde ses deux fils et Marc Dutroux lui verse régulièrement les allocations familiales (5.000, puis 7.500 francs par mois), exerce son droit de visite, mais ne semble pas s'inquiéter beaucoup du sort de ses enfants. Le divorce sera prononcé en 1985.

Au cours des premiers mois, Marc Dutroux semble être assez amoureux de Michelle Martin, en tous cas, il est fier de sa conquête quand il vient la présenter à Obaix. C'est, comme sa mère, une institutrice, "une femme qui en vaut la peine", qui a de l'instruction. Il semble qu'à l'époque Marc Dutroux ne se montre pas favorable à une cohabitation immédiate avec Michelle Martin, il veut profiter de sa liberté et très vite, il lui annonce qu'il a d'autres liaisons, ce qu'elle accepte en faisant contre mauvaise fortune bon coeur, étant arrivée à la conclusion que si Marc Dutroux ne peut pas se contenter d'une seule femme sur le plan sexuel, elle reste la seule véritable élue de son coeur.

Aveuglée par l'amour qu'elle lui porte, Michelle Martin s'est lancée dans la vie de Marc Dutroux sans trop réfléchir. Elle y découvre un monde qui est aux antipodes de celui qu'elle a toujours connu. Elle a vécu dans un cocon maternel, tendre, propret, organisé, où le respect des bonnes moeurs et de la morale bourgeoise était la règle. Elle fréquente un individu totalement amoral, qui profite de son statut de chômeur, vit de vols et de recels, ne pense qu'à son plaisir immédiat et assouvit ses obsessions sexuelles en visionnant des cassettes pornographiques. De plus, il a pris l'habitude de vivre comme un taudisard. Il y a une expression wallonne qui traduit bien son mode d'existence, c'est le mot "baraqui", romanichel. Que ce soient les gendarmes ou les voisins, tous les témoignages concordent sur la description de l'intérieur du couple Dutroux-Martin. Ils vivent dans un désordre indescriptible et une crasse à peine imaginable : vaisselle sale, miettes sur la table, pavement jamais récuré, amoncellement d'objets hétéroclites, produit de nombreux vols. Mais les meubles sont chers, il y a un salon en cuir, 2 magnétoscopes, de nombreux éléments de chaîne haute fidélité et le parc automobile n'est pas celui que l'on trouve dans le garage d'un couple de chômeurs, même si certains de ces véhicules ne sont plus en état de rouler : une CX beige, une Ford Capri bleue, une VW Golf, une Lada Niva (jeep) et une camionnette Peugeot, type J 9.

Toujours vêtu de sa salopette, sur laquelle il enfile plusieurs pulls superposés, Dutroux ne boit pas et ne fume pas. Pendant la journée, il vit le plus souvent dans le noir, volets fermés. Un de ses passe-temps favori est la réalisation de puzzles géants. Quand il parle, il s'exprime en bon français d'une manière affectée et pédante, utilisant des mots compliqués. Très travailleur et fort adroit de ses mains, il est indépendant et autoritaire. Il méprise les autres et se gargarise de ses propres talents. "Dès que je fais quelque chose, ça marche" (3).

En octobre 1983, Michelle Martin est enceinte : heureuse, elle voulait un enfant de Marc Dutroux et lui-même ne s'y est pas opposé. Elle connaît quelques problèmes de santé, ce qui l'éloigne physiquement de son concubin qui prend certaines libertés qu'elle subit en s'efforçant de ne pas montrer sa jalousie. Le 2 juin 1984, Michelle Martin et Marc Dutroux ont un fils, prénommé Jérôme. La jeune mère va reporter sur son fils toutes les provisions de tendresse et d'affection qu'elle réservait à l'homme de sa vie. La cohabitation avec Marc Dutroux a perdu de son charme initial. A-t-il trop bien compris les faiblesses du caractère de sa concubine, s'est-il laissé aller au plaisir de la dominer et de la manipuler ? Toujours est-il qu'en quelques mois, Michelle Martin tombe complètement sous la coupe de Marc Dutroux qui la frappe, parfois violemment, sur la tête, à l'endroit où des cicatrices perpétuent le souvenir de son terrible accident de voiture, au point qu'elle affirme ressentir des pertes de mémoire. Michelle Martin est battue dès qu'elle ne partage pas son avis, même sur des choses anodines. L'agent de quartier s'est inquiété, au moins une fois, de ce qui lui était arrivé quand il l'a vue avec un oeil au beurre noir. Elle n'a rien osé dire. Les enfants ne sont pas épargnés, même en présence de tiers. Une voisine se souvient avoir assisté à une scène pénible. Un soir, alors que toute la famille est réunie, Jérôme, le jeune fils de Dutroux, âgé d'un an et demi, veut se mettre sur les genoux de son père, mais celui-ci, qui est en train de parler, n'en veut pas. Comme le gosse insiste, il le bouscule avec une telle violence que l'enfant est projeté de l'autre côté de la pièce. Si Jérôme est trop difficile, il est enfermé pendant des heures dans la voiture et laissé sans surveillance.

Une autre fois, c'est Michelle Martin qui se fait corriger parce qu'elle laisse couler un peu de peinture le long de son pinceau, alors qu'elle est en train de repeindre un plafond (3). Et quand, en présence d'une amie, elle ne parvient pas à retrouver assez vite une cassette vidéo, elle est giflée à la volée, et obligée ensuite de venir se blottir entre les jambes de son concubin.

Surtout, elle est terrorisée, honteuse et culpabilisée, d'avoir été déshonorée, de s'être laissé entraîner par sa sentimentalité, sa naïveté, sa peur dans une situation de soumission où elle finit par tout accepter, par renier tous les préceptes de son éducation et de sa religion, par "penser à travers lui". Elle parlera de "dressage", de manipulation, de l'intelligence "pesante" de Marc Dutroux qui l'éloigne de sa mère, du monde extérieur et de ses lois. Elle est prise dans une toile d'araignée faite de brutalité, mais aussi de sentimentalité, car après les coups, il "redevient gentil et semble regretter", "il sait se faire pardonner", "il sait aussi que personne ne croira qu'il me bat puisqu'il se montre amoureux et raconte à tout le monde qu'il est heureux avec moi".

Michelle Martin se dit torturée moralement par un homme qui affirme que les femmes sont des êtres inférieurs, qui joue continuellement sur son besoin d'amour, qui refuse qu'elle voie les choses autrement que par son regard. Elle va même jusqu'à admettre qu'elle n'a jamais été battue "gratuitement" pour conclure "Marc n'a pas un caractère violent" (2).

Renfermée sur elle-même, ne parvenant pas à faire valoir sa personnalité, Michelle Martin se tait pour ne pas recevoir plus de coups et ne peut espérer aucune aide ou écoute extérieure, puisque les relations avec sa mère sont difficiles. Elle connaît la situation classique des femmes battues : elle souffre en silence, en gardant l'espoir de retrouver un peu d'intensité amoureuse à chaque réconciliation, sans se rendre compte de la relation de totale dépendance qu'implique, à la longue, ce genre d'attitude.

Comme Florence F., Michelle Martin "accepte tout" de Marc Dutroux, elle supporte ses coups, couvrira ses délits et partagera ses crimes.

---

(1) Michelle Martin, déposition de février 1986.
(2) Michelle Martin, réflexion en prison, printemps 1986.
(3) Enquête de Michel Hellas pour l'émission "Au nom de la loi" du 27 novembre 1996.

Le casse de Haine-Saint-Pierre

9 juin 1983. C'est un jeudi. Vers 22 heures, la voiture de Michelle Martin, une Opel Kadett de couleur bleue, s'arrête dans les environs de la rue de l'Harmonie, à Haine-Saint-Pierre, près de La Louvière. Marc Dutroux en descend, accompagné d'un homme d'une trentaine d'années, qui ne sera jamais identifié. Ils ont rendez-vous avec Thierry D., un peintre en bâtiments, habitant la localité. Ce dernier a des ennuis d'argent et il a eu l'idée d'aller rendre une visite nocture à sa propriétaire, Flora Doniaut, une assistante sociale de 58 ans, célibataire, qui vit seule dans sa maison. Thierry D. la soupçonne d'être riche et de garder son magot chez elle. Marc Dutroux dirige les opérations. Il fracture la porte d'entrée de la maison voisine, qui est inoccupée. Marc Dutroux et Thierry D. montent sous les combles, passent sur une plate-forme qui leur permet d'avoir accès au toit de la maison de leur victime. Ils pénètrent dans le grenier(1). C'est probablement là qu'ils enfilent des bas nylon sur leur tête. Au rez-de-chaussée, Flora Doniaut est en chemise de nuit. Elle a son attention attirée par du bruit dans le vestibule, elle va voir et se trouve en face des trois hommes, gantés, vêtus de noir et le visage masqué. Marc Dutroux la saisit, lui met une main sur les yeux, l'autre sur la bouche et l'entraîne dans le living. Il lui pointe un revolver sur la poitrine et ordonne : "Couche-toi sur le divan". Il lui bande les yeux et l'attache avec des cordes. Flora Doniaut est frappée par le fait qu'il s'exprime "comme quelqu'un qui a reçu de l'instruction". Terrorisée, elle reste sous la garde de son agresseur tandis que les deux autres hommes fouillent la maison sans ménagement : le contenu des tiroirs et des armoires est répandu sur le sol. Menacée de mort, apeurée, la pauvre femme finit par avouer où se trouve son portefeuille, mais il ne contient que quelques centaines de francs. Marc Dutroux insiste : "Les vieilles personnes ont toujours de l'argent" (2). Flora Doniaut essaie vainement de parlementer : "Mon argent n'est pas ici. Il est à la banque". "Bon, répond Dutroux, dis-moi où se trouve ta pharmacie" "Dans une armoire, à l'étage". Un des trois hommes revient avec de la ouate et une bande de tissu. Dutroux enfonce brutalement une boule d'ouate dans la bouche de sa victime et fixe le tout avec la bande de tissu. Ensuite, il arrache la chemise de nuit et répète les mêmes questions plusieurs fois : "Où se trouve ton argent", mais Flora Doniaut résiste. Brusquement, Marc Dutroux lui déclare : "Cette fois, tu vas parler". Il lui détache les pieds et lui enfonce brutalement deux doigts dans le vagin. Ensuite, c'est un objet dur, coupant et métallique, sans doute une baïonnette (3). Alors, elle craque. Toutes ses économies sont dans la carcasse d'un poêle à gaz qui se trouve dans le living. Il y a 70.000 francs, plus d'un million en bons de la CGER. La maison est fouillée pendant plus de deux heures. Le butin est important : des bijoux, l'argenterie, le carnet d'épargne, des titres et deux armes de poing, un Luger, souvenir du père de la

victime et un pistolet de cavalerie, datant du siècle passé, souvenir de son grand-père. L'interrogatoire se poursuit. Marc Dutroux demande : "Tu as de la famille à Bruxelles ? Une personne jeune ?" Flora Doniaut y a effectivement un neveu. Enfin, après trois heures, Marc Dutroux et ses acolytes abandonnent leur victime liée sur le divan. Ils la menacent de venir la tuer si elle prévient la police. En guise d'adieu, ils écrasent sa paire de lunettes (2).

Dès le lendemain, Flora Doniaut va faire opposition sur ses avoirs bancaires et ses économies. Elle s'effondre en larmes à la banque, mais elle mettra 2 jours avant d'oser se rendre à la gendarmerie d'Houdeng-Goegnies pour porter plainte. Simultanément, elle se soumet à un examen gynécologique. Le médecin ne constate aucune lésion, mais signale dans son rapport que, 30 heures après les faits, s'il n'y a pas eu de coupure, il est normal que les traces aient disparu. Ce qui veut dire que rien n'infirme les déclarations de Flora Doniaut. Dans le rapport qu'ils envoient au procureur du Roi, les gendarmes se montrent réservés : la victime a une attitude incohérente et varie dans les détails de ses déclarations. En fait, elle est fortement traumatisée par cette nuit de terreur. 13 ans plus tard, elle n'ose toujours pas vivre dans sa maison. Elle a loué un studio dont elle ne donne l'adresse à personne. Elle vit recluse, craintive. Elle était soignée pour une affection à la glande thyroïde. Un an après son agression, elle a dû être hospitalisée d'urgence. Depuis lors, elle vit sous surveillance médicale constante (4).

Au mois d'août 1983, un jeune homme pénètre dans une agence de la Caisse d'Epargne et de Retraite de la région bruxelloise. Porteur d'une procuration trafiquée, il essaie de retirer 50.000 francs du carnet d'épargne dérobé à Flora Doniaut. A l'époque, il n'y a pas d'ordinateur au guichet. L'employé se renseigne par téléphone auprès de la direction et apprend qu'il y a opposition sur le compte. Quand il repose le combiné téléphonique, le jeune escroc a disparu. Lors de sa déposition à la BSR, l'employé ne reconnaît pas les photos de Marc Dutroux et de Thierry D.

L'enquête de la gendarmerie est très longue. Confondu, Thierry D. avoue sa participation au cambriolage de la maison de Flora Doniaut. Il dénonce Marc Dutroux. Placé sous mandat d'arrêt le premier mars 1985, et confronté quelques jours plus tard à Thierry D. qui confirme sa présence lors de l'agression, Marc Dutroux dément, et accuse Thierry D. de protéger "quelqu'un d'autre", tout en refusant d'en dire plus. Une perquisition, menée à son domicile de Goutroux, permet aux gendarmes de saisir un certain nombre d'objets manifestement volés (moteurs d'enregistreurs à cassettes, autoradios, argenterie), de même que plusieurs photos de femmes nues. Quand le juge Lacroix lui demande d'expliquer la présence chez lui des 60 pièces d'argenterie dérobées chez Flora Doniaut, Marc Dutroux prétend avoir acheté le tout pour 5.000 francs, en concédant "qu'il se doutait bien que cela venait d'un commerce pas très honnête". Une autre perquisition sera menée le 15 mai. Cinq jours plus tard, la plupart des objets saisis sont restitués après que Marc Dutroux ait fourni les factures et les justificatifs. Thierry D. raconte aux enquêteurs qu'à deux reprises, Marc Dutroux lui propose de l'argent pour qu'il réduise son rôle dans l'agression de Flora Doniaut à celui de simple guetteur. Faute de preuve, le juge Lacroix est obligé de relâcher Marc Dutroux le 2 avril. Plus que jamais, il croit en sa "force invincible". Aux voisins qui s'inquiètent de son absence, il explique qu'il a souffert de dépression nerveuse et qu'il est allé se reposer un mois à l'hôpital.

---

(1) Arrêt de la Cour d'Appel de Mons du 26 avril 1989.
(2) Flora Doniaut, déposition à la BSR, le 11 juin 1983.
(3) Trois ans plus tard, Jean Van Peteghem, interrogé par la police dans le cadre d'une affaire de viol, affirme que son complice Marc Dutroux s'était vanté d'avoir "fait parler une vieille en lui enfonçant une baïonnette dans le vagin".
(4) Enquête de Michel Hellas pour l'émission "Au nom de la loi" du 27 novembre 1996.

Drames et problèmes familiaux

Le 24 février 1982, le père de Jeannine Lauwens meurt à Jemeppe-sur-Sambre. Une perte très douloureuse pour sa fille qui l'admirait et y était fort attachée. Les funérailles sont l'occasion d'une reprise de contact entre Marc Dutroux, sa mère et son beau-père. Un problème de plus aussi, car la mère de Jeannine Lauwens refuse d'être placée, alors qu'elle n'est plus tout à fait en mesure de contrôler une grande maison et une propriété. La vieille dame refuse de châtrer ses chats. Ceci n'est pas une simple anecdote : en quelques mois, il y en a 42 à l'intérieur de la maison, mais il est interdit d'y toucher. La situation se dégrade rapidement entre la mère et la fille, qui ne supporte plus de voir l'état dans lequel la maison se trouve, remplie de déjections et de crasse. Quelqu'un met de l'huile sur le feu. Marc Dutroux monte la grand-mère et le voisinage contre "une fille indigne, qui ne s'occupe pas de sa pauvre maman". Pendant des années, il continuera à "travailler" sa grand-mère, qui ne peut rien lui refuser (1).

Pendant ce temps, un autre drame se noue à Obaix. Henri, le fils cadet de Jeannine Lauwens, qui vient de terminer ses humanités, est inscrit à l'université du travail de Charleroi. C'est un grand gaillard, costaud, mais très timide, craintif et assez secret. Un soir, il rentre chez lui dans un état épouvantable. Ses parents croient qu'il a été drogué. Il délire, imagine qu'Albert F. est un coq, que sa mère est une poule. Le médecin, appelé d'urgence, l'envoie au département psychiatrique de l'hôpital du Rayon de Soleil. Deux ans plus tard, les crises recommencent. Une nuit, Henri se précipite dans le lit conjugal et "veut sa maman". Il est replacé en psychiatrie. Cet épisode tragi-comique va donner lieu à une nouvelle polémique. Marc Dutroux débarque à Obaix et s'inquiète de ne pas trouver son frère cadet. Plus tard, il racontera que sa mère lui a caché la vérité sur son frère et qu'il a dû se livrer à une enquête, dans laquelle il entraîne son frère André, pour retrouver Henri au Rayon de Soleil. Voit-il dans cet incident une occasion de régler des comptes familiaux ? On peut penser que c'est la bonne explication car jusqu'à cet épisode, Marc Dutroux ne s'est pas trop préoccupé de la situation ou de la santé de son jeune frère. Cette croisade pour prouver aux médecins que l'état d'Henri se justifie par le climat familial dans lequel il a vécu, cette passion subite pour la psychanalyse qui lui permet de découvrir chez son cadet un profond sentiment de culpabilité à cause d'"une grande faute commise à l'égard de sa mère"(2), laisse un peu sceptique. Toujours est-il que Marc et André Dutroux appellent à la rescousse leur père Victor, qui se vante d'avoir lu Freud. Le diagnostic paternel est définitif : un inceste a été consommé ! (3) Ce qui fait dire à Albert F. que Marc Dutroux et son père sont obsédés par les problèmes sexuels. Jeannine Lauwens stigmatise un "caractère vicieux, qui ramène tout au sexe". Les deux fils et le père portent plainte. Après enquête, l'affaire est classée sans suite, mais consacre la rupture définitive entre Marc Dutroux et sa famille. Seul son frère André garde le contact avec lui pendant quelques années encore. Les deux frères s'opposeront dans une affaire de réparation de voiture où ils se disent tous les deux abusés et, en 1987, André laissera tomber son frère après avoir eu le sentiment d'être utilisé par Marc Dutroux qui, de la prison où il se trouve, continue à "régner" et à exiger des services comme si tout lui était dû.

Victor Dutroux tente un dernier essai pour déstabiliser le ménage de son ex-épouse : il dépose plainte pour tentative de meurtre contre Albert F. Un coup assez tordu, mais qui se solde également par un échec. Victor Dutroux va s'établir à Gand et ne se manifestera plus à l'égard de Jeannine Lauwens. Marc Dutroux reprendra le flambeau paternel et mènera une longue bataille procédurière contre sa mère, à propos de la propriété de Jemeppe-sur-Sambre.

Sorti de l'hôpital, Henri accomplit son service militaire chez les para commandos. Il devient monteur dans la région de Liège et accepte des travaux dangereux (montage sur pylône).

---

(1) Jeannine Lauwens, décembre 1996
(2) Déclaration de Marc Dutroux à la prison de Jamioulx, le 4 février 1987.
(3) Déclaration de Victor Dutroux en 1986.

Le complice rêvé

Dans le courant du mois d'avril 1985, Marc Dutroux rencontre Jean Van Peteghem chez une voisine de la rue des Anémones. Van Peteghem n'a pas vingt ans. Après ses études primaires, il a d'abord essayé de faire ses humanités, mais il échoue dès la première année. Inscrit à l'école de boucherie pendant quatre ans, il ne termine pas le cycle complet et décroche une qualification d'apprenti. Quand il voit Marc Dutroux pour la première fois, Jean Van Peteghem vient de terminer son service militaire au 3ème bataillon d'artillerie de Werl, en Allemagne et, à la suite d'une dispute avec son père, il est pratiquement à la rue, sans argent, sans toit et sans ressources. Passionné d'armes et d'arts martiaux, il est violent, mythomane, volontiers frimeur et manque totalement de maturité. C'est un paumé qui n'a pas de travail, qui loge une semaine chez un copain, un jour chez une copine. Le contact s'établit facilement. Marc Dutroux propose à Jean Van Peteghem de l'héberger. Ce dernier dort deux jours dans sa maison, puis s'installe dans la caravane de Dutroux avant d'aller vivre chez Josyane N. qui devient sa petite amie pendant un mois. Une liaison violente et passionnelle : Jean Van Peteghem frappe Josyane N. à plusieurs reprises. Au cours d'une scène de jalousie, il lui serre le cou jusqu'à ce qu'elle tombe en syncope. Josyane N. le met à la porte. Après la rupture, Jean Van Peteghem revient dans la caravane des Dutroux pendant 2 mois. Au cours d'une sortie, il drague une jeune femme, prénommée Maryline, et en tombe éperdument amoureux. Une histoire courte et tragique. Maryline meurt, écrasée par un camion le 7 juin 1985.

Très touché par ce drame, Van Peteghem décroche. Il vole la voiture d'une amie de Maryline, fait la fête avec des copains et provoque un accident au cours duquel il est blessé. Il retourne vivre chez ses parents pendant deux mois et ne renoue avec Marc Dutroux qu'au mois d'octobre, quelques semaines après avoir réintégré l'appartement de son amie Josyane.

Marc Dutroux domine et terrorise les éléments faibles de son entourage, et Jean Van Peteghem en est un. S' il voit de la lumière dans l'appartement de Josyane N., Marc Dutroux ne se gêne pas : il débarque à n'importe quelle heure pour emmener Jean Van Peteghem "à la patinoire" ou "pour couper du bois". A 23 heures 30 ? Van Peteghem ne sait pas lui résister. Il en a peur, subit d'autant plus son influence qu'il est nettement plus jeune (il y a 10 ans entre Marc Dutroux et lui) et qu'il est très dépendant affectivement et financièrement. Les choses en arrivent à un point tel que Josyane N. et Jean Van Peteghem sont obligés de vivre à la bougie pour éviter les intrusions (1). Par faiblesse ou conviction, Van Peteghem devient le complice dont Dutroux a besoin pour voler et pour violer. Mais c'est lui qui provoquera sa chute : la plupart des méfaits connus de Dutroux ont été portés à la connaissance de la justice grâce aux aveux de Jean Van Peteghem.

---

(1) Enquête de Michel Hellas pour l'émission "Au Nom de la Loi" du 27 novembre 1996.

Un voleur patenté

Combien de vols Marc Dutroux a-t-il commis jusqu'à son arrestation en février 1986 ? Impossible de répondre à cette question. La police et la gendarmerie ont retrouvé sa trace dans un certain nombre de cambriolages, de trafics et de recels. Le témoignage de Jean Van Peteghem a permis de résoudre quelques mystères. Mais il semble bien que tout n'ait pas été dit sur ses activités de l'époque. On sait par exemple que, dès 1984, il est impliqué dans un trafic de pneus volés. A quel point ? Il ne faut pas compter sur lui pour éclairer la justice. Interpellé à plusieurs reprises en 1985, interrogé sur les plaques minéralogiques et les certificats d'immatriculation retrouvés chez lui, il est évasif et confus : il ne sait plus qui lui a vendu ou cédé tel véhicule, il a "oublié" de renvoyer cinq certificats d'immatriculation, il considère comme normale une transaction qui lui permet d'acheter une VW Golf pour mille francs. Il loue des garages et des hangars dans différentes communes de l'agglomération carolorégienne, mais "ne pense pas" à signaler ces locations aux gendarmes quand il est interpellé "parce qu'on ne le lui demande pas". Il traîne une vilaine réputation dans son quartier. Certains de ses partenaires de patinoire l'accusent de cambriolage.

Sa manière de procéder est assez naïve, il vole dans des endroits qu'il a beaucoup fréquentés lui-même, ou chez des gens qu'il connaît. C'est un voleur de victuailles, d'auto-radios, de meubles et de robinets dont la technique est assez rudimentaire. Ses moyens de défense sont un peu gros et systématiques, sans être dépourvus d'efficacité. Chaque fois qu'il est interpellé, il nie avec force et conviction et se mue souvent en accusateur, mettant les représentants de la justice au défi de trouver des éléments matériels qui pourraient le confondre. L'équipe qu'il forme avec Jean Van Peteghem n'appartient pas au gratin de la délinquance carolorégienne et ne semble pas connectée à un réseau de recel ou de trafic : on retrouvera la plupart des objets volés dans les différents garages qu'il loue ou qu'il occupe. Comme on va le voir, Marc Dutroux est plus proche des "Pieds Nickelés" que des as de la cambriole.

Au cours de la nuit du 27 au 28 mai 1985, Marc Dutroux part, en compagnie de Jean Van Peteghem, à la recherche d'une VW Golf : il a besoin de pièces de rechange pour réparer la voiture de Michelle Martin. C'est en patrouillant à Montigny-le-Tilleul qu'il aperçoit une VW Golf sur le parking d'une station essence. Van Peteghem s'introduit à l'intérieur du véhicule en passant par une vitre. La voiture est amenée dans un garage de Montignies-sur-Sambre.

Sept jours plus tard, le même duo s'attaque à la caravane en aluminium qui abrite une petite friterie sur le bord de la nationale 5, à hauteur de Nalinnes. Marc Dutroux et Jean Van Peteghem forcent la porte au pied de biche et le contenu de la caravane est complètement vidé. Ils emportent des boulettes de viande, de la graisse à frite, de la mayonnaise, des bacs de limonade, et de la crème glace !

Au cours de la nuit du 19 au 20 juin 1985, les mêmes s'attaquent à la buvette d'un terrain de tennis de Carnières. Ils forcent la fenêtre arrière, ce qui déclenche l'alarme. Les deux voleurs se cachent dans une prairie avoisinante et attendent 20 minutes avant de revenir. Dutroux détruit le système de sécurité et s'emploie à vider le bar de tout ce qu'il contient : matériel de sonorisation et boissons. Il y a tellement à emporter qu'il faut faire deux voyages. Au retour, Jean Van Peteghem prend la VW Golf qu'il a volée à Montigny-le-Tilleul. Il charge si mal son butin qu'un bac de bière lui tombe sur la tête dans un virage. Il perd le contrôle de la voiture et heurte un muret. Il reprend la route. La voiture sera retrouvée en février 1986 dans un des garages de Marc Dutroux. Jean Van Peteghem explique que Marc Dutroux a organisé le casse pour se venger du propriétaire de la buvette, qui l'a dénoncé comme receleur de pneus volés. Il jure avoir été payé par quelques sachets de cacahuètes et des bacs de limonade ! Une partie du butin sera retrouvée dans un garage de Marc Dutroux lequel, comme toujours, dément avec la dernière énergie.

Le 1er décembre 1985, vers 23 heures, Marc Dutroux arrive chez Josyane N. qui habite dans un appartement d'un immeuble d'habitations sociales de Monceau-sur-Sambre. Il a besoin d'un coup de main pour transporter du mobilier volé. Josyane N. est emmenée pour faire le guet. Le trio arrive en pleine nuit sur le parking du zoning Glaverbel à Gilly avec la camionnette Peugeot de Dutroux. C'est là que se trouvent une série d'entrepôts, notamment ceux des Galeries Saint-Roch, une entreprise où Marc Dutroux a travaillé 10 ans auparavant. En 5 ou 6 voyages, Marc Dutroux réalise son plus gros coup : il emporte pour environ 750.000 francs de mobilier dérobé aux galeries Saint-Roch et à la société N.F. 2.000. Une partie du butin est cachée dans le garage de Josyane N. C'est le seul vol que Marc Dutroux reconnaît avoir commis en compagnie de Jean Van Peteghem, mais il accuse ce dernier d'en être l'instigateur.

Enfin, le 3 janvier 1986 a lieu la péripétie la plus rocambolesque de la saga Dutroux. En pleine nuit, Marc Dutroux emmène Van Peteghem pour un vol de mazout au dépôt d'Interbéton, chaussée de Charleroi à Montignies-sur-Sambre. Ils quittent Goutroux dans la camionnette Peugeot après avoir embarqué des bidons vides et s'arrêtent devant la palissade d'Interbéton. Jean Van Peteghem descend avec les bidons qu'il jette par dessus la clôture tandis que Marc Dutroux s'assure que les environs sont déserts.

Au cours de sa patrouille, il aperçoit un mouvement suspect de deux hommes qui se cachent derrière une voiture en stationnement. Il arrête sa camionnette, descend et tombe sur une équipe de la Police Judiciaire qui planque devant un garage où deux tentatives de vol viennent d'avoir lieu.

Marc Dutroux, qui porte sur lui un spray lacrymogène, finit par comprendre ce qui se passe. Il s'enfuit en courant, rejoint Van Peteghem et rentre à Charleroi en longeant le canal.

Arrivés en ville, les deux hommes appellent Michelle Martin, qui dort à Goutroux. Elle vient les rechercher avec la jeep Lada Niva de son concubin. L'équipe de la P.J. qui se trouve toujours à Montignies signale le comportement suspect du conducteur de la Peugeot. Une patrouille de police dépêchée à Goutroux relève que la jeep Lada Niva stationnée rue des Anémones possède le même numéro minéralogique que la camionnette abandonnée devant Interbéton.

Au cours de la matinée du lendemain, les inspecteurs de la PJ qui sont toujours en planque à Montignies voient arriver la Lada Niva, avec d'autres plaques. Le véhicule s'arrête à côté de la camionnette Peugeot. Interpellé et emmené dans les locaux de la Police Judiciaire, Marc Dutroux se lance dans une explication complètement incohérente, pour ne pas dire délirante : pris d'insomnie, il aurait eu une envie irrépressible de retrouver, en pleine nuit, le quartier où il a vécu quand il était adolescent, se serait endormi quelque part (il prétend ne plus savoir ni où, ni pendant combien de temps) pour ensuite se retrouver près des entrepôts d'Interbéton où il aurait arrêté précipitamment sa camionnette, parce que le voyant de pression d'huile s'était allumé ! On ne peut pas dire qu'il convainc les policiers qui demandent une perquisition à son domicile de Goutroux. Sur place, ces derniers sont stupéfaits par le désordre qui règne dans la maison. Dans le garage l'encombrement de pièces détachées, de moteurs et de matériels divers est tel qu'il est impossible de se frayer un chemin.

Marc Dutroux n'est pas placé sous mandat d'arrêt. Les policiers sont loin d'imaginer que l'homme qu'ils laissent repartir est l'auteur de cinq viols pour lesquels des dizaines de devoirs judiciaires ont été accomplis dans tout l'arrondissement.

L'amour forcé

"On ne force pas l'amour". Cette phrase, Marc Dutroux l'a écrite en prison, à propos de ses parents, dans une déclaration qui date de février 1988. Qu'est-ce qui a poussé le ferrailleur-voleur-receleur un peu quart monde qui se plaignait de manquer d'amour et de tendresse à basculer dans le crime ? Il est possible que la première agression qu'il a commise résulte d'une pulsion subite. Si c'est le cas, il aurait violé presque par hasard et y aurait trouvé une puissante satisfaction de son désir de contrôler et de manipuler les autres.

Le 27 janvier, à 3 heures du matin, Jacques D., 23 ans, militaire de carrière caserné en Allemagne termine une très longue journée. Il a travaillé en cuisine pour une fête qui se déroule au stade Yernaux de Montignies-sur-Sambre. Au moment de rentrer chez lui, il se rend compte qu'il a oublié d'éteindre un four. Il retourne en trombe au stade Yernaux, gare sa voiture sur le parking, abandonne ses clés sur le tableau de bord et fonce vers la cuisine en traversant la salle où quelques personnes s'attardent encore. Quelques secondes plus tard, il revient sur le parking. Sa voiture, une Toyota Carina de teinte bordeaux, portant l'immatriculation des Belges stationnés en Allemagne (lettres et chiffres blanc sur fond noir) a disparu.

Trois jours plus tard, le beau-père de Jacques D. aperçoit la voiture volée à Charleroi. Il la suit jusqu'au parking de la patinoire de l'Olympic. Il y a deux hommes à bord. Le conducteur est un grand blond, avec les cheveux tombant sur les épaules. Mais les voleurs s'aperçoivent qu'ils sont filés. La Toyota disparaît dans la circulation.

Le lendemain, 31 janvier, vers 17 heures, Joëlle C., une étudiante de 18 ans et demi, descend du train de Bruxelles à la gare d'Obaix, le village de Marc Dutroux. Elle est accompagnée de son ami, Paul G., un étudiant de 18 ans. Les deux jeunes gens empruntent leur itinéraire habituel : en face de la gare, il s'engagent dans une route sans issue, de là, ils prennent un sentier qui les amènent sur un chemin à peine carrossable, en mauvais pavés, qui les conduit près de chez eux. Ils ont leur attention attirée par le passage, à grande vitesse, d'une Toyota bordeaux. Joëlle et Paul marchent encore quelques centaines de mètres, jusqu'au carrefour où leurs chemins se séparent. Paul prend à gauche, il habite rue du Village. Joëlle poursuit sa route par la rue de la Commune pour arriver chez elle. Elle marche au milieu de la rue quand la Toyota, survenant par derrière, la dépasse. Un homme descend de la portière arrière gauche, la ceinture, l'embarque sur la banquette arrière où il la maintient allongée, une main sur les yeux. Il lui ferme les paupières avec des sparadraps.

Quelqu'un assiste à la scène et entend les cris de la jeune fille. Une heure plus tard, la mère de Joëlle C. est prévenue et prend contact avec la gendarmerie de Pont-à-Celles. Les recherches commencent immédiatement.

Pendant ce temps, Joëlle C. est toujours dans la Toyota qui semble faire un long trajet. La jeune fille observe que son agresseur semble connaître parfaitement la région. C'est lui qui donne les ordres au conducteur. Il précise également la raison du rapt : obtenir une rançon auprès des parents. Il met Joëlle C. en garde contre le conducteur "qui est un violent", alors que lui "est gentil". Finalement la voiture s'immobilise auprès d'une décharge à immondices. Là, les ravisseurs lui offrent quelques sucreries et un jus de fruit. Ensuite, elle est sommée de se déshabiller complètement malgré le froid. Elle finit par s'exécuter, sous la menace d'être assommée en cas de résistance. Elle doit alors prendre diverses poses obscènes pendant qu'on la photographie. A chaque réticence, une pression supplémentaire : son ravisseur lui passe la lame d'un couteau sur le corps, lui dit son intention de s'en servir si elle n'est pas docile, lui promet de l'abandonner toute nue en pleine campagne. Enfin, elle est déflorée et violée sous les yeux du conducteur. Son violeur lui fait très mal, il la maintient et l'embrasse sur la bouche pour l'empêcher de crier, mais il renonce à de nouveaux rapports devant les plaintes de sa victime à qui il déclare cyniquement : "Ne te marie pas, c'est comme ça le mariage". Le violeur est vêtu de plusieurs pulls superposés et porte une moustache. Joëlle C. retient le son et les accents de sa voix, "très caractéristique", une "voix particulière" qu'elle n'oubliera jamais.

Joëlle C. est ramenée en voiture à la gare d'Obaix. Ses agresseurs lui volent un billet de 100 francs. Pendant toute sa séquestration, elle a été soumise à une forte pression psychologique. Venant d'un milieu catholique pratiquant, elle a très mal vécu le vol de sa virginité et la honte d'imaginer son corps nu photographié et livré aux regards de voyeurs inconnus.

Libérée de ses tortionnaires, la victime doit encore subir l'humiliation des interrogatoires. Il faut du tact aux enquêteurs pour solliciter le témoignage et obtenir des renseignements sans entrer dans des détails trop gênants. Et il y a les examens médicaux, obligatoires pour constater le viol ou la défloration. Une gêne supplémentaire.

Le parquet de Charleroi va enquêter pendant des mois sur ce viol, effectuant des dizaines de recherches parmi les possesseurs de véhicules Toyota, les suspects "moeurs", les militaires casernés en Allemagne et les militaires déserteurs. Il y aura plusieurs confrontations, sans résultats. En novembre 1986, la Toyota est retirée de la Sambre à Landelies. Joëlle C. reconnaît le véhicule.

Le 31 janvier 1985, Marc Dutroux a saccagé la vie de quelqu'un qu'il a volé dans la rue, comme un chien. C'est un crime, le premier d'une longue série.

21 mois plus tard, Joëlle C. ne peut évoquer son viol sans crise de larmes. Elle a des cauchemars, des crises d'angoisse, accompagnées de sensation d'étouffement, et n'ose plus se promener seule en rue. Ses relations avec son fiancé ont été perturbées.

Au cours du printemps 1985, Marc Dutroux emmène Jean Van Peteghem "pour une virée" à l'école communale de Morlanwez où des étudiants ont organisé une boum. Ils attendent dans leur voiture et repèrent deux jeunes filles qui sortent de la salle. Elles sont emmenées de force à travers un bois dans une cabane de chantier sur le site désaffecté du charbonnage Saint-Arthur. La plus jeune des filles est violée par Marc Dutroux. Van Peteghem se contente, si l'on peut dire, de se livrer à des attouchements sur l'aînée. Dutroux va reconduire les deux jeunes filles, qui sont cousines, dans les environs immédiats de leur domicile. Les deux hommes suivent leurs victimes de loin pour connaître leur adresse exacte, mais ils perdent leur trace. Aucune plainte n'est déposée pour viol, ni auprès de la police de Morlanwez, ni auprès de la direction de l'école. Marc Dutroux a toujours nié toute implication dans ce qu'il considère comme une invention pure de Jean Van Peteghem. Celui-ci l'accuse de deux autres viols, l'un commis sur une jeune fille à Viesville en novembre 85 et l'autre sur une auto-stoppeuse en décembre. Dans les deux cas, aucune plainte n'est venue étayer les accusations du complice de Marc Dutroux.

Le 26 mai 1985, Marc Dutroux invite Jean Van Peteghem à la patinoire de Valenciennes, où il connaît beaucoup de monde et sait se montrer aimable avec les filles. Ce jour-là, il drague Isabelle B., âgée de 16 ans et demi. Il lui fait croire qu'il est âgé de 24 ans (il en a 29) et qu'il vit toujours chez ses parents. Pendant des semaines, il la courtise assidûment et demande à parler fiançailles avec les parents. Ceux-ci apprendront par hasard que leur futur gendre est père de deux enfants. Mais Isabelle B. ne se décourage pas pour autant. Elle lui écrit des lettres enflammées. Quand il passe ses vacances en famille dans le sud de la France, Marc Dutroux lui envoie des cartes postales, s'inquiétant de la poursuite de ses études. Au mois d'août 1985, il tracte sa caravane à Valenciennes et n'insiste pas beaucoup pour qu'Isabelle le suive. Ils deviennent amants. Elle en conserve un souvenir émerveillé, vantant sa délicatesse et sa douceur dans les premiers transports amoureux. Ils restent en contact pendant plus d'un an. Comme Sidonie W., draguée en 79 à la piscine de l'Olympic, Isabelle B. accepte de se laisser photographier entièrement nue. Marc Dutroux semble très accroché par Isabelle, d'autant qu'un refroidissement s'amorce avec Michelle Martin laquelle souhaite s'éloigner de son amant et envisage un moment de retourner vivre chez sa mère à Waterloo. C'est comme cela qu'elle justifie en tout cas sa domiciliation dans une des maisons que Marc Dutroux possède au numéro 128 de la Chaussée de Philippeville à Marcinelle.

Quelques semaines plus tard, le 8 juin 1985, Jean Van Peteghem, qui vit dans la caravane de Marc Dutroux, partage le souper en famille, avec Michelle Martin et le petit Jérôme. A la fin du repas, Marc Dutroux annonce qu'il sort avec la VW Golf de sa concubine, ce qui provoque une algarade.

Michelle Martin n'aime pas qu'il utilise sa voiture pour faire des virées. Aux alentours de 23 heures, Marc Dutroux est au volant de la Golf. Il explique à Jean Van Peteghem qu'il a envie de "se faire une gonzesse". Ils circulent au hasard et ont un moment l'intention d'aller boire un verre à la buvette de la piscine de Gilly. Quand ils arrivent sur le parking, ils ne descendent pas de voiture et attendent une dizaine de minutes. Marc Dutroux observe le manège de 4 enfants qui jouent dans le hall de la piscine. Il veut enlever la jeune gamine qui boude près de la porte d'entrée. Jean Van Peteghem essaie de le dissuader de s'attaquer à une fille qui n'a pas encore 16 ans. Elle a bien moins que ça !

Laurence M., 11 ans et demi, fait peut-être un peu plus que son âge, mais c'est encore une petite fille, à peine pubère et très peu informée de la sexualité. Elle est arrivée à la piscine vers 20 heures en compagnie de sa mère et de son frère pour participer à un entraînement. Vers 22 heures 15, le père de Laurence a rejoint son épouse à la buvette, tandis que Laurence, son frère et deux autres enfants jouent dans le hall. A un certain moment, les enfants se disputent à propos d'un jeu et Laurence va rechigner près de la porte d'entrée, hésite, puis sort du bâtiment. C'est à ce moment que Jean Van Peteghem saisit l'enfant à bras-le-corps, lui met une main sur la bouche, la jette sur le plancher de la place avant de la Golf et la coince sous ses jambes. Dutroux démarre tandis que Jean Van Peteghem maintient la tête de la fillette penchée en avant. Marc Dutroux, qui prétend posséder une arme, menace de s'en servir si Laurence le regarde.

Quand les autres enfants constatent que Laurence a disparu, ils préviennent les parents qui croient à une fugue. Police secours intervient un quart d'heure plus tard.

Au même moment, la Golf qui a parcouru plus de 11 kilomètres, pénètre dans un garage loué à Roux au lieu-dit Plomcot. Tout au long du trajet, Laurence pleure en demandant pourquoi elle a été enlevée. Les ravisseurs lui expliquent qu'ils veulent la photographier pour des magazines américains et imitent l'accent anglo-saxon. La voiture s'arrête à l'intérieur du garage dont les portes sont fermées. Marc Dutroux place alors des sparadraps sur les yeux de Laurence, qui, terrorisée pleure toujours et supplie qu'on la laisse partir. Dutroux lui dit que si elle n'est pas sage, il va être obligé de la tuer. Il lui ordonne de se déshabiller et de s'étendre sur le siège passager de la voiture. C'est dans cette posture qu'il prend une photo avec un appareil polaroïd, ensuite, il ordonne à Van Peteghem de quitter les lieux. Quand ce dernier revient deux heures et demie plus tard, il y a une tache de sang sur le siège passager de la Golf. Laurence M. a été déflorée et violée. La jeune fille est une nouvelle fois embarquée dans la voiture. Dutroux lui propose des dragées pour lui remonter le moral. Il va la déposer non loin du domicile de ses parents (1).

Dans sa déclaration à la police, Laurence M. affirme avoir senti que le violeur portait une fine moustache. Dutroux commente son exploit auprès de

Van Peteghem : "Tu sais, j'ai violé une vierge, mais celle-là était un peu trop jeune et pas assez formée". De retour à la rue des Anémones, Marc Dutroux exhibe la photo devant Michelle Martin qui ne fait aucun commentaire.

Un an et demi plus tard, Laurence M. pleure toujours en évoquant la soirée du 8 juin. Elle a eu très mal pendant 24 heures, et surtout elle a été terrorisée. Pour éviter de lui faire répéter indéfiniment son histoire, sa mère a enregistré son témoignage sur une cassette. Laurence M. a bénéficié d'un soutien familial très chaleureux et respectueux de sa pudeur, mais pendant des mois elle reste traumatisée, manifeste une angoisse de mort importante et souffre d'angoisses diffuses dans les lieux publics. La présence de certains hommes l'effraie au point de lui donner des migraines et des maux de ventre.

Péronnes-lez-Binche. 17 octobre 1985. Il est 17 heures 30. La pénombre s'installe dans la ville et les vitrines s'allument. Céline S., une étudiante en couture de 19 ans, se rend rue Vandervelde pour faire des achats. Sixième enfant d'une famille qui en compte sept, très sérieuse, elle jouit d'une excellente réputation dans la cité où habitent ses parents. A l'époque, elle n'a ni flirt ni fiancé.

En marchant sur le trottoir, Céline S. a son attention attirée par une camionnette Peugeot de teinte claire, très sale, qui stationne à quelques mètres devant elle. Juste en face de ce véhicule, un homme d'une trentaine d'années, cheveux châtain foncé, portant une salopette, est en train d'uriner sur un mur : Marc Dutroux. Gênée, Céline détourne le regard. Arrivée à hauteur de la camionnette, Dutroux lui jette un blouson sur la tête et l'embarque par la porte latérale du véhicule qui démarre aussitôt. La jeune fille crie et se débat. Deux gamines entendent ses cris et voient la Peugeot s'éloigner en direction de Saint-Vaast. Elles ont aperçu le conducteur, qu'elles décrivent comme un homme de 50 ans, au crâne très dégarni, avec des cheveux gris. La famille est prévenue et entreprend des recherches dans le quartier.

Dans la camionnette, Marc Dutroux serre la gorge de Céline S. pour qu'elle se calme. Il menace de l'étrangler si elle bouge encore, l'installe sur une couverture déployée sur le plancher et lui place des sparadraps sur les yeux. La jeune fille, paniquée, n'ose plus bouger de peur d'être assassinée ou d'être frappée. La camionnette s'arrête devant le numéro 128 de la chaussée de Philippeville, à Marcinelle. C'est une maison qui appartient à Marc Dutroux.

Emmenée à l'intérieur, Céline constate que c'est une habitation en réfection : l'endroit est très froid et sent le moisi. On entend des passages de trains ou de tramways. Conduite dans une pièce du rez-de-chaussée, elle est obligée, sous la menace, de se déshabiller. Marc Dutroux l'attache sur un lit par les poignets. Il l'abandonne quelques minutes, puis revient, la détache, se déshabille et lui demande si elle est encore vierge. Elle acquiesce, il vérifie et lui explique que si elle avait menti, il lui aurait fait encore plus mal. Pendant que Marc Dutroux la viole, Céline lui demande de boire un peu d'eau à deux reprises. Il la rabroue méchamment d'un "tu m'emmerdes", mais lui donne à boire. Quand tout est terminé, Dutroux l'aide à se rhabiller et la guide, toujours aveuglée par les sparadraps, vers la camionnette qui va la reconduire chez elle. Sur le chemin du retour, la jeune fille est maintenue la tête sur les genoux de son violeur pour que personne ne puisse l'apercevoir de l'extérieur. Avant de la libérer, il prévient et menace : "Si tu déposes plainte, je le saurai par les journaux et comme je connais ton adresse, je reviendrai pour te tuer". Quand Marc Dutroux lui enlève les sparadraps après l'avoir débarquée sur un trottoir, Céline est surprise de se retrouver à Peronnes-lez-Binche, tout près du domicile de ses parents (1).

La gendarmerie de La Louvière arrive chez elle à 22 heures. Céline pleure convulsivement, en état de choc. Le médecin de famille a dû lui administrer un calmant. Elle ne parvient même pas à terminer le récit de son enlèvement et s'endort devant les enquêteurs rendus sceptiques par son récit et le "comportement incompréhensible de l'auteur présumé", enquêteurs qui constatent cependant des traces rouges au cou de Céline et une griffe récente au poignet gauche. Le médecin appelé sur place a constaté le viol. La BSR prévient la police judiciaire et prend contact avec le BCR de la gendarmerie pour savoir si des viols du même type ont été constatés récemment. Le parquet de Mons oriente les recherches vers les ramoneurs et les marchands de charbon, suite au témoignage de la jeune fille qui avait cru reconnaître du charbon ou de la suie à l'intérieur de la camionnette. Elle décrit son violeur comme un individu de taille moyenne, à la voix très caractéristique, et qui avait les cheveux sales.

Un an après les faits, Céline S. a toujours des cauchemars, craint de se retrouver seule en rue, a peur du noir, est devenue agressive et irritable. Elle se sent culpabilisée et dévalorisée par les événements qu'elle a vécus (2).

Samedi 14 décembre 1985. Une camionnette Peugeot blanc cassé de type J 9 patrouille à Charleroi. Elle est conduite par Marc Dutroux, avec, à ses côtés, Michelle Martin et Jean Van Peteghem. Avant le départ, Marc Dutroux a déterminé le but et les rôles. Enlever une jeune fille. Au moment du rapt, opéré par lui-même et Jean Van Peteghem, Michelle Martin devra conduire la camionnette. En arrivant de Goutroux, le trio s'est arrêté sur un chemin d'accès au ring. C'est là que Marc Dutroux recouvre les plaques minéralogiques de la camionnette avec de fausses plaques, confectionnées un mois auparavant. La nuit est tombée quand le J 9 arrive à la gare de Charleroi Sud (1). A l'embarquement des autobus Marc Dutroux décide de suivre le bus n° 52. Sur la route de Philippeville, il le dépasse et constate "qu'il y a des gonzesses à l'intérieur". Un premier essai a lieu, mais le coup est raté parce que la jeune fille visée arrive chez elle avant que Dutroux n'ait eu le temps de s'en emparer.

Dans l'autobus, il y a Deborah N., une étudiante en médecine qui vient de fêter ses 18 ans. Elle a un examen important à préparer pour le mardi 17. C'est pour cela qu'elle n'est pas rentrée avec son frère le vendredi soir. Elle a prévenu ses parents qu'elle préférait rester à son "kot" pour pouvoir étudier plus à l'aise. Et puis, le samedi, elle a décidé de rentrer à l'improviste.

Quand Deborah N. descend à l'arrêt de Nalinnes, il est environ 19 heures. Elle doit parcourir un kilomètre à pied pour arriver à son domicile. Elle s'avance sur la route, avec ses sacs lourdement chargés de livres et de cours. Marc Dutroux dépasse la jeune fille et s'arrête une cinquantaine de mètres plus loin. Il descend du véhicule, passe le volant à Michelle Martin et lui ordonne d'aller se garer au bout de la rue, devant la jeune fille. Dutroux se cache derrière la camionnette au moment où Deborah N. arrive à sa hauteur. Michelle Martin démarre et va s'arrêter devant une cabine électrique. Dutroux lui fait signe d'aller plus loin. Elle redémarre et va s'arrêter devant une maison où les deux garages sont ouverts et illuminés. Deborah poursuit sa route sans s'inquiéter du manège. Au moment où elle arrive près de la camionnette, les portes arrière s'ouvrent : un homme aux cheveux blonds, mince et osseux, portant des bottines militaires et vêtu d'un treillis est devant elle. C'est Jean Van Peteghem, qui l'attire dans la camionnette, tandis que Dutroux l'y pousse violemment, il porte un parka dont le capuchon est rabattu sur les yeux. Deborah hurle et se débat. Van Peteghem est obligé de descendre pour la faire entrer dans le J 9. Michelle Martin complètement affolée, emballe le moteur. Deux habitants de la rue entendent des cris et un bruit d'échappement, mais tout ce qu'ils peuvent apercevoir, c'est une camionette sale qui s'éloigne dans la pénombre. A l'intérieur de la camionette, Deborah ne se laisse pas faire, mais maîtrisée et menacée, elle se calme rapidement. Marc Dutroux place alors du sparadrap sur les yeux de la jeune fille qui s'inquiète. Il lui assure "qu'il n'y a aucun danger et qu'il l'a déjà fait". Elle ne peut apercevoir son visage. Tout de suite, il explique qu'il s'agit d'un rapt en vue d'obtenir une somme de 400.000 francs pour payer la coûteuse opération chirurgicale d'un ami qu'il faut envoyer aux Etats-Unis. Avant de reprendre la route de Charleroi, Michelle Martin arrête le véhicule. Marc Dutroux enlève les fausses plaques, il prend le volant et emmène Deborah N. dans la maison de la chaussée de Philippeville (2). Là, il lui demande son nom, son adresse, le numéro de téléphone de ses parents, afin de réclamer la rançon. Deborah N. est persuadée que ses ravisseurs vont la tuer. Dutroux lui explique qu'elle est aux mains d'une bande dangereuse, composée de cinq personnages, lui-même, qui est le plus gentil, et quatre autres individus : le fou, le muet, le boucher et l'italien. Malgré l'angoisse qui la tenaille, elle s'efforce de mémoriser un maximum de détails (3). Elle note l'encombrement des lieux, les odeurs de plâtre et de ciment. De même que le bruit caractéristique des pas sur du pavement cassé, un pavement à petits carreaux blanc et bleu. La toilette n'a pas de porte, c'est un simple rideau. Chaque fois qu'elle entend passer un train, elle s'arrange pour demander l'heure, elle remarque également que les trains semblent ralentir ou redémarrer. Certains se croisent. On ne doit pas être loin d'une gare. Ses ravisseurs écoutent "Radio Capitol", une radio libre établie à Couillet. Deborah N. entend prononcer le nom de Michel ou Michelle, elle a entendu, à plusieurs reprises, une voix qui lui semble être une voix de femme. Marc Dutroux et Jean Van Peteghem interprètent la saynète qu'ils ont mise au point : Van Peteghem joue le rôle du chef, "le boucher", nerveux et autoritaire. Il imite l'accent italien et change sa voix, pour faire croire à l'existence d'autres personnes. Les yeux bandés, Deborah N. est obligée de se déshabiller et de rester debout sur le divan-lit qui a été déployé. Jean Van Peteghem lui fait peur, il a l'air très excité. C'est lui qui ordonne à la jeune fille d'enlever les sous-vêtements qu'elle voudrait garder en aboyant un "tu achèves". Elle obéit et sent qu'on la regarde. Courageusement, elle résiste à chaque demande, mais cède quand les menaces ou l'énervement de ses ravisseurs lui font craindre pour sa vie.

Vers 23 heures, Jean Van Peteghem quitte les lieux avec Michelle Martin, laissant Deborah N. seule avec Marc Dutroux, qui la viole durant la nuit, essayant par tous les moyens de la séduire et de la faire entrer dans son jeu. C'est, pour lui, un échec. Les lieux sont dans un état de crasse incroyable. Il y a tellement de vermine qu'en quelques heures, le corps de Deborah N. est couvert de boutons et de rougeurs. Déterminée à retrouver ses tortionnaires, Deborah N. enregistre la voix de Dutroux, une voix très caractéristique, très reconnaissable. Malgré les apparences, c'est le meneur. Il parle avec beaucoup d'assurance et fait preuve d'un cynisme incroyable, allant jusqu'à interroger sa victime sur le tarif que pourrait lui valoir ses actes devant un tribunal ! Il essaie également d'en remettre en faisant étalage de connaissances pseudo-scientifiques, il s'exprime sur les grands mystères du cosmos, développe sa théorie personnelle sur le phénomène du trou noir, prétend avoir été coureur de rallye automobile, se vante d'avoir suivi des cours de droit, explique les mécanismes de la détention préventive (il en connaît effectivement un bout sur la question) et, finalement, retombe sur son obsession de toujours : le sexe. Il questionne Deborah sur les détails de sa vie privée. Elle lui répond n'importe quoi mais il ramène inévitablement la conversation sur son désir de faire l'amour, avec une formule lapidaire et d'une délicatesse exquise : "un trou, c'est un trou".

Le lendemain matin, c'est au tour de Van Peteghem. Son style est différent, il veut avoir des rapports, mais par consentement. Il se confie à Deborah, mais ses confidences sont truffées de mensonges, d'inventions, de vantardises : il se prétend ancien moniteur du régiment para-commando, il dit pratiquer les arts martiaux, s'imagine être la réincarnation d'un samouraï, lui fait entendre le cliquetis de son colt 45 (en réalité le bruit d'une pince grippe) et lui fait sentir l'effilé de son poignard. Il s'invente une famille, un jeune fils, David, âgé de 3 ans, une épouse droguée. Il parle enfin de Maryline, la femme qu'il vient de perdre, écrasée par un camion. Finalement, il force Deborah N. qui, rompue par sa nuit abominable, est complètement épuisée.

Le dimanche 15 décembre, vers 18 heures, le calvaire de Deborah se termine. Elle peut se rhabiller. Marc Dutroux dépose Deborah N. près de chez elle, à Nalinnes. Une dernière menace : "Si tu portes plainte, on le saura, parce qu'on a des contacts avec la police, et, comme on connaît ton adresse, on te retrouvera et on te fera la peau."

Quand ils voient leur fille rentrer à la maison manifestement perturbée, les parents de Deborah ne sont pas trop inquiets. Ils s'attendaient à la voir rentrer dans le courant de l'après-midi du dimanche. Elle n'accuse que quelques heures de retard. Ils n'ont donc pas prévenu les autorités.

Pendant huit jours, Deborah ne peut s'endormir : elle voit des têtes de mort. Elle n'ose pas porter plainte, de peur que la sanction encourue par Marc Dutroux ne soit trop légère et qu'il ne revienne mettre ses projets de vengeance à exécution.

Durant toute une journée, elle a été menacée de mort, considérée comme un objet dont les ravisseurs pouvaient user à leur guise, elle a été privée de son identité féminine. Les mois suivants, elle revit sa séquestration chaque nuit en rêve, imaginant prendre le dessus sur ses agresseurs. Elle poursuit ses études, mais reste marquée à jamais, malgré le soutien de sa famille.

Dix ans plus tard, Deborah N. est toujours sous le choc. Le moindre rappel des événements rouvre toutes les plaies. "C'est comme si on approchait un grand brûlé de la flamme qui l'a blessé". "C'est", affirme sa mère, "quelque chose d'indicible : il y a avant et il y a après. Nous ne parlons plus le même langage que les autres gens : ils nous écoutent, bien sûr, ils compatissent, mais ils ne sont pas dans notre monde". Un monde où Marc Dutroux les a enfermés. Le plus grave, dans leur situation, c'est qu'il est impossible de les aider : "La parole même ne sert à rien, chaque évocation des faits, c'est revivre l'horreur. Le moins on en parle, et le mieux on se porte". Loin des plateaux de télévision et de la première page des magazines, Deborah et ses proches auraient voulu oublier Marc Dutroux à tout jamais : depuis le mois d'août 1996, c'est impossible.

En décembre 1985, Marc Dutroux a brisé leur vie. "Les gens imaginent qu'aujourd'hui, cela va mieux, voire que c'est fini. Rien n'est plus faux. Au moindre coup de vent, nous nous effondrons, et il faut des semaines pour se restructurer !"

Deux jours après avoir violé Deborah N., Marc Dutroux va relancer Jean Van Peteghem chez son amie Josyane D. Il l'invite à souper et, au cours de la soirée, en présence de Michelle Martin, il lui propose une nouvelle expédition. Marc Dutroux a effectué des repérages et établi une liste des lieux et des heures auxquels il est facile d'enlever une jeune fille. Le trio repart en chasse le lendemain à 6 heures du matin. D'abord à Lodelinsart, où Dutroux a repéré une proie. La tentative échoue. Il consulte sa liste et décide de se rendre à Pont-à-Celles où il a localisé une jeune fille (1). Il fait encore noir quand, vers 7 heures 15, les phares de la camionnette éclairent Odette J., 15 ans, qui roule à bicyclette vers son école. Dutroux est au volant. Quand la camionnette arrive à la hauteur de la jeune fille, la porte latérale s'ouvre. Jean Van Peteghem jette Odette J. et son vélo dans la camionnette qui continue à rouler. La gamine hurle de frayeur. Van Peteghem lui colle une main sur la bouche et lui ordonne "sois sage". Dutroux cède ensuite le volant à Michelle Martin. Il place des sparadraps sur les yeux de la jeune fille et questionne : "Comment t'appelles-tu ?" "Odette J." "Oui, c'est bien ça, c'est bien elle". Odette J. essaie de protester. Elle fait valoir qu'elle doit passer des examens à l'école. Peine perdue. La camionnette s'arrête. Quelqu'un change les plaques.

Arrivée à Marcinelle, Odette J. est gardée par Michelle Martin et Jean Van Peteghem, tandis que Marc Dutroux va louer un magnétoscope. Elle supplie, en pleurs, qu'on la laisse rentrer chez elle. Michelle Martin est comme paralysée. Quand Dutroux revient, elle essaie de lui faire renoncer à son projet. Pour toute réponse, il l'agrippe par les épaules, la jette contre le mur et lui crie : "Tu ne vas pas me faire rater un coup pareil !"

Odette J. est obligée, malgré ses protestations, de se déshabiller devant la caméra et de prendre des poses obscènes. Dutroux est sans pitié et répond à ses pleurs par la manipulation : "Tout ce qui se passe est une vengeance, tu paies parce que ton père n'a pas été régulier avec moi". Il menace : "Moi, je suis un gentil, mais si tu ne veux pas obéir, je fais venir des amis qui sont bien plus durs et méchants que moi"(2). Il explique qu'il fait partie d'une bande organisée qui a prévu de la garder trois jours et de la torturer, mais elle a de la chance, comme elle plaît à son ravisseur, celui-ci se contentera de la violer. Après la séance de magnétoscope, Michelle Martin et Jean Van Peteghem quittent la maison, abandonnant Odette J. à Marc Dutroux. Michelle Martin va retrouver Jérôme qu'elle avait laissé à Goutroux, et puis, elle va faire des courses, pendant que son amant déflore et viole une gamine de 15 ans. Le viol accompli, Marc Dutroux donne une tartine et un jus de fruit à sa victime et la questionne brutalement sur les relations sexuelles de ses parents, tient des propos salaces et fait des allusions malsaines concernant la vie privée de sa mère et de sa soeur. Marc Dutroux se présente en utilisant des éléments de la biographie de Jean Van Peteghem : il affirme être un orphelin de 22 ans, qui a perdu une amie, morte à 18 ans écrasée par un camion. Odette J. demande une nouvelle fois de pouvoir rentrer chez elle, mais Dutroux la garde encore quelques heures. Il écoute la radio et des cassettes. Il se met même à chanter ! La jeune fille essaie de mémoriser un maximum de détails : un des sparadraps s'est décollé, tellement elle a pleuré, ce qui lui permet d'apercevoir une partie du décor de l'endroit où elle est séquestrée : elle aperçoit un parc d'enfant, le divan-lit en skaï rouge, les pavements à petits carrelages rectangulaires blanc et bleu clair. Elle note également l'odeur de plâtre et de ciment : c'est une maison en réfection.

Pendant ce temps, la mère d'Odette J. dépose plainte à la police de Pont-à-Celles. Sa fille n'est pas passée, comme tous les matins, chercher son amie Nadège, elle n'a pas été vue à l'école et n'a pas passé ses examens de géographie et de gymnastique. Odette J. est signalée disparue.

Vers 18 heures, Dutroux et Van Peteghem reconduisent Odette J. tout près de chez elle. Marc Dutroux l'accompagne au moment où, les yeux toujours fermés par les sparadraps, elle descend de la camionnette. Sur le trottoir, il embrasse longuement Odette J. sur la bouche. La gamine n'ose pas bouger. Il lui donne cinq billets de 100 francs qu'il a préalablement essuyés avec ses gants.

Quand elle rentre chez ses parents, elle s'effondre en larmes. Sa mère pique une crise de colère et jette les billets de 100 francs au feu après les avoir rageusement déchirés. Le médecin appelé sur place constate le viol et lui donne des calmants. La police n'est avertie que le lendemain.

Cette journée abominable a empoisonné les relations d'Odette J. et de son père. Pendant des années, elle a eu honte d'elle-même. Son épanouissement affectif a été gravement compromis (2).

---

(1) Arrêt de la Cour d'Appel de Mons du 26 avril 1989.
(2) Chantale Anciaux dans Le Vif-L'Express du 4 octobre 1996.

Arrêté

La fin de l'année 1985 arrive et, après avoir violé une demi-douzaine de jeunes filles au moins, Marc Dutroux peut se croire "invincible". Dans l'immédiat, il n'est absolument pas inquiet et pense à l'avenir. Arrivé en fin de bail à Goutroux, il envisage d'aller vivre dans la maison qu'il a achetée à Marchienne Docherie, tandis que Michelle Martin vivrait quelques temps à Marcinelle.

Il ne semble prendre aucune précaution particulière pour faire disparaître les éléments matériels qui pourraient servir de preuves à ses méfaits. C'est le calme des fêtes de fin d'année.

Un calme trompeur : après bien des hésitations, Deborah N. a finalement déposé plainte. Le dossier est mis à l'instruction chez le juge Jean-Claude Lacroix. Le travail policier commence par un examen critique des éléments récoltés par la victime lors de sa séquestration. Une partie des informations données par Van Peteghem sont fausses : il n'a jamais été marié, il n'a pas fait son service militaire chez les para-commandos, il n'a pas de fils. Les enquêteurs se raccrochent à deux éléments : l'écoute de Radio Capitol, dont le rayon d'émission doit faire 20 kilomètres au maximum, ce qui circonscrit les recherches à la région de Charleroi, et la fille écrasée par un camion. Un fil ténu qui va amener les enquêteurs de la gendarmerie chez les violeurs.

Ils consultent l'office des statistiques pour relever tous les noms des jeunes femmes qui ont été victimes d'un accident mortel impliquant un camion. Il leur faut environ un mois pour identifier Maryline L. et surtout l'amie qui l'avait présentée à Jean Van Peteghem. En prenant contact avec les autres BSR, les enquêteurs apprennent que Jean Van Peteghem entretient des relations régulières avec Marc Dutroux. Ce dernier est localisé au domicile de sa concubine, chaussée de Philippeville à Marcinelle.

Le lundi 3 février 1986, la justice passe à l'action. A 9 heures, Jean Van Peteghem est interpellé au domicile de son amie Josyane N. Au cours de la perquisition, les agents de la BSR retrouvent le plumier de Deborah N. et les vêtements que Van Peteghem portait le jour de l'enlèvement de la jeune étudiante.

A 10 heures, les gendarmes en civil sont à l'affût devant le 128 chaussée de Philippeville à Marcinelle quand ils voient Michelle Martin quitter son domicile pour se rendre au bureau de pointage. Interpellée, elle accepte une perquisition. Marc Dutroux est encore au lit quand les gendarmes entrent dans la maison.

A midi, Marc Dutroux, Michelle Martin et Jean Van Peteghem sont placés sous mandat d'arrêt. Une demi-heure plus tard, Jean Van Peteghem avoue le viol de Deborah N. dans une très longue déclaration circonstanciée. Il donne tous les détails de l'enlèvement, de la séquestration et des viols. Il précise les rôles de Marc Dutroux et de Michelle Martin.

Confronté à cette déclaration, Marc Dutroux proteste de son innocence : "J'ai appris par un de vos collègues qu'il s'agit d'une affaire de viol. Je dois vous dire que je n'en pense rien et que je ne sais vraiment pas ce que l'on peut me reprocher dans ce genre d'affaire. Je vous certifie que je suis innocent de tout délit quelconque qu'il soit d'ordre sexuel ou autre. Je n'ai absolument rien à me reprocher".

Interrogée à son tour, Michelle Martin dit se souvenir très vaguement d'avoir aperçu, vers la mi-décembre, une jeune femme en soutien-gorge avec Marc Dutroux dans sa maison de Marcinelle. A la lecture des aveux de Van Peteghem, elle est catégorique : "C'est faux, c'est tout ce que j'ai à dire". Mais son grand souci, c'est Jérôme. Dans l'urgence, il a été confié par la BSR aux parents de Van Peteghem. Michelle Martin demande qu'il soit confié à sa mère.

En fin d'après-midi, Deborah N. arrive à la BSR. Elle reconnaît Jean Van Peteghem comme un de ses ravisseurs et violeurs. Elle reconnaît aussi le parka de Marc Dutroux. Conduite à Marcinelle, elle identifie la camionnette et certains éléments de la pièce où elle a été séquestrée, mais le divan-lit en skaï rouge a disparu. Il sera retrouvé dans la maison de Marchienne.

Une première confrontation a lieu entre Dutroux, Martin et Van Peteghem. Marc Dutroux et Michelle Martin parlent d'une seule voix : "Ce que Jean Van Peteghem a déclaré est complètement faux. Nous n'avons jamais participé à l'enlèvement et au viol de Deborah N." Marc Dutroux retourne l'accusation contre Van Peteghem : "Je ne comprends pas pourquoi il me mêle à cette affaire dont je suis absolument innocent et je finis par supposer que Van Peteghem a fait usage de ma camionnette à mon insu." Emporté par l'indignation, il poursuit : "A ce stade de mon audition, je peux vous dire que quel que soit l'élément que vous avancez, je continuerai à nier car je ne suis pas l'auteur de tels faits".

A 18 heures Jean Van Peteghem reconnaît sa participation à l'enlèvement et à la séquestration d'Odette J. Il donne de nombreux détails sur la préparation et la réalisation de l'enlèvement.

Le lendemain à 9 heures et demie, Michelle Martin entre dans le cabinet du juge Lacroix. Elle maintient ses dénégations. Marc Dutroux fait de même. Jean Van Peteghem donne de nouveaux détails sur le rapt de Deborah N. Il précise qu'à son avis, Michelle Martin, régulièrement battue par Marc Dutroux, a agi sous la contrainte. Réentendue par le juge, Michelle Martin est prise d'un malaise et regagne la prison de Mons en ambulance.

24 heures plus tard, Michelle Martin annonce à la BSR de Charleroi qu'elle est prête à parler, mais elle arrête immédiatement sa déposition, prise à nouveau de malaise.

Le mercredi 5 février, les enquêteurs réentendent Van Peteghem sur l'enlèvement d'Odette J. Il confirme ses aveux et décrit l'opération dans ses moindres détails, précisant le rôle de Michelle Martin et expliquant comment la jeune fille a été obligée de se déshabiller devant la caméra manipulée par Marc Dutroux.

Le jeudi 6 février, à 10 heures, Michelle Martin avoue sa participation au rapt de Nalinnes. Elle reconnaît également avoir reçu des menaces et des coups de Marc Dutroux "qu'elle aime et dont elle ne peut se passer".

Le vendredi 7, Marc Dutroux avoue sa participation à l'enlèvement, à la séquestration et au viol de Deborah N. Il donne de nombreux éléments et affirme que c'est Jean Van Peteghem qui est l'instigateur du crime. En fin d'audition, il avoue, mais sans plus, le viol d'Odette J. Le même jour, la BSR effectue une série de perquisitions dans les hangars et les garages loués par Marc Dutroux. Les enquêteurs découvrent la VW Golf de Michelle Martin et la tache de sang sur le siège du passager. Réécouté immédiatement après cette découverte, Marc Dutroux avoue un troisième viol, celui de la petite Laurence M.

Marc Houssier, un enquêteur de la BSR de Charleroi se souvient de Dutroux : "Un garçon froid, taiseux, qui ne se rendait pas bien compte de ce qu'il avait fait. Il n'a jamais exprimé le moindre remords...Au début, c'était quelqu'un qui collaborait facilement à son enquête, qui donnait des renseignements" (1).

Le 10 février, la BSR effectue de nouvelles perquisitions dans les propriétés de Marc Dutroux. Découverte de photos polaroïd de jeunes femmes nues, d'une cassette vidéo, d'un détonateur de mine.

En prison, Marc Dutroux, accompagné de plusieurs détenus, rencontre Jean Van Peteghem pendant la promenade. Il lui reproche d'être une balance et le somme de revenir sur ses accusations dans une lettre adressée au juge Lacroix. Dutroux semble persuadé qu'il suffit d'une rétractation de Van Peteghem pour qu'il retrouve la liberté. Il promet à son jeune complice, s'il accepte de s'accuser, de l'aider financièrement et de lui payer un bon avocat.

Le 12 février, Marc Dutroux se rebiffe. A la BSR de Charleroi, il est attaché par des menottes au radiateur du local des enquêteurs pendant son interrogatoire sur le viol d'Odette J. Il refuse de signer son procès verbal d'audition parce que les gendarmes y ont mentionné le mot "viol", il maintient qu'il y a eu relation consentante, malgré ses aveux du 7 février. Les enquêteurs s'énervent. Dutroux est insulté et giflé à deux reprises. En réaction, il se frappe la tête contre un poste de radio qui se trouve à sa portée. Il faut le maîtriser. Il fait acter dans le procès verbal qu'il a été giflé. Les gendarmes consignent les dégâts occasionnés par Dutroux : la garniture frontale du poste de radio est abîmée, mais il fonctionne toujours.

Le 13 février, Michelle Martin avoue à son tour qu'elle a participé à l'enlèvement d'Odette J. Elle retourne à Marcinelle pour chercher les vêtements de Jérôme qu'elle fait parvenir à sa mère. Le même jour, la BSR réentend Deborah N. et le laboratoire de la Police Judiciaire effectue une descente dans les habitations et les garages de Marc Dutroux.

Le 17 février, dans le cabinet du juge Lacroix, Marc Dutroux se retrouve en présence de Deborah N. Il revient sur ses aveux de viol : on lui aurait fait croire qu'en avouant, Michelle Martin sortirait plus vite de prison. Il charge Van Peteghem et certifie que c'est lui qui a enlevé Deborah N. en compagnie d'un autre personnage, appelé William. Il accuse la BSR d'exercer des pressions psychologiques intolérables à l'égard de Michelle Martin.

Pendant toute l'audition, Marc Dutroux tourne le dos à Deborah N. Quand le juge lui demande de regarder sa victime et de dire si oui ou non il reconnaît avoir eu des relations sexuelles avec elle contre son consentement, il garde le dos tourné et refuse de répondre. Deborah reconnaît, sans aucun doute possible, la voix de son premier violeur. Quand il préparera sa défense devant la Cour d'appel de Mons, Marc Dutroux donnera une version très différente de cette confrontation : se prétendant harcelé par le juge Lacroix et terrorisé par la brutalité des gendarmes, il soutient qu'il est arrivé dans le cabinet du magistrat dans un état second, après avoir pris trois "Roche 4", trois comprimés de Rohypnol à forte concentration, un somnifère dangereux, très utilisé en prison.

Quelques heures plus tard, Jean Van Peteghem donne de nouveaux éclaircissements sur les circonstances dans lesquelles il a violé Deborah N. Il précise le rôle de Dutroux pendant la nuit du 14 au 15 décembre 1985.

De retour à la prison de Jamioulx, Marc Dutroux est à nouveau questionné par les enquêteurs de la BSR, mais il refuse de répondre. Il adopte la même attitude deux jours plus tard quand il revoit deux gendarmes au parloir : "Vous ne comprenez pas que je n'ai pas envie de vous répondre et ce à aucune de vos questions. Je veux qu'on me laisse tranquille pendant un certain temps. Je suis au bord de la dépression nerveuse et comme j'en ai déjà eu, je sais comment cela s'annonce".

Deux jours après, le 19 février, les enquêteurs s'avisent de ce que les viols de Joëlle C. et de Céline S. s'apparentent à la méthode Dutroux : placement de sparadraps, photographie de la victime ou viol dans la maison de Marcinelle, retour près du domicile. Marc Dutroux refuse de répondre aux questions, mais Jean Van Peteghem raconte aux enquêteurs un scénario archi tordu signé Dutroux. Marc Dutroux lui a avoué être l'auteur du viol de Joëlle C. Il lui suggère de faire croire aux enquêteurs que c'est lui, Jean Van Peteghem, qui a racheté la Toyota bordeaux ayant servi pour l'enlèvement et le viol de Joëlle C. à deux individus, Michel et William. Selon le script prévu, Jean Van Peteghem rencontre Michel et William dans un dancing de Montigny-le-Tilleul. Ceux-ci lui vendent la Toyota pour 1.000 francs. Le jour de l'enlèvement de Joëlle C., le 31 janvier 1985, Jean Van Peteghem est encore en Allemagne où il accomplit son service militaire. Les enquêteurs vérifient : c'est exact. Interrogé par la Police Judiciaire, Marc Dutroux "suppose que le viol de Joëlle C. est, encore une fois, l'oeuvre de Michel et William, les deux complices de Van Peteghem".

Même fable en ce qui concerne le viol de Céline S. Jean Van Peteghem doit s'accuser d'avoir été le chauffeur, alors que le viol aurait été perpétré par Michel et William. Contre cet aveu, Marc Dutroux promet une allocation mensuelle de 5.000 francs à Jean Van Peteghem. En réalité, Michel et William sont les prénoms de deux amis de Van Peteghem, qui n'ont strictment rien à voir dans les enlèvements et les viols, mais que Marc Dutroux connaît et déteste !

Le 20 février 1985, Michelle Martin confirme au juge Lacroix sa participation aux enlèvements de Deborah N. et d'Odette J. Elle exprime ses regrets et manifeste son désaccord avec les déclarations de son concubin qui accusait la BSR d'avoir proféré des menaces à l'égard de Jérôme : "Ce que Marc Dutroux déclare est inexact. J'ai dit la vérité aux enquêteurs car je me suis rendu compte que je ne pouvais faire autrement dans mon intérêt". Au cours de l'après-midi, nouvelle perquisition à Marcinelle. Plusieurs couteaux sont saisis, dont deux couteaux de boucher (il y avait deux couteaux de boucher dans la Toyota bordeaux volée avant le viol de Joëlle C. en janvier 1985). Les policiers emportent également la poule de Michelle Martin. Le volatile abandonné chaussée de Philippeville est transféré dans le poulailler d'un gendarme, avec le consentement de sa propriétaire.

Depuis l'incident du 13 février, Marc Dutroux refuse obstinément de parler aux enquêteurs de la BSR, ce qui incite le juge Lacroix à travailler avec la Police Judiciaire de Charleroi.

Jean Van Peteghem maintient ses aveux concernant les méfaits qu'il a commis en compagnie de Marc Dutroux. Le 24 mars, il explique le rapt et le viol de Morlanwez.

---

(1) Interview de Marc Houssier, qui avait participé à l'enquête de 1986, dans Le Rappel du 22 août 1996.

Marc Dutroux "innocent"

Est-ce que Michelle Martin a pris contact avec son concubin qui l'aurait ainsi influencée ? Le 27 mars 1986, elle opére une première courbe rentrante et déclare aux inspecteurs de la Police Judiciaire que les enquêteurs de la BSR posaient les questions et répondaient à sa place. Elle noircit complètement Jean Van Peteghem, décrivant un jeune homme "désagréable, menteur, violent et profiteur", qui avait essayé d'avoir des relations sexuelles avec elle. Michelle Martin revient sur certains détails de ses aveux précédents et qui concernent l'enlèvement et la séquestration de Deborah N. et d'Odette J.

Le 28 mars, Marc Dutroux contre-attaque : il n'a jamais participé à l'enlèvement et au viol de Deborah N., il conteste le témoignage de la victime qui a permis aux policiers de remonter jusqu'à Van Peteghem, lequel serait le seul responsable de tous les crimes dont il est accusé.

Dans la foulée, Marc Dutroux écrit à son ex-épouse, Florence L., pour lui "rappeler" que le vendredi 13 décembre 1985 il est venu chercher ses deux grands fils et qu'il les a ramenés le dimanche 15 dans l'avant-midi. Mais ce week-end-là, il y avait une réunion de famille chez Florence L. et tout le monde se souvient que les enfants de Marc Dutroux y ont participé.

De sa cellule, il écrit ensuite plusieurs lettres très tendres à Isabelle B., sa jeune maîtresse de Valenciennes. Il demande à celle qu'il appelle "son gros bébé" de lui envoyer une belle photo pour qu'il puisse la regarder dans sa cellule, il sollicite de l'argent et des victuailles, parce que la nourriture est mauvaise à Jamioulx et que ce que l'on peut acheter à la cantine coûte horriblement cher. Il l'encourage dans la poursuite de ses études et surtout, il lui suggère d'organiser une pétition prouvant sa présence à la patinoire de Valenciennes le dimanche 15 décembre 1985 de 14 heures 30 à 22 heures : "Voudrais-tu aller à la patinoire et chercher les copains et les copines qui mettraient leur nom et adresse, plus signature au bas d'un deuxième papier que je joins à la lettre ?" (1) et plus loin : "Heureusement que je t'ai, sinon je serais sans défense devant le juge". La lettre de Marc Dutroux est lue à la prison et les policiers sont avertis. Ils vont interroger l'amie de Marc Dutroux à Valenciennes : c'est la jeune femme filmée nue dans la caravane, que l'on voit sur une des cassettes saisies ! La jeune Isabelle B. , très amoureuse de Dutroux, avoue qu'elle était prête à entrer dans son jeu, prête à affirmer que Dutroux était bien à la patinoire les 14 et 15 décembre, bien qu'elle soit persuadée du contraire. Elle affirme qu'elle ne sait absolument pas pourquoi Marc Dutroux est en prison. Il lui a expliqué qu'il s'agissait d'une erreur judiciaire. Mise au courant des faits, Isabelle B. reconnaît que Marc Dutroux n'était pas à Valenciennes le jour du viol de Deborah N. Quand il apprend qu'Isabelle B. ne confirme pas sa déposition et que Michelle Martin confirme sa participation à la séquestration et au viol, Marc Dutroux exige d'être confronté avec les deux femmes. Quelques semaines plus tard, Isabelle B. sera aperçue au parloir de la prison de Jamioulx. Elle vient visiter son amant. A l'extérieur, Michelle Martin attend au parking.

Troisième tentative d'alibi. Le samedi 14 décembre, Marc Dutroux aurait dépanné un automobiliste en lui prêtant une batterie. Dépannage authentifié par un document écrit et signé que Michelle Martin prétend avoir retrouvé par hasard dans le fouillis de leur logement. Elle en donne une photocopie au Juge d'instruction qui exige l'original. Michelle Martin ne parvient plus à le retrouver. Le document réapparaîtra le 24 mars 1988, à l'audience, devant le tribunal correctionnel, mais la date est surchargée ! (2)

Le 24 avril 1986, Jean Van Peteghem est confronté à Marc Dutroux dans les locaux de la Police Judiciaire de Charleroi. Il entend Marc Dutroux raconter à sa manière comment lui, Jean Van Peteghem, et ses deux célèbres complices Michel et William ont filmé Odette J. avec le magnétoscope qu'il avait été louer pour eux. Marc Dutroux ajoute même des détails sur ce qui aurait été tourné par Van Peteghem et ses complices, s'inspirant de ce qui s'est réellement passé !

Cinq jours plus tard, Marc Dutroux donne sa version définitive des faits : s'il a avoué, c'est uniquement parce que les gendarmes lui ont fait croire que des aveux permettraient une libération rapide de Michelle Martin. Quand les policiers lui demandent d'où viennent tous les détails qu'il a fournis depuis le 7 février, Marc Dutroux certifie qu'il s'agit "d'un amalgame des déclarations des victimes, de ma concubine et de Van Peteghem dont la BSR m'a donné lecture, ainsi que des précisions que la BSR ne manquait pas de me souffler ou de m' "assèner". Pressé de questions, il s'embrouille, mélange les apparitions de Michel et William, rectifie sa déclaration en dictant lui-même tout un passage, et finalement décide de s'arrêter sur cette phrase : "Dans l'état de fatigue où je suis, je ne vois plus rien à ajouter". Il refuse de signer sa déclaration.

Les gendarmes pris à partie mettent en garde contre les tentatives de manipulation et insistent sur "la prudence particulière dont Marc Dutroux fait preuve et qui se manifeste par les nombreuses corrections qui apparaissent dans les devoirs d'enquête alors que la déclaration de l'intéressé avait été dictée en sa présence. De même, Dutroux a tenu à modifier certains de ses propos transcrits en minute sous prétexte que cela ne correspondait nullement à ce qu'il avait déclaré. Cette prudence ne permet pas de comprendre que, comme il le prétend, Dutroux ait pu être abusé par les services de la BSR de Charleroi".

---

(1) Arrêt de la Cour d'Appel de Mons du 26 avril 1989
(2) Chantale Anciaux dans Le Vif-L'Express du 4 octobre 1996.

Michelle Martin libérée

Michelle Martin, était enceinte de trois mois au moment de son arrestation. Son fils, Jérôme, alors âgé d'un an et demi, lui est enlevé le jour même. A plusieurs reprises, elle perd connaissance pendant les interrogatoires. Il faut un mois et demi environ au médecin de la prison de Mons pour comprendre que l'enfant qu'elle porte est mort dans son ventre ! Le 23 avril 1986, elle fait une fausse couche et est embarquée d'urgence au centre hospitalier du Grand Hornu.

Elle perd peu à peu le sens des réalités et finit par s'effondrer complètement, littéralement obsédée par l'idée de retrouver son fils. Les enquêteurs ne parviennent plus à en tirer quelque chose. Elle répète inlassablement : "Jérôme, Jérôme..." La situation en arrive à un point tel que les policiers se demandent si Michelle Martin n'est pas en train de perdre la raison. Dans sa cellule, elle écrit des lettres à sa mère, des lettres qui attestent de son refus d'admettre la monstruosité de ce qu'elle a laissé faire sous ses yeux : "Je n'ai fait de mal à personne. Je suis bien la première victime de tout ce drame (si on parle de "victimes" dans l'affaire qui concerne surtout Marc et Jean !). Je suis victime des coups que j'ai reçus, de ma naïveté, de mon bon coeur, de mes faiblesses à ne pas réagir avant qu'il ne soit trop tard." Et plus loin : "La venue de Jérôme m'a bouleversée, tu sais, et je désire lui donner le plus que je peux en amour, en éducation, en soin matériel. C'est mon enfant adoré. Merci de t'en occuper maintenant. Il a besoin de toi en attendant. Mais n'aurait-il pas besoin d'un père, aussi ?" (1).

Le 27 février, Marc Dutroux n'a toujours pas de nouvelles de Michelle Martin. Il la relance via une lettre qu'il envoie à la mère de sa concubine : "Je pense sans arrêt à Michelle et à Jérôme et croyez-moi, s'il est très désagréable de vivre ici, il m'est bien plus insupportable de savoir l'être aimé dans la même situation. Voudriez-vous lui écrire ceci : "Ton minou t'aime et tu ne quittes jamais son esprit. Malgré cette dure séparation, il se sent encore plus proche de toi et pense sérieusement au mariage, si cette idée te convient aussi".

Le 28 avril, Michelle Martin est libérée en Chambre du Conseil. La police judiciaire profite de sa présence à Charleroi pour organiser une confrontation avec Marc Dutroux et Jean Van Peteghem. Michelle Martin marque son accord, mais quand un policier lit la déclaration qu'elle a faite sur les viols de Deborah N. et Odette J. elle pleure et demande d'arrêter ce qu'elle ressent comme une "torture morale". Elle quitte, libre, le palais de justice et retrouve sa mère et son fils à Waterloo. Elle va vivre une relation "ombilicale" avec Jérôme, tendue vers le retour du père et la reconstruction d'un noyau familial.

Le 5 mai, nouvelle tentative de confrontation. Michelle Martin ne parvient pas à dire un mot. Priée de choisir entre la version de Jean Van Peteghem, qui avoue, et celle de Marc Dutroux, qui nie, elle reste silencieuse pendant 15 minutes. Malgré l'"aide" que lui apporte Marc Dutroux, elle ne parvient pas à donner un signalement cohérent de Michel et William. Quand un enquêteur lui demande comment elle explique que deux viols se soient passés à son domicile, elle garde le silence pendant 7 minutes.

Commentaire du chef d'enquête, Jean Laitem : "Il est à noter que Marc Dutroux, comme à son habitude, n'a cessé de tenter de jeter le doute dans l'esprit de Michelle Martin en usant de la très forte influence qu'il paraît en mesure d'exercer sur celle-ci. Nous avons pu constater le changement d'attitude et de personnalité de Michelle Martin dès qu'elle est en présence de Marc Dutroux".

Le 12 mai, Marc Dutroux arrive à ses fins. Confrontée une dernière fois à son amant, Michelle Martin se rétracte. Elle nie toute participation au rapt et à la séquestration de Deborah N. et d'Odette J. Le 24 juin, devant le juge Lacroix, elle réitère sa rétractation.

Le 26 mai 1986, un expert psychiatre examine la jeune femme et constate qu'elle est en état de choc psychologique. D'après l'expert, "Madame Martin présente une personnalité psychotique avec syndrome d'influence net. Des forces extérieures, supranaturelles, exercent sur elle une action indépendante de sa volonté. Elle se sent manipulée et menacée, des voix intérieures différentes d'elle lui proposent des actes et des pensées. Par télépathie, elle peut lire dans les pensées des autres et les autres lisent dans ses pensées". Conclusions : "Au moment des faits et au moment de l'examen mental, Michelle Martin est dans un état grave de déséquilibre mental la rendant incapable de contrôler ses actes".

Le 4 février 1987, nouvel examen psychiatrique. Son état s'est fortement amélioré alors qu'elle n'a suivi aucun traitement. Le médecin remarque l'existence d'une relation de dépendance pathologique à l'égard de Marc Dutroux. Il considère qu'elle est toujours incapable de contrôler ses actes.

Le 26 janvier 1988, la Chambre du conseil du tribunal de première instance de Charleroi, considérant que Michelle Martin, inculpée pour crime de viol, se trouvait dans un état grave de déséquilibre mental au moment des faits, déséquilibre qui perdure, estime que la jeune femme constitue un danger social et ordonne son internement. Dans ses attendus, la Chambre du conseil réfute les arguments présentés par le médecin qui suit Michelle Martin depuis un an sous prétexte "que le rapport du médecin-conseil de l'inculpée doit s'interpréter dans le cadre d'une assistance dirigée, dont l'indépendance ne peut être celle de l'expert judiciaire".

Le Parquet interjette appel, de même que Michelle Martin. Le lendemain, le "danger social" commence un intérim d'un mois en qualité d'institutrice maternelle à l'école du Centre de Marcinelle. Elle prestera un second interim, du 31 mai au 25 juin à l'école communale de la rue des Haies à Charleroi.

Le 27 juillet 1988, la Chambre des mises en accusation demande l'avis d'un collège d'experts sur l'état mental de l'inculpée. Trois médecins constatent que Michelle Martin nie totalement les faits retenus à sa charge et accuse la gendarmerie d'avoir extorqué des aveux sous la menace. Ils relèvent la fragilité de son caractère qui "rend pratiquement nécessaire la relation de dépendance à l'égard de son concubin". Les experts s'opposent diamétralement aux conclusions de la Chambre du conseil : pour eux, Michelle Martin n'était pas dans un état de démence au moment des faits et doit être considérée comme responsable de ses actes.

Le 16 décembre 1988, Michelle Martin se rend au parloir de la prison de Jamioulx en compagnie de deux invités et d'un officier d'état civil. Marc Dutroux épouse sa concubine et fait les choses dans les règles : un contrat de mariage notarié le 13 décembre, qui prévoit le régime de la séparation des biens.

Le 4 novembre 1988, son avocat plaide l'acquittement devant le tribunal correctionnel de Charleroi qui la condamne à trois ans de prison ferme. Poussée par Marc Dutroux, Michelle Martin attaque son avocat devant le bâtonnier pour une question d'honoraires. Le 1er mars 1989, Dutroux lui-même se fend d'une philippique bien sentie pour dénoncer "celui qui se disait certain d'obtenir pour mon épouse l'acquittement sur base de son innocence". "Depuis" poursuit Dutroux, "je vois mon épouse venir se plaindre continuellement, déstabilisée par cet homme, qui semble s'être cru autorisé à imposer son choix de plaidoirie... Je crois pouvoir estimer que ce monsieur n'a pas respecté la déontologie de sa profession. Je crois pouvoir protester qu'il n'est pas normal qu'un avocat profite ainsi de la détresse alors qu'il incarne la dernière protection du citoyen. Vraiment, Monsieur le bâtonnier, j'aimerais que cet homme cesse de poursuivre mon épouse et cesse de la menacer".

La chute est dans le même style: "Vous m'obligeriez beaucoup de me faire savoir dans quelle mesure je suis en droit de me plaindre, de faire valoir que ce monsieur m'a causé préjudice, devant qui, par quelle procédure ? Les manoeuvres de cet homme n'ont que trop duré !"

Avant de comparaître devant la Cour d'appel, Michelle Martin retombe sous la coupe de Marc Dutroux. Personne, à quelque niveau que ce soit, n'a pu ou voulu la libérer de cette emprise aliénante, alors que tous les intervenants (famille, assistantes sociales, gardiennes de prison, policiers, magistrats, experts psychiatres, médecins) se sont parfaitement rendus compte de son état et de sa situation. Oserait-on parler de non assistance à personne en danger ?

Et que dire d'une administration qui confie de jeunes enfants pendant deux mois à une personne inculpée de complicité de viol et dont un tribunal réclame l'internement ?

---

(1) Chantale Anciaux dans Le Vif-L'Express du 4 octobre 1996.

Un beau spécimen de psychopathe

Une des caractéristiques principales du psychopathe, c'est sa capacité d'amener peu à peu ses interlocuteurs dans le jeu pervers dont il a lui-même déterminé les règles. Il semble que Marc Dutroux soit parvenu très rapidement à contrôler les quelques relations assez brèves qu'il a eues avec les experts psychiatres mandatés par le Parquet. Il est frappant de constater que ce sont les "psys" qui sont tombés le plus souvent dans le panneau, alors que des personnes n'ayant pas leurs qualifications, comme certains enquêteurs, ou certains parents de Dutroux, semblent avoir mieux résisté à ses tentatives de déstabilisation.

Dans un rapport du 27 mai 1986, le neuropsychiatre qui examine Marc Dutroux constate : "Monsieur Dutroux nie les faits mis à sa charge. Les éléments retenus contre lui sont de simples coïncidences. Les aveux de sa concubine ont été "extorqués" sous la menace." Et plus loin : "Au cours des entretiens le sujet apparaît détendu, souriant, paraissant convaincu que malgré les lourdes charges qui pèsent sur lui, il parviendra à faire la vérité et à établir son innocence. Rien ne semble le perturber, ni les aveux de son complice, ni les aveux de sa concubine, ni les éléments matériels du dossier. Il a vécu une situation identique en 1985 et a réussi à s'en tirer. Il se défend avec beaucoup de conviction et d'énergie. Le fait qu'il nie les faits qui lui sont reprochés empêche bien sûr toute analyse approfondie de son comportement".

Certains enquêteurs ne sont pas dupes du caractère manipulateur de Marc Dutroux : "Toute interpellation de l'intéressé rencontre inévitablement sa conception personnelle des choses, qui a pour centre unique l'intéressé lui-même, qui se considère au-dessus des contraintes qu'impose la société. Seules ses conceptions, sa manière de vivre et sa volonté guident Marc Dutroux qui a toujours refusé de reconnaître des situations que des éléments matériels ou des témoignages d'autres personnes établissent quasi formellement".

Depuis qu'il a décidé de revenir sur ses aveux et de tout nier en bloc, il est devenu impossible de lui soutirer le moindre élément. Calme, froid, déterminé, il répond sereinement à toutes les questions. "Où étiez-vous le 14 décembre 1985 ?" "A Charleroi" "Donc, vous étiez chez vous quand Deborah N. a été violée, elle a reconnu votre voix" "Non, je n'étais pas chez moi" "Où étiez-vous" "Avec quelqu'un, un ami" "Quel ami ?" "Je n'ai pas envie de vous le dire".

Plus tard : "C'était bien le sang de la petite Laurence M. qu'on a retrouvé dans la Golf de Michelle Martin, comment pouvez-vous nier l'avoir violée ?" "C'est quelqu'un qui est venu prendre les clés chez moi" "Qui ça ? " "Je ne sais pas".

Après avoir pris connaissance des déclarations de ses parents et des membres de sa famille, il écrit une longue déclaration en deux parties (écrites en novembre 1987 et février 1988). Un texte serré, tapé à la machine sans marge, à simple interligne, ni relu, ni raturé, dans un style affecté, pontifiant... et criblé de fautes d'orthographe. Il trace de son enfance et de son adolescence un tableau chargé, qui en fait un enfant battu, ayant supporté l'autorité et l'arbitraire de parents indifférents, incapables de lui donner de l'affection, ni même de lui assurer une nourriture convenable et un suivi médical. Ainsi, lorsqu'il souffre d'une otite purulente à l'âge de 7 ans, il prétend avoir été obligé de passer la nuit sur le palier du grenier pour que ses gémissements n'empêchent pas ses parents de dormir. A chaque épisode, il se taille le beau rôle. Pas une seule fois, dans cette confession, il ne reconnaît une erreur ou une faute. Ce sont toujours les autres, ou les circonstances. Aucun membre de sa famille n'est épargné : son frère André était le préféré, parce que c'était le seul qui ressemblait vraiment à son père; son frère Jacques, handicapé par la poliomyélite, profitait de son infirmité pour se faire bien voir; il n'y avait, pour ses parents, que des devoirs, jamais d'affection. Mais c'est sa mère qui cristallise toute son agressivité : "Je considère ma mère comme une pauvre femme, qui n'a jamais su aimer ses enfants, et moi encore moins que les autres !" Et plus loin : "Elle m'a reproché ma venue au monde, qui a brisé sa jeunesse, ses ambitions. Elle m'a dit avoir dû renoncer à sa liberté, avoir été contrainte de se marier. Elle m'a dit que je l'avais fait souffrir lorsque je suis né"..."J'ai servi d'exutoire à l'un comme à l'autre, mais mon père croyait à ce qu'il faisait. Il croyait nous rendre les meilleurs services, en nous élevant à la dure, du moins il en avait l'apparence. Ma mère aimait lui faire jouer son rôle de père fouettard et ne s'est jamais interposée à ses exagérations". "A table, j'étais obligé d'avaler des aliments qui me soulevaient le coeur au point d'en avoir des spasmes à l'estomac". Pas étonnant, dans une atmosphère pareille que le jeune Marc Dutroux ait eu des "nuits envahies par des cauchemars terrifiants. Même éveillé, je m'imaginais des crocodiles rampant au pied de mon lit. Pour faire disparaître la peur, je m'imaginais que mes couvertures étaient un rempart infranchissable pour les animaux qui voulaient me manger." Plus loin : "Les conditions mêmes de ma jeunesse ont rendu mes relations fraternelles quasi inexistantes...Notre éducation nous poussait à nous comporter comme des frères ennemis...L'intervention de mes parents portait toujours à m'écraser, sans se soucier de ce qui était juste. Je comprends que mes frères en ont profité, ce qui était la source de conflits sans fin." Si, pour Marc Dutroux, Obaix a été un mauvais souvenir, le paradis, c'était Jemeppe-sur-Sambre : "C'est grâce à mes grands-parents et à l'amour "maternel" que m'a témoigné ma grand-mère, que j'ai gardé, parfois retrouvé l'équilibre nécessaire. Il n'y a que chez eux que mon tout jeune ménage a trouvé de l'aide dans les moments difficiles. Ils m'ont donné la force de continuer à vivre une jeunesse où il m'arrivait parfois de songer au suicide, dans les périodes les plus sombres".

Il y a certainement du vrai dans toute cette littérature, mais dans quelle proportion ? Ces déclarations adressées aux autorités judiciaires ne sont-elles pas aussi à usage de l'unité d'observation et de traitement de la prison de Mons ? Est-ce que le psychologue de service n'a pas lu ces morceaux de bravoure pour en tirer quelques enseignements ? Jeannine Lauwens insiste sur le caractère foncièrement manipulateur de son fils, "qui utilise tout ce qu'on lui dit", qui "prétend avoir lu Freud" et sait se servir de quelques notions de psychologie pour "embobiner son monde". On peut en tous cas constater que s'ils ne sont pas rédigés intentionnellement, les textes de 1987 et 1988, en opposant l'enfer familial d'Obaix au paradis de Jemeppe-sur-Sambre, préparent le terrain pour des manoeuvres importantes, qui auront lieu quatre ans plus tard.

Marc Dutroux se fait communiquer son dossier. Dans sa cellule de Jamioulx, il construit lui-même sa défense : il analyse, décortique, annote toutes les déclarations des victimes, des témoins et de ses complices. Un travail considérable, rédigé sur des feuilles de cahier d'écolier, d'une écriture régulière, sans rature, mais en utilisant des encres de couleurs différentes. Il conteste point par point les accusations de ses victimes, particulièrement les nombreuses informations fournies aux enquêteurs par Deborah N. Il exige des vérifications sur chaque point de détail. "A tel endroit", écrit-il, "je ne pouvais pas avoir été vu au volant de ma camionnette J 9 parce que celle-ci ne comporte pas de décalcomanies sur les vitres arrières". "Comment Deborah N. peut-elle prétendre que je me suis arrêté pour remplacer les plaques de mon véhicule alors que les enquêteurs ont constaté que les vis de fixation étaient complètement rouillées ?" "Comment peut-on prétendre que j'ai enlevé Deborah N. avec mon J 9 alors qu'une des portières arrière ne tenait plus que par un téton en nylon ?"

Il y en a des dizaines de pages. Les enquêteurs commencent à en avoir marre et Marc Dutroux va remarquablement utiliser les erreurs de ses adversaires pour se poser en victime du système : il parvient à faire croire à ceux qui sont étrangers à l'enquête que son instruction se fait uniquement à charge en se prévalant du fait que certains devoirs, que certaines vérifications qu'il réclame, et qui sont aberrantes, ne sont pas effectuées.

Marc Dutroux se dit victime d'une machination et donne sa vision de la justice dans une lettre qu'il expédie à Michelle Martin le 14 août 1986 : "Même si "un faisceau d'indices convergents" (c'est vite dit) peut donner "à première vue" bonne conscience à certains, il est certain qu'il était de leur devoir (surtout du juge d'instruction) de rechercher aussi dans les faits et dans les déclarations ce qui démontre notre innocence. Au lieu d'"orienter" l'enquête dans le seul but de corroborer une version des faits plus aisée à instruire (?!) que la vérité (j'ai eu l'occasion, en Chambre du conseil, de voir le juge d'instruction mentir - et je pèse mes mots - délibérément, lors de son exposé des faits devant un autre juge qui n'a sûrement pas approfondi le dossier). Devant tout cela (et le reste), qu'on ne me parle pas de "justice" !

Ce n'est qu'une vaste mascarade qui provoquerait le rire si les conséquences qu'elle entraîne parfois ne tournaient pas au drame pour les malheureuses victimes innocentes, ou pas assez coupables, qu'elle brise injustement en son nom".

A l'affût des moindres failles de ce qu'il appelle "le système", Marc Dutroux parvient à marquer des points. Quand il prend connaissance du rapport d'une assistante sociale qui écrit : "M. Dutroux est tellement horrible que je ne l'ai même pas rencontré", il saute sur l'occasion pour crier au scandale. Même chose avec ses défenseurs. Son premier conseil est un avocat du barreau de Bruxelles qui ne mène pas les affaires au goût de son client. Marc Dutroux multiplie les recours et les incidents de procédure. De l'avis de ceux qui le rencontrent à l'époque, c'est un "personnage peu sympathique, manipulateur, genre "chiant", qui sait tout mieux que vous, très revendicatif et qui se pose en victime du système judiciaire". Est-ce la raison pour laquelle il change plusieurs fois d'avocat ? Certains de ses griefs semblent fondés. Un de ses défenseurs agit avec tellement de désinvolture à l'égard de la Cour d'appel qu'il provoque le report du procès.

Marc Dutroux tient à rester maître de la stratégie qui doit présider à sa défense. Il lui faut un avocat convaincu de son innocence. Me Didier De Quévy se souvient d'une procédure très longue, émaillée d'incidents. Il a introduit plusieurs requêtes de mise en liberté provisoire, mais elles ont toutes été rejetées. "J'ai défendu Monsieur Dutroux en conscience et j'ai plaidé son acquittement."(3)

De sa cellule, Marc Dutroux désigne les responsables de tous ses malheurs : Deborah N. et surtout Jean Van Peteghem, dont il jure de se venger cruellement. Un détenu, qui a partagé sa cellule à Jamioulx, alors qu'il attend son procès, se souvient d'un véritable obsédé sexuel, et d'un mythomane. "Dutroux prétendait que les cassettes vidéo retrouvées chez Michelle Martin (cassettes sur lesquelles on voit une de ses victimes) lui avaient été données par Jean Van Peteghem". "Alors que nous entretenions de bons rapports (nous jouions tous les deux aux échecs), il a voulu que je quitte la cellule après m'avoir avoué son projet de caches indétectables pour enfermer des filles"(3). Si l'on en croit ce témoignage, c'est avant même d'être condamné que Marc Dutroux envisage de recommencer et de ne plus se faire prendre. Il a bien compris que ce sont les témoignages de ses victimes qui ont amené son arrestation.

Il entretient une correspondance suivie avec sa grand-mère. C'est la seule personne de sa famille qui reste persuadée de son innocence. Les relations entre Marc Dutroux et sa mère se sont définitivement dégradées, parce que celui-ci ne comprend pas qu'elle ait pu l'"entasser" au moment de l'enquête de police.

---

(1) Chantale Anciaux dans Le Vif-L'Express du 4 octobre 1996.
(2) Arrêt de la Cour d'Appel de Mons du 26 avril 1989.
(3) Séquence "Faits Divers" de l'émission de la RTBF du 27 novembre 1996. Cette déclaration est exactement semblable à celle du violeur américain cité par Holmes R et Holmes S dans *Profiling violent crime*

Le procès de Mons

A la fin de l'instruction, le parquet de Charleroi, considérant que les faits sont d'une extrême gravité, décide de renvoyer l'affaire en Cour d'assises. Les charges sont très lourdes : vol avec violence, torture, menaces de mort, perpétrés de nuit et en groupe sur la personne d'une dame de 58 ans, enlèvements, séquestrations, utilisation de produits soporifiques, brimades, humiliations, menaces, attentats à la pudeur et viols sur 5 jeunes filles mineures, âgées de 11 ans et demi à 19 ans.

A Mons, la Cour est saturée à cause des péripéties du procès des Borains impliqués dans les tueries du Brabant Wallon. Il faudrait organiser une seconde Cour d'assises. Le Procureur Général n'en veut pas : cela demande trop de temps, immobilise 3 magistrats, beaucoup de personnes et d'énergie : une semaine pour la préparation et une semaine au moins pour le procès. C'est, en plus, une procédure lourde, spectaculaire, attirant la presse, mais qui, dans le cas particulier de Marc Dutroux, présentait un grand avantage : le prévenu qui se présente devant une Cour d'assises doit subir un examen psychiatrique approfondi, plus fouillé que lorsqu'il comparaît en correctionnelle. Ici, la justice laisse passer une première chance de connaître un peu mieux la personnalité ultra dangereuse de Dutroux et d'éclairer ceux qui, ensuite, auront à traiter son dossier de libération conditionnelle. C'était aussi une occasion, peut-être, de lui faire prendre enfin conscience de la gravité de ses actes. Un des avocats des victimes insiste sur la "mission explicative" de la politique criminelle : mettre en exergue le crime (1). La Cour d'assises joue un rôle dans ce processus : par son apparat, son côté solennel, elle veut donner un caractère exemplaire à la sanction. Mais, pour des raisons internes au fonctionnement de l'institution judiciaire, sans aucun rapport avec la cause, le Parquet fait le choix de correctionnaliser. Dans cette optique, le Parquet ne se soucie absolument pas du sort des victimes, ni de la gravité des actes commis par les accusés. Un seul élément plaide en faveur de la correctionnalisation : cette affaire impliquait des mineures d'âge qui avaient été séquestrées, humiliées, et violées. Certaines d'entre elles ne tenaient sans doute pas à un procès d'assises qui, avec la publicité qui est faite, risquait de les mettre en difficulté, alors qu'elles essayaient par tous les moyens d'oublier. L'une d'elles a d'ailleurs refusé de témoigner devant la Cour d'appel.

Vu l'avis négatif du Parquet général, l'affaire Dutroux passe donc devant le tribunal correctionnel de Charleroi, mais, au cours de son audience du 24 juin 1988, le tribunal se déclare incompétent. Il considère que Flora Doniaut a été torturée et que les sévices qu'elle a subis ont entraîné une incapacité permanente, physique et psychique. Ces faits, dit le tribunal, sont punissables des travaux forcés à perpétuité, ils relèvent de la Cour d'assises. Le parquet interjette appel et c'est la Cour d'appel de Mons qui va transformer les crimes reprochés à Dutroux en délits, de façon à pouvoir le juger sans passer par les assises.

Comment procède-t-on ? La Cour accorde à Dutroux le bénéfice de "circonstances atténuantes formelles", parce que c'est sa première inculpation. Restent les tortures et les incapacités permanentes. La défense de Flora Doniaut présente 10 pages de conclusions, citant les enquêteurs et trois médecins.

Deux psychiatres confirment les angoisses liées à l'agression. Le chef de service neuro-psychiatrique de l'hôpital du Tivoli constate "une anxiété généralisée, compliquée d'une obsessionnalité de ses peurs". Un autre psychiatre affirme que "l'agression dont a été victime Flora Doniaut a entraîné une incapacité permanente psychique de l'ordre de 40 %". La Cour décide de suivre l'avis d'un autre expert qui, après un quart d'heure d'examen, estime qu'elle a "bien réagi, qu'il persiste une anxiété légère, circonscrite semble-t-il à l'environnement où se sont déroulés les faits. On ne peut donc parler de maladie incurable ou d'incapacité permanente".

L'"anxiété légère" se traduit par le fait que depuis 10 ans, Flora Doniaut n'ose plus vivre et dormir dans sa maison !

Restent les séquelles physiques. Depuis 1960, Flora Doniaut était soignée d'une affection à la glande thyroïde. L'évolution de son mal était contrôlée tous les 6 mois et, depuis 1975, les médecins avaient constaté la stabilisation de cette affection. Un an après l'agression, les médecins observent une évolution extrêmement grave et décident l'ablation d'urgence de la glande thyroïde. Le médecin traitant soutient que l'agression a eu un effet aggravant net sur l'évolution de la lésion thyroïdienne de sa patiente. Affirmation balayée par deux experts mandatés par la Cour d'appel. Mais que valent ces contre-expertises de commande ? Des esprits un peu tatillons se demandent si le fait pour un expert d'être souvent sollicité par tel parquet ne crée pas vis-à-vis de celui-ci des liens, non pas de dépendance, mais enfin... N'y a-t-il pas, chez l'expert "attaché" à un parquet une tendance à satisfaire les demandes de ce dernier ? Dans le cas de Flora Doniaut, les conclusions des experts confortent le point de vue du parquet.

Le 26 avril 1989, la quatrième chambre de la Cour d'appel de Mons consacre 12 pages d'attendus à mettre en pièces la défense argumentée de Flora Doniaut. Les magistrats s'ingénient à triturer les données de fait pour nier l'incapacité permanente de la victime des exactions de Marc Dutroux et pour réduire l'importance des faits retenus à sa charge. Poussés par le parquet, les juges de Mons ont sacrifié la fonction de justice au fonctionnement de l'institution judiciaire, manifestant une indifférence totale à l'égard des victimes. C'est un système qui repose sur l'idée que le droit pénal n'a pas pour but d'aider les victimes, mais uniquement de punir les coupables (1).

Flora Doniaut, qui a subi une nuit de torture et s'est vue dépouillée de ses économies, ne comprend pas. Mais il y a mieux. Les jeunes filles violées qui témoignent au procès sont sidérées : le Marc Dutroux, hâbleur, dominateur, froid, sans scrupules ni remords, sans pitié, est bien là, physiquement, devant elles, mais muré dans la feinte conviction de son innocence. L'écouter est un cauchemar : c'est lui la victime. Il n'a rien fait. Il rejette tout sur Van Peteghem. Son avocat plaide l'acquittement. Le procureur Demanet ne se laisse pas impressionner. Il frappe dur et la Cour le suit : 13 ans et demi de prison ferme pour Marc Dutroux (10 ans pour les viols, 3 ans pour le vol avec violence et effraction, 6 mois pour détention illicite d'armes prohibées), 6 ans et demi pour Jean Van Peteghem et 5 ans pour Michelle Martin.

"13 ans et demi pour 5 vies foutues, c'est pas cher" commente Deborah N., "mais quand j'ai compris ce que voulaient dire ces peines, j'ai préféré ne plus y penser". Elle ajoute :"Aujourd'hui, tout le monde découvre que Dutroux est un monstre, mais nous, on le savait depuis 10 ans, et à l'époque, ça n'a fait qu'un simple article à l'intérieur d'une gazette" (2).

Dutroux, Van Peteghem et Martin sont des délinquants primaires. En vertu de la loi Lejeune sur la réinsertion sociale, ils sont libérables au tiers de leur peine. Pour Dutroux, ce jugement n'est pas une trop mauvaise opération : en prison depuis le 3 février 1986, il peut être libéré le 13 janvier 1990. Moins de neuf mois après sa condamnation. Mais cela, c'est la théorie. Depuis qu'il est ministre de la Justice, Melchior Wathelet impose un délai plus long pour les cas de violence et d'abus sexuel : rien avant la moitié de la peine. C'est ainsi que Melchior Wathelet rejette une proposition de libération pour Michelle Martin. Marc Dutroux va rester à la prison de Mons jusqu'en 1992. Jean Van Peteghem sort avant lui, mais Marc Dutroux ne pourra jamais assouvir sa vengeance : son ancien complice meurt écrasé par un autobus à Liège en 1991.

---

(1) Enquête de Michel Hellas pour l'émission "Au nom de la loi" du 27 novembre 1996.
(2) Séquence "Faits Divers" de l'émission du 27 novembre 1996.

Détention

La Cour d'Appel de Mons, considérant qu'il n'y a pas lieu de craindre que Michelle Martin tente de se soustraire à l'exécution de sa peine, ne demande pas son arrestation immédiate. Elle rentre chez elle retrouver son fils Jérôme, âgé de 5 ans. Sur requête du Ministère public, une action en déchéance de droits parentaux est introduite devant le tribunal de la jeunesse. La justice, qui ne s'était pas inquiétée de l'existence de Jérôme depuis l'arrestation de Michelle Martin en 1986, l'enlève à sa mère et le place d'abord dans un home, puis dans une famille d'accueil. Assigné en déchéance de paternité le 13 septembre 1990, Marc Dutroux est déchu le 26 janvier 1991. Il va consacrer une partie de son énergie procédurière à récupérer sa puissance paternelle. Le reste de son temps en prison est consacré pour l'heure à une véritable boulimie étudiante. Il suit tous les cours qui sont accessibles à la prison de Mons : mathématique, physique, physique optique, chimie, électricité, anglais.

Michelle Martin est incarcérée à Bruges le 20 octobre 1989. Elle sera libérée en mai 1991. Le 17 octobre 1990, elle rend visite à son époux. Cette visite au parloir est marquée, selon le rapport d'un surveillant, par "un incident d'ordre sexuel". Michelle Martin a ouvert son corsage pour que son mari puisse lui toucher les seins. Pendant un temps, les visites seront supprimées. Quelques semaines plus tard, Michelle Martin est libérée. Elle introduit tout de suite une action en recouvrement de ses droits parentaux devant le tribunal de la jeunesse. Son avocate plaide l'incohérence du dossier : comment expliquer l'attitude de la justice, qui attend le jugement en Cour d'appel pour se souvenir de l'existence de Jérôme ? D'autre part, il n'y avait aucun indice de maltraitance concernant l'enfant, qui est rendu à sa mère. Michelle Martin s'installe à Rixensart, ce qui incite Marc Dutroux à demander son transfert pour Nivelles, une prison plus proche du lieu de résidence de son épouse. De plus, à Nivelles, il pourra suivre une nouvelle série de cours, qui n'a pas son équivalent à Mons. Mais la direction de Mons refuse ce transfert. L'unité d'observation et de traitement, nouvellement mise en place, ne veut pas abandonner le travail entrepris sur Marc Dutroux.

Un cas compliqué. Marc Dutroux refuse tout traitement psychanalytique, puisqu'il conteste être un délinquant sexuel. D'autre part, lui-même, toujours critique, met en doute le sérieux du travail de l'unique psychologue de la prison : "Comment un psychologue à mi-temps, ayant plusieurs centaines de détenus à charge, peut-il s'occuper sérieusement des gens qu'il a sous sa responsabilité ?" Encore une fois, les failles du système lui fournissent des arguments de remise en cause et alimentent sa conviction d'être une victime qui "paie pour des actes commis par d'autres."

Il est certain que son personnage inquiète et que l'UOT se méfie de lui. Une assistante sociale note dans un rapport que "l'absence de culpabilité et de responsabilité dans les faits qui lui sont reprochés donne à son discours un ton froid et insensible qui fait peur et laisse rêveur quant à un travail ultérieur possible avec cet adulte intelligent et habile". Plus loin, elle dénonce l'aspect manipulateur du personnage : "Marc Dutroux parle peu de son fils Jérôme pour lui-même. Nous avons l'impression qu'il l'utilise comme alibi dans la mesure où un bon comportement à l'égard de son fils pourrait le réhabiliter dans la société et lui éviterait une prolongation de la déchéance paternelle. En outre, nous avons appris qu'il avait deux autres fils, de 11 et 13 ans. Où sont ses sentiments paternels à leur égard ?" Conclusion : "Le désir exprimé de voir son fils Jérôme le plus souvent possible est guidé par la volonté d'apporter des éléments favorables à sa thèse de non culpabilité".

Marc Dutroux rentre lui-même une première demande de mise en libération conditionnelle. Il se trouve dans les limites prévues par la loi. Elle est refusée par la conférence du personnel de la prison. Il peut représenter son dossier 6 mois plus tard. Des événements familiaux vont lui permettre de renverser la vapeur d'une manière spectaculaire.

Un bon petit-fils

En 1988, l'état de santé de la grand-mère de Marc Dutroux devient alarmant. Elle est hospitalisée d'urgence pour le traitement d'un cancer. Sa fille, Jeannine Lauwens, la recueille à Obaix quand elle quitte l'hôpital, et quelques mois plus tard, au début 1989, elle retourne vivre à Jemeppe-sur-Sambre (1). Deux ans plus tard, c'est le cadet, Henri, qui pose à nouveau problème. Il s'est marié et travaille à Liège comme monteur pour des travaux à risque. Mais les délires recommencent. Son épouse demande le divorce et Henri revient chez sa mère qui lui suggère d'aller s'établir à Jemeppe-sur-Sambre, ce qu'il fait en mars 1991. Une décision logique : le cadet, handicapé par sa maladie, sera quand même une présence pour sa grand-mère et il peut veiller aux besoins élémentaires dans la maison. Mais, apparemment, Henri ne parvient pas changer les habitudes de son aïeule : il y a toujours une quarantaine de chats dans la maison qui est dans un état de crasse épouvantable.

Marc Dutroux semble très au courant de ce qui se passe à Jemeppe-sur-Sambre. Ainsi, après une première tentative infructueuse d'obtenir une sortie spéciale pour suivre un cours d'informatique, il demande de pouvoir visiter sa grand-mère qui se trouve, affirme-t-il, dans un état d'extrême précarité, vivant, abandonnée par sa famille, dans des conditions ignobles. Comme la direction ne donne aucune suite favorable, il insiste, prétend que sa grand-mère est dans un état désespéré et que sa seule motivation est de la sauver. Les choses en arrivent à un point tel que la direction de la prison prend contact avec le Centre Public d'Aide Sociale de Jemeppe-sur-Sambre où l'on confirme que la vieille dame vit dans une situation inconfortable, mais qu'elle refuse toute forme d'aide. Une sortie est donc octroyée à Marc Dutroux. C'est la première fois qu'il va goûter l'air de la liberté depuis son arrestation en 1986. Cette première sortie est régie par des règles strictes : le détenu doit être accompagné par une personne désignée par l'administration et la sortie doit avoir un but précis. L'accompagnateur doit rentrer un rapport.

Quand il arrive à Jemeppe-sur-Sambre avec Marc Dutroux, son accompagnateur est bouleversé. La vieille dame est dans un état épouvantable : elle vit dans une pièce remplie de déjections et de vomissures de chat. L'odeur est insoutenable. Les meubles et les fauteuils sont remplis de puces. Les draps n'ont plus été changés depuis des semaines. Elle même est d'une saleté repoussante. Toute la journée, consigne l'accompagnateur, Marc Dutroux s'est occupé avec tendresse de sa grand-mère, il s'est atttelé aux tâches les plus ingrates, nettoyant les excréments des chats, débarrassant la maison des meubles les plus abîmés, grattant le sol, récurant. "Aujourd'hui, je suis vraiment heureuse" déclare la vieille dame à son petit-fils qui s'étonne "Et dire que c'était une femme si propre, je ne comprends pas".

L'accompagnateur mandaté par l'administration acte que la grand-mère se déclare ravie de revoir son petit-fils, elle qui refuse toute aide du reste de sa famille et du CPAS. Du coup, Marc Dutroux obtient une sortie spéciale pour poursuivre l'oeuvre de nettoyage. Il reprend contact avec le voisinage de sa grand-mère et décrit à qui veut l'entendre "l'état lamentable dans lequel Jeannine Lauwens a laissé sa pauvre maman."

Ces événements provoquent un choc à la prison de Mons et renforcent le dossier moral d'un Marc Dutroux acquérant ainsi une crédibilité qui lui avait toujours fait défaut. On lui accorde une certaine tendresse à l'égard d'une personne âgée, même si ses intentions ne sont pas totalement désintéressées.

Henri se plaint des incursions de son frère aîné, qui débarque sans prévenir, farfouille dans toutes les pièces et se comporte comme le propriétaire. La grand-mère s'étonne de ne plus retrouver d'argent dans son portefeuille. Jeannine Lauwens envoie deux lettres recommandées à la prison de Mons. Elle demande que l'on empêche son fils Marc de perturber sa grand-mère. Et elle insiste sur la détermination du personnage : "Je sais son obstination de réaliser envers et contre tout ce qu'il a décidé. Ce que je ne sais pas et que toutes les personnes qui le connaissent craignent, c'est ce qu'il a dans la tête pour le futur". La prison de Mons n'a jamais répondu, alors Jeannine Lauwens ira en personne protester auprès du sous-directeur de la prison. Elle prévient des risques que prend l'administration en envisageant une libération conditionnelle. On l'écoute poliment. La description de la situation dans la maison de Jemeppe-sur-Sambre déforce sa position. En octobre, Henri fait une sérieuse rechute. Le médecin l'envoie à l'hôpital. Cette fois, il n'est plus possible de laisser la grand-mère de Marc Dutroux dans sa maison. Le 12 novembre 1991, elle est placée dans un home à Auvelais où elle jouit d'une chambre particulière. Jeannine Lauwens et Albert F. mettront 15 jours pour nettoyer l'ensemble de l'habitation. Ils devront également expliquer au voisinage que c'est contre leur gré qu'ils ont laissé la situation se dégrader et que la grand-mère de Marc Dutroux refusait leur aide.

Un déménagement forcé

Alors qu'ils se reposent en Espagne en janvier 1992, Jeannine Lauwens et Albert F. sont rappelés d'urgence en Belgique. Leur fils Henri crie au secours. Les affaires qu'il possédait à Jemeppe-sur-Sambre ont disparu et il ne sait pas où est passée sa grand-mère. Renseignements pris auprès de la direction du home, Jeannine Lauwens apprend que la vieille dame "est partie avec sa petite-fille, une jeune femme blonde, qui a enlevé tout son trousseau". Il faut peu de temps pour comprendre que la "petite fille" n'est autre que... Michelle Martin ! Albert F. et Jeannine Lauwens téléphonent partout, préviennent la gendarmerie. Mais c'est finalement en planquant eux-mêmes devant le numéro 128 de la rue de Philippeville qu'ils vont remettre la main sur Michelle Martin. Quand elle voit Albert F. s'approcher de sa voiture, elle bloque toutes les portières. Il faut beaucoup insister pour qu'elle lâche l'adresse et promette de rendre le trousseau et les objets "empruntés" dans la maison de Jemeppe-sur-Sambre. On retrouve Mme Lauwens mère à l'hôpital Vésale, sans papiers, sans carnet de mutuelle, sans vêtements. Michelle Martin porte plainte pour coups et blessures. La compagnie qui assure sa voiture s'inquiète de dégâts provoqués à la portière gauche.

La pension de la grand-mère a été détournée sur un compte d'une agence bancaire. Après une nouvelle enquête, Albert F. parvient à apprendre qu'une vieille dame est venue avec sa petite fille et qu'elle a signé une procuration.

A la même période, Jeaninne Lauwens, qui passe de temps à autre par la maison de ses parents, constate que des objets changent de place. Quelqu'un vient dans la maison en son absence. Un beau jour, c'est la grille d'entrée qu'elle trouve soudée à ses montants, pour barrer tout passage. Elle ne tarde pas à comprendre. Marc Dutroux, qui est toujours en prison, a déposé plainte parce que sa mère pénètre dans une propriété pour laquelle il possède un bail de location en bonne et due forme. Dans le plus grand secret, Marc Dutroux avait extorqué un bail de rénovation à sa grand-mère en décembre 1991. Le texte est un chef-d'oeuvre en matière de conditions abusives. Mais ça ne suffit apparemment pas, puisqu'il ajoute un "complément" de conditions supplémentaires, sur lequel il appose une grossière imitation de la signature de son aïeule. Il faut une série de démarches pénibles auprès d'un notaire et d'un juge pour que le 3 mars 1992 Jeannine Lauwens devienne légalement la gestionnaire des biens de sa mère. Marc Dutroux fait immédiatement opposition, arguant que Jeannine Lauwens n'a rien fait pour aider la vieille dame au moment où elle vivait dans sa crasse. Il est assez habile pour demander que l'on désigne un administrateur provisoire, mais ne se propose pas à la gestion de biens de sa grand-mère, ce qui prêche, une nouvelle fois en faveur de l'image du bon petit-fils. Jeannine Lauwens décide d'attaquer le bail, ce qui va donner lieu à une nouvelle série de péripéties judiciaires.

Quelques semaines plus tard, alors qu'elle va rendre visite à sa mère qui se trouve dans un nouveau home, Jeannine Lauwens tombe sur Marc Dutroux et Michelle Martin. Ils sont en compagnie du notaire qu'ils ont amené sur place. Albert F. les fait déguerpir et explique au notaire que la vieille dame est interdite. Par la fenêtre du premier étage, il aperçoit la voiture du notaire qui quitte le parking, avec, accroché au bord de la portière, Marc Dutroux poursuivant son argumentation.

La saga de Jemeppe-sur-Sambre n'est pas terminée. A l'instar de son père Victor, Marc Dutroux ne lâche pas facilement prise. La bataille du bail va se poursuivre jusqu'à l'arrestation de Marc Dutroux, en août 1996. Jeannine Lauwens aura le dernier mot, mais c'est un mot qui, selon ses estimations, lui a coûté 90.000 francs de frais d'avocat.

Son fils cadet se suicide à l'hôpital le 15 mai 1993.

Libération conditionnelle

La libération conditionnelle est réglée en Belgique par la Loi Lejeune, qui a été votée le 31 mai 1888. Son arrêté d'application date du 17 janvier 1921. Ces dispositions permettent à un condamné de pouvoir bénéficier d'une libération sous condition au tiers de la peine pour un détenu primaire (celui qui a été condamné pour la première fois), une libération aux deux tiers de la peine pour un récidiviste et après 10 ans pour les condamnés à perpétuité. L'esprit de cette législation est de favoriser la réinsertion sociale des condamnés et les statistiques prouvent que la loi donne des résultats : les bénéficiaires de la libération conditionnelle récidivent moins que les autres. Encore faut-il que cette loi soit appliquée correctement. Cela n'a, manifestement, pas été le cas dans la décision qui a permis à Marc Dutroux d'en bénéficier. La loi Lejeune prévoit que la libération est une faveur du ministre, accordée aux condamnés qui ont fait preuve d'amendement. De plus l'administration doit tenir compte de la condamnation qui a été infligée, des dispositions morales du détenu et des moyens d'existence dont il disposera à sa sortie de prison (1). Il est difficile de soutenir que Marc Dutroux a manifesté, d'une manière quelconque, une volonté d'amendement. Il est manifeste qu'il a été condamné pour des faits très graves. Quant à ses dispositions morales, elles ressortent clairement de tout ce que l'on peut savoir de son comportement.

On peut donc affirmer qu'une application loyale de la loi Lejeune ne pouvait pas déboucher sur la libération conditionnelle de Marc Dutroux.

La loi Lejeune et son arrêté d'application prévoient toute une procédure, basée sur trois avis : l'avis du directeur de la prison, "éclairé par la conférence du personnel", l'avis de la commission administrative et l'avis du procureur qui a eu à connaître des faits pour lesquels le détenu a été condamné. Depuis 1995, mais ceci ne vaut pas pour le cas Dutroux, l'avis de l'Unité d'Observation et de Traitement psychologique, l'UOT est devenu obligatoire.

A la prison de Mons, Marc Dutroux, qui a bénéficié de trois réductions de peine collectives de six mois (7 décembre 1989, 7 septembre 1990 et 16 juin 1991) travaille à sa libération conditionnelle avec l'UOT. Il espère sortir de prison à la moitié de sa peine, en avril 1992. L'UOT rentre trois rapports, basés sur une série d'entretiens et liés à un processus d'ouverture progressive du détenu sur le monde extérieur, de manière à améliorer ses caractéristiques négatives. Il y a eu une première sortie accompagnée chez sa grand-mère, "la seule femme avec laquelle il puisse avoir une relation correcte", dit un rapport de l'UOT, "parce que l'un des gros problèmes pour la personnalité de l'intéressé, en dehors de sévices corporels subis pendant l'enfance, est un conflit extrêmement aigu avec sa mère."

Du point de vue de l'administration, tout se passe dans les règles : sorties et congés ne donnent lieu à aucun incident. Il lui arrive une seule fois de ne pas rentrer dans les délais : 48 heures de retard et un certificat médical. L'administration n'ayant pas prévenu la police, aucune recherche n'a été entreprise.

Se considérant comme victime d'une erreur judiciaire, Marc Dutroux ne veut donc pas entendre parler de guidance sociale et psychologique, condition indispensable à sa libération. Il s'arrange finalement pour suggérer aux membres de l'UOT qu'il ne serait pas opposé à un traitement chez le docteur Dumont, un psychiatre de 80 ans, qui a été le contre-expert de Michelle Martin lors du procès devant la Cour d'appel de Mons. Le docteur Dumont va travailler à la fois sur Michelle Martin et sur Marc Dutroux. Tout porte à croire qu'il y a eu au moins de la perméabilité entre les deux dossiers, puisque le dossier de demande de libération conditionnelle de Michelle Martin mentionne beaucoup d'éléments qui concernent Marc Dutroux. Ainsi, il est suggéré que la libération rapide de Michelle Martin lui permettrait d'échapper à l'emprise de Marc Dutroux, et cela pour son plus grand bien. A peine sortie de prison, Michelle Martin va s'installer dans la maison du 128 chaussée de Philippeville à Marcinelle, une maison appartenant à Marc Dutroux et où se sont déroulés les viols de 1985 ! C'est dans cette maison que Marc Dutroux rejoint son épouse pendant ses derniers congés pénitentiaires. Et c'est à deux qu'ils s'occupent de la grand-mère, de sa pension et de la maison de Jemeppe-sur-Sambre. Aucune trace de ces incidents dans le rapport de l'UOT transmis au directeur de la prison de Mons au moment de la constitution du dossier de demande de libération conditionnelle. Est-ce à dire que, dans le conflit qui oppose Marc Dutroux à sa mère, la prison a choisi son camp, accordant au détenu le bénéfice du doute et oubliant qui il est et ce qu'il a fait ? Le rapport de l'UOT commence par un constat de carence sur le plan psychologique : "Sur les faits, le sujet nie toujours catégoriquement une participation quelconque mais ne fera rien qui puisse entraver une issue favorable à son dossier de libération conditionnelle, nous ne pouvons plus aller au-delà de ce point avec ce sujet dans le cadre de la prison". Plus loin, le rapport justifie la demande de libération conditionnelle par des considérations d'ordre social : "En ce qui concerne l'avenir, le sujet dit qu'il dispose de plusieurs habitations qu'il doit rénover et louer par la suite. Il disposerait d'argent et invoque son registre de commerce comme preuve d'une capacité à trouver du travail... Nous ne doutons pas des capacités de l'intéressé à apprendre et à réussir professionnellement en raison de ses fort bonnes aptitudes intellectuelles et professionnelles. Vu l'issue favorable des congés et la durée de la peine déjà encourue par le sujet, nous ne sommes pas défavorables à ce qu'il puisse bénéficier d'une mesure de libération conditionnelle avec guidance adaptée et le suivi médico-psychologique entrepris avec le docteur Dumont." Apparemment, il n'a été tenu aucun compte des plaintes et des avertissements de Mme Lauwens.

Remarquons l'usage des mots : "Le sujet dit qu'il possède plusieurs maisons... Il disposerait d'argent". A-t-on vérifié ? Et comment faut-il comprendre la double négation du dernier paragraphe "Nous ne sommes pas défavorables" ? Comme une réserve ou un doute ? Ce rapport, rédigé par un médecin anthropologue et un psychologue, ne comporte aucune notation d'ordre psychologique. Or, le vrai problème de Dutroux n'est pas social, il est d'ordre psychiatrique. Ces silences sont-ils à mettre en relation avec l'effet produit par la fameuse visite de Jemeppe-sur-Sambre et l'utilisation qu'a pu en faire Marc Dutroux ?

Le directeur de la prison donne un portrait beaucoup plus réaliste du personnage dans le rapport qu'il rentre à l'administration : "Dutroux est un sujet intelligent, rusé et opportuniste. Il n'admet pas la contradiction et réagit de manière impulsive à toute frustration, estimant toujours qu'il est dans son droit. En ce qui concerne les faits de séquestration et de viol, il nie avec énergie une quelconque participation"..."Il prétend que lui et son épouse ont été considérés d'emblée comme "présumés coupables", qu'ils ont été condamnés de façon expéditive sur base d'aveux obtenus sous pression alors que des preuves matérielles contradictoires et des alibis ont été négligés volontairement"... "Il s'insurge contre les déclarations mensongères de Van Peteghem qu'il accuse d'avoir monté une véritable conspiration contre eux. Dutroux admet par contre une part de responsabilités dans les faits de vols. L'absence de remise en question va de pair chez l'intéressé, avec une critique acerbe des autorités judiciaires, des avocats, de sa famille (il a une aversion pour sa mère et sa belle-mère), de ses co-détenus..."

"La personnalité de Dutroux comporte des traits psychopathiques : intolérance à la frustration, défaut d'auto-critique, égocentrisme moral, hypervalorisation de soi, sentiment d'injustice subie, impulsivité et perversité". "Sur l'obligation qui lui est faite de dédommager les parties civiles et de se soumettre à une guidance médico-psychologique alors qu'il ne reconnaît pas la matérialité des faits, il déclare qu'il s'y conformera parce que c'est le système qui veut cela et qu'il n'a pas le choix".

Après cette analyse sans complaisance, on est surpris de lire la suite. "Attendu que la moitié de la peine est dépassée, j'émets un avis conforme à celui de l'UOT, la libération, assortie d'une tutelle sociale ferme et des conditions suivantes : obligation d'avoir une occupation régulière, de se soumettre à la guidance médico-psychologique du Dr Dumont et de dédommager les parties civiles. Interdiction de renouer avec ses complices".

Bref, la prison ne veut plus de Marc Dutroux. C'est le voeu du personnel pénitentiaire, et c'est celui, plus général, de l'administration. Les prisons sont surchargées, place aux suivants.

Ce n'est pas du tout l'analyse du Procureur Général Demanet, qui doit, lui aussi, donner son avis. C'est un refus motivé.

"L'extrême gravité des agressions sexuelles, leur multiplicité et les circonstances ignominieuses dans lesquelles elles ont été perpétrées, ainsi que la lâcheté du vol à l'aide de violences ou de menaces commis sur une personne âgée et vivant seule, le manque total de bonnes dispositions morales et la persistance de l'intéressé à se faire passer pour la victime des poursuites qui furent intentées à sa charge s'opposent formellement à la proposition tendant à le faire bénéficier d'une libération conditionnelle."

"Octroyer pareille mesure de clémence dans les circonstanecs relevées ci-dessus et à une époque où le viol et les agressions sur les personnes âgées sont dénoncés comme un fléau social irait à l'encontre des impératifs de la répression comme des nécessités de la sécurité publique et serait de nature à discréditer l'oeuvre de justice."

La Commission administrative de la prison, composée de criminologues, professeurs, assistants sociaux et notables, extérieurs et intérieurs à la prison (2) rend un avis négatif. La commission a rencontré Marc Dutroux qui s'est plaint de ses conditions de détention. Ses protestations d'innocence ne convainquent pas. La commission considère que Marc Dutroux est un individu dangereux qui doit rester en prison (2). Ses membres craignent la récidive. Six membres sur sept refusent la libération conditionnelle, jugée prématurée (3).

En résumé, comme dans la plupart des cas, le personnel de la prison, l'unité d'observation et de traitement, le directeur de la prison sont favorables à la libération conditionnelle. Et comme dans la très grande majorité des cas, le procureur et la commission administrative rendent un avis défavorable. Le dossier monte au ministère. Là, dans les bureaux de l'administration, des commis, ayant peu de qualification eu égard à la spécificité du travail demandé, rédigent une série de synthèses, qui sont retravaillées par la hiérarchie, pour atterrir finalement au cabinet du ministre où un des collaborateurs de Melchior Wathelet prépare le dossier pour la signature (4). Le 6 avril 1992, après concertation avec son conseiller de cabinet, le ministre de la Justice Melchior Wathelet signe l'arrêté octroyant la libération conditionnelle à Marc Dutroux qui retourne chez lui deux jours plus tard.

---

(1) Michelle Lamensch et Jean-Claude Vantroyen dans "Le Soir" du 1er décembre 1996.
(2) "La Libre Belgique" du 1er décembre 1996.
(3) Bruno Deblander dans "Le Soir" du 7 et 8 décembre 1996.
(4) Stefaan De Clerck, ministre de la Justice, devant la Commission d'enquête parlementaire sur les disparitions d'enfants, le 29 novembre 1996.

La décision de Melchior Wathelet

Vendredi 29 novembre 1996. Il est 15 heures 56 quand Melchior Wathelet fait son entrée dans la salle européenne de la Chambre des députés, qui abrite la Commission d'enquête sur les disparitions d'enfants en Belgique. Complet veston, chemise bleu clair, cravate bleu foncé à pois, avec pochette assortie, l'ancien ministre de la Justice a bien préparé son intervention. C'est un politicien de grand format. Pendant trois heures, la voix posée, il répond aux questions, évite les pièges, ne donne jamais le sentiment de verser dans la facilité, dégage une impression de très grand sérieux et de sincérité. Mais il ne dit pas ce que tout le monde attend, ce que les parents de Julie et Melissa qui sont dans la salle attendent depuis le samedi 17 août. Il ne dira jamais : "Oui, je me suis trompé, j'aurais dû faire plus attention, et mon administration aussi."

Face aux commissaires et aux caméras de la RTBF qui retransmettent son audition en direct, Melchior Wathelet ne refuse pas l'obstacle : "Je ne renie pas ma signature. Il s'agit d'une décision individuelle, je n'ai pas signé les yeux fermés. Tous les dossiers difficiles, et celui-ci en était un, faisaient l'objet d'un entretien avec mon conseiller de cabinet". "La libération conditionnelle", ajoute l'ancien ministre, "est une des décisions les plus difficiles à prendre. Il y a toujours un risque. Mais on ne peut pas moduler, c'est oui ou c'est non".

Quels étaient les avis déterminants ? "Certainement celui de l'unité d'orientation et de traitement, l'UOT," affirme Melchior Wathelet, "C'est le premier avis dans l'histoire du dossier, donné par des gens compétents. Ce n'est pas un avis à un jour. C'est l'avis de l'unité qui suit le détenu depuis le début de son incarcération".

"L'avis du directeur de la prison a également beaucoup de poids. Si le directeur n'est pas d'accord, il ne monte pas le dossier. Et j'ai attaché du poids au fait que le directeur se rallie à l'avis de l'UOT".

"L'avis du procureur a une certaine importance, mais il tient compte des faits et pas de l'évolution du détenu". Melchior Wathelet s'en tient, même s'il nuance très fort sa réponse, à la justification arithmétique qu'il avait donnée à chaud au cours de l'été : il y avait une majorité d'avis favorables, quatre avis contre deux. Renseignements pris auprès du troisième bureau du parquet de Charleroi, qui chapeaute les libérations conditionnelles, la loi prévoit 3 avis : celui de la prison (conférence du personnel, UOT et directeur), l'avis de la commission administrative et l'avis du procureur.

Si l'on tient compte des seuls avis prévus par la loi, il y avait, au contraire de ce qu'affirme l'ancien ministre, deux avis défavorables (la commission administrative et le procureur) contre un avis favorable (la prison). Melchior Wathelet a comptabilisé trois avis favorables (conférence du personnel, UOT et directeur), alors que ces trois avis n'en constituent, légalement qu'un seul. Bien entendu, les rapports qui arrivent sur le bureau du ministre sont filtrés et synthétisés. Il n'a sans doute pas lu le détail du rapport du directeur de la prison. Il insiste devant la Commission sur le fait qu' "il y a toujours moyen, à quelque échelon que ce soit, de renforcer son avis, d'alerter l'administration ou le cabinet. Si Dutroux avait attiré l'attention, avait inquiété, le contact s'imposait avant la libération et même après". Une manière d'évacuer le problème que réfute Philippe Van Meerbeek, psychiatre, professeur à l'Université Catholique de Louvain : "Il semble incroyable qu'un politique, même disposant d'un quotient intellectuel moyen, n'ait pas pu se rendre à l'évidence. Libérer Dutroux dans de telles conditions, c'est de la folie pure" (1).

Devant la Commission d'enquête, Melchior Wathelet indique encore qu'il n'y a pas eu de pressions ou d'interventions extérieures. Il admet qu'il faut modifier profondément le système. Mais comment faire ? Et il cite des chiffres : il y a 30.000 condamnations par an. Les délinquants sexuels constituent 13 % de la population pénitentiaire et le nombre augmente sans cesse. Il y a 2.000 dossiers de demandes de libération par an. Entre 1988 et 1994, le nombre de refus de libération conditionnelle a triplé, passant de 189 à 571 (2) et si 1452 libérations conditionnelles ont été accordées en 1990, il y en a eu seulement 778 en 1995 (3). La réforme de la loi traîne depuis 10 ans. La création d'un tribunal d'application des peines a été souvent envisagée, mais cela coûte très cher.

L'actuel ministre de la Justice, Stefaan De Clerck, est plus net dans ses critiques du fonctionnement de l'administration. Il reconnaît d'emblée que la manière de rédiger les synthèses des avis présente des lacunes et que les différents rédacteurs manquent de spécialisation et de qualification. Il relève lui aussi le manque de moyens de son administration et cite un chiffre : le budget du ministère belge de la Justice s'élève à 37, 5 milliards, contre 80 milliards aux Pays-Bas. Il constate que le fonctionnement actuel du système est inacceptable : "Tout le monde travaille sur son mètre carré, il n'y a aucune communication...Dans l'affaire Dutroux, le Procureur général tient compte des faits, il est au courant des faits. Les assistants sociaux et les psychologues ne tiennent pas compte des faits. Comment fusionner ces deux mondes ? L'essence de la réponse, c'est le tribunal d'application des peines. Il faut pouvoir débattre en connaissance de cause de la possibilité de libérer quelqu'un". Mais Stefaan De Clerck prévient : "D'accord, il faut tout changer, mais cela prendra du temps" et il constate que la décision de Melchior Wathelet "n'était pas anormale en 1992. Pour se faire une idée, il faudrait comparer avec 30 ou 40 dossiers de délinquants sexuels de l'époque".

L'ennui, si l'on suit Philippe Van Meerbeek, c'est qu'il n'existe qu' un cas Dutroux par siècle ! "Son pouvoir de manipulation est tel que les psychologues et les psychiatres qui l'examinent et qui décèlent chez lui des comportements psychopathes, qui désignent en lui le pervers, finissent par croire tout ce qu'il raconte, c' est le comble de la manœuvre du pervers.

Ainsi, au bout d'un temps, la plupart des personnes qui l'approchent prennent ses dénégations au sérieux, alors même que les faits sont établis et que les personnes en question savent très bien qu'elles ont affaire à un psychopathe" (1).

Le système de libération conditionnelle tel qu'il est pratiqué en Belgique n'est pas du tout adapté au cas de Marc Dutroux. C'est un système de non décision et de non communication à tous les niveaux. Il porte un projet de réinsertion sociale, alors que dans l'affaire Dutroux, le problème est d'ordre mental : les éléments sociaux sont surévalués par rapport aux éléments psychiques, qui devraient être, eux, déterminants. Malgré l'instauration des unités d'observation et de traitement, il n'y a pratiquement pas de prise en charge psychologique en milieu carcéral. Il y a peut-être un psychologue par prison. Il lui est impossible de gérer des cas aussi graves que celui de Marc Dutroux. De plus, un individu de ce type risque de voir sa dangerosité augmenter pendant son incarcération. Les partisans de sa libération veulent croire qu'il ne touchera pas aux biens d'autrui par nécessité. On lui impose des conditions, mais elles sont trop générales. Il a violé cinq jeunes filles. Lui interdit-on de fréquenter les piscines et les patinoires, théâtres de ses précédents exploits ? Non. Lui interdit-on d'habiter dans la région où tous les viols ont été commis ? Non plus. Quelles garanties prend-on sur l'obligation qui lui est faite d'indemniser ses victimes ? Dutroux possède des propriétés, en a-t-on fait l'inventaire avant de le libérer? Les parties civiles, les victimes, lui réclament, en tout, l'équivalent d'un million de francs. Il rembourse 1.000 francs par mois en maugréant, alors qu'il est propriétaire de 3 immeubles, à Montignies, à Marcinelle et à Marchienne Docherie. A ce rythme-là, il en a pour 83 ans ! Rien n'est prévu pour aider les victimes à percevoir les indemnités décidées par le tribunal. Elles doivent se débrouiller. Certaines d'entre elles essaient de se renseigner sur l'état de la fortune du couple Dutroux-Martin, mais elles se heurtent à la défense de la vie privée de leur tortionnaire, on les décourage en leur affirmant qu'il bénéficie d'une pension d'invalidité et qu'il est probablement insolvable. La plupart reculent devant la perspective d'engager des frais supplémentaires dans des actions qui risquent fort de ne déboucher sur rien.

Autre condition imposée pour obtenir la libération, Marc Dutroux doit se soumettre à une "tutelle sociale ferme". Qu'est-ce que ça veut dire quand l'administration dispose de 104 assistantes sociales surmenées pour toute la Belgique ?

Il doit avoir une occupation régulière. Qui va contrôler ? Enfin, il doit se soumettre à la guidance médico-psychologique du Dr Dumont, le contre-expert de son épouse, qui déontologiquement ne pouvait pas le prendre en charge. Qui proteste ? Qui détermine le type de traitement ? Comment peut-on contrôler son évolution psychologique, alors qu'il y a le secret médical ?

Le personnel de la prison fait également pression pour que les "pointeurs", les délinquants sexuels, ne restent pas trop longtemps dans les murs de leur établissement. On peut leur faire relativement confiance, ils créent rarement des problèmes de sécurité, mais il faut les protéger des autres détenus qui les détestent (1). La question est posée depuis l'affaire Dutroux : les délinquants sexuels, dont le nombre ne fait qu'augmenter, ont-ils leur place en prison ? Et quel traitement faut-il réserver aux grands psychopathes, du genre Dutroux ?

Les membres des équipes UOT ont également intérêt à ce que l'octroi de la libération conditionnelle ne traîne pas trop en longueur : ils sont en contact avec le détenu, ils établissent des rapports de confiance, ils jouent sur l'espoir de la libération. Une décision négative de l'administration risque d'anéantir leurs efforts. Le ministre tient compte également de cet élément (4).

Il y a surtout un argument d'ordre budgétaire, donc éminemment politique. Un détenu coûte 4.500 francs par jour. 8.000 détenus coûtent 36 millions. C'est toute la politique pénitentiaire qui est en jeu. Et il est certain que cette donnée budgétaire pèse d'un poids considérable sur la politque de libération conditionnelle. Elle influe également sur les possibilités de révocation de cette libération.

Le 8 avril 1992, Marc Dutroux sort libre de la prison de Mons. Il est dangereux. Tout le monde le sait, mais on le lâche dans la nature parce qu'il n'y a pas assez de juges, pas assez de psychiatres, pas assez de places en prison, pas assez d'assistantes sociales, pas de budget pour un encadrement sérieux (1). On ne peut même pas dire que la machine administrative a pris un pari ou un risque. Non. Sous la pression du phénomène de la surpopulation pénitentiaire, une pratique s'est progressivement installée, biaisant complètement l'esprit de la loi sur la libération conditionnelle, sans débat public, sans que le pouvoir politique ne décide clairement, sans que personne n'engage sa responsabilité sur cette modification fondamentale.

Insensiblement, on en est arrivé à ce qu' en 1996, un ministre de la Justice trouve normal de ne pas respecter la loi.

---

(1) Enquête de Michel Hellas pour l'émission "Au nom de la loi" du 27 novembre 1996.
(2) René Haquin, dans "Le Soir" du 20 août 1996.
(3) Christian Laporte, dans "Le Soir" du 19 août 1996.
(4) Melchior Wathelet devant la Commission d'enquête de la Chambre sur les disparitions d'enfants en Belgique.

Un libéré conditionnel modèle

Marc Dutroux a décidé de se domicilier dans la maison occupée par Michelle Martin, au numéro 128, chaussée de Philippeville à Marcinelle. Une petite maison en briques rouges, à un étage, établie sur l'ancienne chaussée, en face de la ligne de chemin de fer et pratiquement surplombée par le viaduc qui fait la liaison entre le boulevard Tirou et la route de Philippeville. C'est dans cette habitation qu'il a violé plusieurs jeunes filles 7 ans auparavant. Avant de quitter la maison d'arrêt, le détenu libéré se voit signifier l'avis de libération et reçoit un carnet de libération qu'il doit faire viser par la police de la commune de son domicile. Marc Dutroux doit se présenter au commissariat de police de Charleroi dans les 24 heures. C'est ce qu'il fait, puisque le 9 avril, la police de Charleroi écrit à la prison de Mons pour signaler que Marc Dutroux est domicilié à Marcinelle. Mais c'est tout. Ni la section "moeurs" de la BSR de Charleroi, ni la Police Judiciaire, ni le parquet ne sont avertis. Les victimes et leurs familles, qui ne sont pas consultées lors de la décision de libération conditionnelle, ne sont même pas prévenues de la remise en liberté de leur agresseur ! Or, la libération de Marc Dutroux fait courir un risque à certaines de ses victimes. Comme tout psychopathe qui s'est fait emprisonner, il est, dès sa libération, sous l'empire d'une "rage narcissique" qui multiplie les risques de récidive très violente. C'est ce qui va arriver. Un an plus tard, il propose à un homme qui travaille sur un de ses chantiers d'aller enlever une jeune fille dans la région de Malinnes. C'est en tous cas ce nom de Malinnes que l'on retrouve sur plusieurs documents policiers, mais ne s'agirait-il pas plutôt de Nalinnes, la localité où habite la jeune fille qui a permis son arrestation ?

Extérieurement, Marc Dutroux se conforme scrupuleusement aux conditions particulières mises à sa libération : guidance sociale stricte et suivi médico-psychologique. Il ne rate jamais un rendez-vous chez l'assistante sociale et se rend régulièrement à la consultation du Dr Dumont, en compagnie de Michelle Martin.

Quand il débarque dans le quartier de la chaussée de Philippeville, il se présente comme un entrepreneur. Il embauche un de ses voisins, Jacques N., sur un chantier. Marc Dutroux réalise des travaux assez importants, impliquant des engins lourds comme des grues ou des petits bulldozers. Il se fait connaître grâce aux prix sans concurrence qu'il pratique : pour l'INAMI, il est réputé "invalide" (il se dit incapable de travailler depuis son séjour en prison !) et touche une pension de l'ordre de 38.000 francs par mois ! Jacques N. est interloqué par la crasse qui règne chez Marc Dutroux : le désordre et la saleté des lieux sont, paraît-il, inimaginables. Dutroux lui-même est toujours aussi brutal. Il frappe violemment Michelle Martin alors qu'elle est à nouveau enceinte. Marc Dutroux travaille dur. Mais c'est aussi un velléitaire. Il commence des travaux un peu partout dans ses propriétés, et puis, il laisse tomber. Il débarque à l'improviste dans une de ses maisons et commence à disquer le contour d'une fenêtre. "C'est Dutroux, ça !" commente Jacques N. qui se souvient d'avoir invité le couple Dutroux-Martin pour le réveillon de la Noël 1992. Surprise au moment de l'échange des cadeaux sur le douzième coup de minuit : Marc Dutroux explique qu'il n'offre rien parce qu'il est Témoin de Jéhovah et qu'il ne célèbre aucune fête du calendrier.

Le 1er juillet 1992, Marc Dutroux se fait domicilier à Jemeppe-sur-Sambre, mais il n'habitera jamais dans la maison de sa grand-mère. Cette domiciliation participe de la guerre de procédure qui l'oppose à sa propre mère, Jeannine Lauwens, laquelle veut absolument récupérer ce qu'elle considère comme son héritage. Elle a déposé plainte contre son fils au parquet de Charleroi pour obtenir la résiliation d'un bail abusif, extorqué dans des conditions qu'elle estime douteuses. Le 17 juillet 1992, Marc Dutroux introduit une demande d'immatriculation auprès du registre de commerce de Namur portant sur diverses activités commerciales : commerce de détail en véhicules neufs, commerce de gros et de détail en véhicules d'occasion, entreprise de transport, de démolition et de travaux.

Et l'INAMI dans tout cela ? L'allocataire qui perçoit une indemnité d'invalidité ne peut en aucun cas exercer des activités rémunérées ou même travailler à rénover sa propre maison. Pour obtenir un dossier d'invalidité, il faut passer un certain nombre d'examens médicaux. Le secret médical empêche que l'on puisse connaître les raisons exactes qui ont permis à Marc Dutroux de bénéficier d'une indemnité d'invalidité. On sait qu'il souffre d'un handicap auditif et qu'il supporte les séquelles d'un accident dont il a été victime quand il travaillait à Caterpillar. Ensuite, quand le dossier est accepté, il y a des contrôles, mais ils ne sont pas systématiques, parce que les moyens sont ridicules : deux contrôleurs pour toute la Wallonie et, détail pittoresque, le contrôleur établi à Mons ne dispose pas de voiture. Il doit effectuer ses contrôles en utilisant soit la bicyclette, soit les transports en commun (1). Il faudra qu'un membre de sa famille le dénonce pour que l'INAMI s'intéresse à Marc Dutroux, en janvier 1995. Le dossier Dutroux attendra encore 15 mois avant d'être traité (1).

En attendant, Marc Dutroux emprunte et investit dans l'immobilier. Le 21 août 1992, il obtient 1 million à la banque d'épargne Argenta pour acheter une propriété à Sars-la-Buissière, entre Thuin et Merbes-le-Château. Ce qui va permettre à son épouse, Michelle Martin, de s'y inscrire avec ses enfants. Du coup, elle n'est plus cohabitante, mais chef de ménage. Ce qui fait également 38.000 francs par mois. Les fraudes à l'INAMI relèvent de la culture sociale de certaines régions de Belgique. Ce qui explique peut-être la modicité des moyens mis en oeuvre par les pouvoirs publics dans la recherche des infractions, pour ne pas ajouter des drames à la misère.

Le 4 septembre 1996, réagissant à un article publié par Claude Moniquet dans le Ciné-Télé Revue du 30 août, le ministre des finances, Philippe Maystadt, a donné le relevé officiel des propriétés de Marc Dutroux, avec les prix qui ont été payés : une maison à Marcinelle, achetée 250.000 francs, une maison à Marchienne Docherie, achetée à 300.000 francs, une maison à Mont-sur-Marchienne, achetée 350.000 francs. La propriété de Sars-la-Buissières a été acquise en vente publique pour 1.850.000 francs, mais cette acquisition est couverte par un prêt hypothécaire (2). Pour compléter le survol de son patrimoine, il faut ajouter les véhicules nombreux et divers utilisés par Marc Dutroux, un nombre impressionnant de voitures sinistrées (il est, entre autres choses, ferrailleur), un matériel d'outillage très important, et un grand nombre de matériaux divers, le plus souvent volés.

---

(1) Jean-François Dumont dans "La Libre Belgique" du 8 septembre 1996.
(2) Lettre du ministre Maystadt publiée dans "Ciné-Télé Revue du 6 septembre 1996.

La valse du patineur

Dimanche 15 novembre 1992, la patinoire de l'Olympic. Au milieu de l'après-midi, deux petites filles viennent se plaindre auprès de la direction : il y a un monsieur qui s'amuse à les faire tomber et qui les relève en "les touchant là où il ne faut pas". Une troisième fillette, plus sérieusement ou brutalement attouchée est en pleurs au bord de la patinoire. La direction de l'établissement recueille la gamine agressée et lui demande de désigner celui qui les fait tomber : c'est Marc Dutroux. M. Demeyer, le patron de l'Olympic, connaît bien Marc Dutroux qui fréquente sa patinoire depuis 20 ans (1). A deux reprises, il a été mis dehors pour des attouchements sur enfants. Le service d'ordre de l'établissement interpelle Dutroux, lui demande d'enlever ses patins et de présenter sa carte d'identité, pendant que la direction appelle la police. Dutroux essaie de s'enfuir, mais il est rattrapé par le costaud de service et gardé dans un bureau en attendant l'arrivée des policiers. Mis en présence de la fillette, il lui lance des regards haineux qui la terrifient, il reste très froid, très maître de lui, pas du tout le comportement de quelqu'un qui vient de commettre quelque chose de répréhensible et qui le sait. Les pandores appelés sur place font preuve de psychologie : "C'est vrai ma petite fille que le monsieur t'a fait des attouchements ?" Sur un ton autoritaire. La gamine traumatisée n'ose plus rien dire.

Dutroux est emmené à la camionnette. Les policiers vérifient son identité par radio, mais il n'ont pas accès à la partie du fichier concernant les libérés conditionnels. Ils le laissent filer et auraient reproché à Mme Demeyer de "reparler du passé", alors qu'elle s'indigne de la situation eu égard au "pédigrée de Dutroux". Sur le carnet de bord des policiers, on trouvera une trace de l'incident : "personnage indésirable à la patinoire". Pas un mot sur l'attentat à la pudeur, sur les accusations des trois petites filles, ni sur les allusions de la directrice de l'établissement. Manifestement, les policiers appelés sur place font mal leur travail : ils traitent les attouchements sur des fillettes avec désinvolture et ne cherchent pas à creuser l'évènement pour le qualifier sur le plan pénal. Ils auraient peut-être vu les choses autrement s'ils avaient eu un accès direct au casier judiciaire de Marc Dutroux. Ils auraient alors été les premiers à constater une évolution très inquiétante dans le comportement de celui qui, jusqu'ici, ne s'attaquait qu'à des "jeunes filles déjà formées".

Madame Demeyer conseille aux parents de porter plainte, ceux-ci retirent leur enfant de la patinoire et ne préviennent pas les autorités. Comme il n'y a pas plainte, le parquet de Charleroi n'a pas connaissance des faits. Une récidive en matière de moeurs pouvait, à titre exceptionnel, valoir la révocation de la libération conditionnelle, même si la jurisprudence en la matière est qu'il faut attendre la chose jugée pour obtenir une révocation.

---

(1) Enquête Michel Hellas pour l'émission "Au nom de la loi" du 27 novembre 1996.

Opération Décime

Dès le mois de décembre 1992, Marc Dutroux recommence à voler. Dans la nuit du 16 au 17 décembre, il pénètre dans les locaux de la société Confluence 2, à Pont-à-Celles. En février 1993, il dérobe des matériaux de construction dans une entreprise de Gozée, et, au cours de la nuit du 28 février au 1er mars, il s'empare de matériel informatique à l'Intermarché.

A cette époque, il transforme les trois maisonnettes qu'il a achetées à Marchienne Docherie pour n'en faire qu'une seule. Il abat les cloisons et relie les caves entre elles. Un travail de terrassement important devrait permettre d' avoir un accès direct à la maison par les caves, à l'abri des regards extérieurs. Il travaille sur ce chantier avec Claude Thirault.

Marc Dutroux a rencontré Claude Thirault dès sa sortie de prison. Celui-ci était le locataire de la maison que Dutroux possède à Montignies-sur-Sambre. Les deux hommes commencent à se fréquenter et travaillent souvent ensemble. Claude Thirault constate que Marc Dutroux regarde avec insistance les très jeunes filles qu'il croise en rue. Il lui demande s'il est attiré par les gamines et Marc Dutroux répond : "Des jeunes filles comme ça, c'est frais, ça se vend bien et ça rapporte beaucoup". Il précise que sa préférence va aux jeunes filles blondes et minces. En juillet 1993, après une journée de travail, Dutroux et Thirault se rendent à une fête à Yves-Gomezée pour boire un verre. Vers 23 heures, Marc Dutroux, au volant de son Audi 100 repère deux jeunes adolescentes de 13/14 ans qui se promènent le long de la route. Il propose à Thirault de les enlever, lui explique la méthode et donne un prix, entre 100 et 150.000 francs, regrettant que "ce ne soit pas terminé à Marchienne". Yves Thirault refuse d'entrer dans la combine et conseille à Dutroux de ne pas toucher aux enfants. Fin octobre, Marc Dutroux explique clairement à Yves Thirault que les travaux effectués à Marchienne Docherie sont destinés à construire des caches pour garder des jeunes filles enlevées en attente d'être expédiées à l'étranger (1).

Quelques jours plus tard Claude Thirault prend contact avec le maréchal des logis Pettens de la BSR de Charleroi. Il prétend avoir donné, dès 1993, des plans et des indications très précises sur les travaux entrepris par Marc Dutroux dans ses habitations de Marchienne Docherie et de Marcinelle, décrivant notamment l'installation d'une chambre de visite haute de 2 mètres cinquante, de même que le percement et l'aménagement de citernes d'eau de pluie (1 et 2).

Le 7 avril 1993 l'assistance sociale rentre un avis positif sur le comportement du détenu libéré. Le travailleur social qui s'occupe du dossier de Marc Dutroux change d'affectation. Il sera remplacé six mois plus tard.

Les Dutroux attendent un heureux événement pour le courant de l'année 1993. Michelle Martin va avoir un deuxième fils, Kevin, qui naît le 24 septembre. A Sars-la-Buissière, où il installe sa famille, Marc Dutroux cambriole plusieurs de ses voisins, en avril et en mai. Dans la nuit du 22 au 23 mai, c'est à Marcinelle qu'il exerce ses talents en compagnie de Claude Thirault, soupçonné d'avoir participé à des dizaines de vols dans la région.

Au mois de juillet, il décroche un chantier important dans une villa attenant à un garage de Roux. Il s'agit de rehausser une terrasse. Jacques N., un des voisins de Dutroux à Marcinelle, qui travaille avec lui sur ce chantier, se souvient de sa méticulosité : il dirige les travaux avec compétence, utilise des techniques modernes, se renseigne sur certains types de matériaux. Quelques semaines plus tard, Jacques N. est questionné par la police. C'est ainsi qu'il apprend que Marc Dutroux a fait des heures supplémentaires dans le garage du maître de l'ouvrage, pour voler des outils, un canon à chaleur, du matériel haute fidélité et une voiture de marque VW.

Plusieurs plaintes sont déposées au parquet de Charleroi. Dans un premier temps, Marc Dutroux apparaît comme receleur. Interrogé par la BSR, il entame le refrain habituel : "Ce n'est pas moi, je n'ai rien à voir avec cette histoire de vol, les objets volés retrouvés chez moi y ont été apportés par quelqu'un d'autre".

Le 5 novembre 1993, c'est Jacqueline Janssens qui est substitut du procureur du Roi "première de service". Elle saisit le juge d'instruction André-Jules Lorent d'un dossier (n° 1003/93) de vol simple, de vols qualifiés et de destruction ou détournement d'objets saisis à charge de Marc Dutroux. Les gendarmes le soupçonnent d'avoir volé environ 4 tonnes de matériel (matériaux de construction, outillage spécialisé, robinetterie, mobilier, etc), plus une voiture.

Le maréchal des logis Pettens voudrait que l'on demande au juge Lorent si les gendarmes peuvent profiter de l'enquête vol menée sur Dutroux pour vérifier si ce dernier est en train de construire des caches. Le maréchal des logis-chef Bouvy, qui fait la démarche auprès du juge Lorent, certifie qu'il a dit au juge que les travaux visaient à la construction de caches pour jeunes filles. André-Jules Lorent soutient que s'il a bien été question de caches, c'était d'une manière générale qui entrait dans le cadre de sa saisine de vol et de recel, le mot cache signifiant, à son estime, un endroit où l'on pouvait dissimuler des objets volés. Pour le juge Lorent, il n'a jamais été question d'enfants. Il l'a réaffirmé sous serment devant la Commission spéciale. Le maréchal des logis-chef Bouvy est, lui aussi, resté sur ses positions. Le parquet de Charleroi affirme également n'avoir pas été tenu au courant des informations concernant des caches pour jeunes filles en 1993.

Toujours est-il que le 8 novembre 1993 les gendarmes effectuent une série de perquisitions dans les diverses propriétés de Marc Dutroux : Sars-la Buissière, Marchienne Docherie, Marcinelle et Jemeppe-sur-Sambre. A Marchienne Docherie, les enquêteurs constatent que des travaux d'aménagement sont en cours. Un dossier photographique est constitué. Il s'agit de trois maisonnettes, alignées à la perpendiculaire de la route. Manifestement, Dutroux a pour but d'en faire une seule habitation : les cloisons sont abattues.

Il a effectué d'importants travaux de terrassement, creusant une importante tranchée à ciel ouvert, qui intrigue les enquêteurs. Interrogé à ce sujet, il explique qu'il aménage ses caves, dont il abaisse le niveau d'un mètre. Rien de probant en ce qui concerne les caches, mais les perquisitions permettent de retrouver une énorme quantité d'objets volés et notamment un scanner pour capter les fréquences de la police et de la gendarmerie. La conclusion des enquêteurs est que Dutroux n'est pas le receleur, mais bien le voleur principal. Ils recherchent toujours une cache, un box de garage, où Dutroux a pu dissimuler la VW qu'il a volée au mois d'août. Dès ce premier interrogatoire, Marc Dutroux doit se rendre compte que son projet est éventé. C'est sans doute pourquoi il abandonne son chantier à Marchienne Docherie alors que ce dernier continuera à retenir l'attention des enquêteurs. Le 26 novembre, une nouvelle perquisition est menée à Jemeppe-sur-Sambre et le 10 décembre, le commandant Jean-Paul Legros demande au juge d'instruction Lorent la mise sous observation prolongée de Marc Dutroux. Dans le jargon de la gendarmerie, cette observation porte un nom : l'opération "Décime" (3). La demande est transmise au peloton d'observation, de surveillance et d'arrestation de la gendarmerie, le Posa, qui décide en fonction des priorités et des moyens limités qui sont impartis à ce genre d'opérations. Ce que l'on appelle "observation prolongée" n'a rien à voir avec l'idée que l'on peut se faire d'une observation telle qu'elle est montrée dans les séries télévisées. Suivre et observer les faits et gestes de quelqu'un 24 heures sur 24 est pratiquement impossible dans les conditions actuelles (4). "Décime" se résume donc à trois observations de quelques heures, effectuées les 5, 6 et 12 janvier 1994. Elles ne donnent rien. L'opération est clôturée le 16 février 1994. L'intention des gendarmes était de découvrir où Marc Dutroux avait caché la voiture volée, "tout en gardant à l'esprit la possibilité que Dutroux exécutait des travaux d'aménagement de ses caves et la possibilité qu'il y séquestre des enfants" (4). Mais le juge Lorent n'est pas tenu au courant de ces soupçons. Pour lui, les maisons de Marchienne Docherie sont en pleine rénovation. A ce stade, il n'y a aucune cache à cet endroit. Et il n'y a, pour lui, aucune connexion avec le dossier moeurs de Marc Dutroux (5). La gendarmerie semble avoir travaillé de manière parallèle, sans avertir ni le magistrat instructeur, ni le parquet qui n'ont reçu aucun avis ou document officiel (5). Les révélations de Claude Thirault n'ont pas pu être vérifiées, mais la gendarmerie, "oeil et main du magistrat instructeur" n'aurait-elle pas dû allumer des clignotants autour de Marc Dutroux et mieux diffuser les informations qu'elle détenait sur ses projets ?

Le 6 juin 1994, Marc Dutroux vole à nouveau sur un chantier. Plus tard, il cambriole un cercle aéronautique et y dérobe divers instruments. Il vole un camion. Ce qui déclenche, le 13 juin, une nouvelle série de perquisitions, aux mêmes adresses (1). Les gendarmes constatent que les travaux de Marchienne Docherie n'ont pas évolué. Ils ne remarquent rien de particulier dans la maison de Marcinelle.

La veille de la perquisition à Jemeppe-sur-Sambre, Jeannine Lauwens, la mère de Marc Dutroux, était dans la maison avec un huissier pour faire constater les dégâts occasionnés au bâtiment : Marc Dutroux démonte le pavement pour voler les dalles de pierre bleue. Mise au courant de la perquisition qu'elle a involontairement précédée, Jeannine Lauwens essaie de prendre contact par téléphone avec le juge Lorent. A la gendarmerie de Charleroi, elle est aiguillée sur l'enquêteur qui s'occupe de son fils, le maréchal des logis Pettens. Elle lui explique que Michelle Martin est venue, une semaine auparavant pour "faire le ménage" et qu'elle se déplace dans une Citroën CX de couleur grise. Elle évoque également les allées et venues nocturnes signalées par le voisinage, de même que les numéros de plaques professionnelles utilisées par son fils réputé "invalide".

C'est à cette époque que Marc Dutroux et Michelle Martin effectuent quelques démarches administratives et judiciaires. Marc Dutroux demande à son avocat de saisir le tribunal de la jeunesse de Charleroi d'une demande en recouvrement d'autorité parentale. En mars 1994, le substitut Hallet s'adresse en urgence au ministère de la Justice pour savoir si Marc Dutroux observe bien les conditions de sa mise en libération. La réponse est positive ! Un mois plus tard, le parquet de Charleroi s'inquiète : il n'a plus reçu de rapport de guidance depuis un an. Le service social signale que le travailleur social qui s'occupe de Marc Dutroux est parti depuis six mois, mais qu'un assistant social est à nouveau affecté à son cas. Le libéré modèle s'inscrit de nouveau à Marcinelle et demande un passeport. Michelle Martin effectue la même démarche. Ils sont tentés par le tourisme à l'Est.

Le dossier 1003/93 suivra son petit bonhomme de chemin. Le 29 mai 1995, le substitut Laurette Favaro prend un réquisitoire de renvoi devant la Chambre du conseil. L'avocat de Marc Dutroux plaide le 3 octobre, l'affaire est mise en délibéré jusqu'au 31. Elle est renvoyée en correctionnelle, mais aucune date n'est fixée pour le procès.

---

(1) Claude Thirault, interview de Gérard Rogge pour l'émission "Au nom de la Loi" du 27 novembre 1996.
(2) Jean-Christophe Herminaire dans "Vers l'Avenir" du 30 septembre 1996.
(3) Les opérations spéciales organisées par la gendarmerie reçoivent un nom en fonction du mois au cours duquel elles sont organisées. Janvier 94 correspond à la lettre "d". Pourquoi "Décime"? D'après le dictionnaire Robert, décime est la dixième partie du franc et, en droit fiscal, c'est la majoration d'un dixième sur impôt. Cette appellation couvre-t-elle une allusion voilée à la modicité des moyens Posa mis à la disposition de la gendarmerie ?
(4) Commission d'enquête de la Chambre sur les disparitions d'enfants en Belgique.
(5) Premier rapport du procureur général près la Cour de cassation, p. 13 et 14.

Un parquet à la dérive

Le tribunal de première instance de Charleroi a compétence sur un des arrondissements judiciaires les plus perturbés de Wallonie. Il traite des affaires pénales, civiles et de protection de la jeunesse. Il compte aussi un tribunal du commerce et un tribunal du travail. La matière est considérable : 120.000 dossiers par an. Dans cette masse, on trouve de tout : cela va du conflit de voisinage au braquage d'une banque, en passant par les querelles de ménages, les innombrables accidents de roulage, les vols, les affaires de drogue, les instructions de crimes passionnels, de disparitions, des viols, d'escroqueries, de grand banditisme et de crime organisé.

Le Parquet compte un procureur et 30 substituts. Ils reçoivent de 150 à 250 plaintes par jour. Le président du tribunal organise le travail de 34 juges : 6 juges d'instruction, 4 juges de la jeunesse, 2 juges des saisies, 11 juges civils et 11 juges correctionnels. Quatre juges manquent actuellement au cadre prévu, ce qui correspond à un déficit de 12 %. Or, dans la machine judiciaire, c'est le juge qui est la tête de tout le système, s'il n'y a pas de juge, il n'y a pas de jugement. Quelle est l'entreprise qui pourrait fonctionner normalement avec 12 % de ses cadres en moins ?

Rien d'étonnant à ce que 90 % des plaintes soient classées sans suite. Magistrats et policiers sont submergés, les prestations peuvent atteindre 50 à 60 heures par semaine. Dans bien des cas, on ne cherche même pas les auteurs des délits (vols de sac à main, d'autoradio, de matériel haute fidélité, de TV, etc). La priorité est donnée aux gros dossiers qui "mangent" une part énorme de moyens et d'énergie. Les locaux sont insuffisants : il y a un manque de 30 %, hors salles d'audience. Les armoires débordent de dossiers qui encombrent les bureaux et les couloirs. Pour pénétrer dans les bureaux de certains magistrats, il faut se faufiler entre les piles. D'autres travaillent dans les corridors. Il y a un seul lecteur de CD Rom pour tout le palais et le substitut de garde ne dispose pas d'un GSM (nous sommes en décembre 1996 !). Les caves méritent le détour : malgré des aménagements récents, elles débordent de paperasse. On ne sait plus où mettre les pièces à conviction.

Dans ce contexte catastrophique, le parquet de Charleroi se trouve, depuis des années, confronté à une augmentation vertigineuse de la petite et de la grande délinquance. Au centre de plusieurs trafics internationaux (voitures volées, trafic des êtres humains), la ville et sa périphérie sont confrontées à des phénomènes comme la drogue, la maltraitance des enfants, toute la délinquance liée à la misère et au chômage, le grand banditisme et ses manifestations de plus en plus violentes (attaque de fourgons) ainsi que la grande fraude sociale (négriers de la construction). On y retrouve également la trace du crime organisé sur le plan international. Pour faire face, il aurait fallu une organisation dynamique, renforcée par des moyens matériels importants et des effectifs à la mesure des problèmes de la région.

Un parquet à la dérive

De 1981 à décembre 1994, le parquet de Charleroi a été dirigé par le procureur Thomas Defourny, que tout le monde considère comme un bien brave homme. Mais, "il suffit de le voir jouer au tennis pour comprendre que ce n'est pas un meneur". Dès 1986, il constate une "dégradation vertigineuse" du rapport qualité-prix de son parquet. Il se sent démotivé, pense à quitter son poste et laisse les choses aller. Depuis des années, une espèce de féodalité, avec ses baronnies et ses marquisats, s'était installée au parquet de Charleroi, comme dans d'autres parquets, mais le découragement du responsable principal a intensifié le phénomène. De jeunes magistrats, ayant une toute petite expérience d'avocat, se retrouvent laissés à eux-mêmes, sans formation, sans instructions claires, sans méthode de travail, débordés par la marée quotidienne des dossiers. La désorganisation est telle que les magistrats n'ont plus aucun contrôle sur certains dossiers qui passent d'un substitut à l'autre en vertu d'un système d'attribution désuet et tarabiscoté. A plusieurs reprises, Thomas Defourny demande de quitter son poste, mais le Procureur Général freine la procédure. Finalement, à la fin de 1994, Thomas Defourny devient juge au tribunal du travail, ce qui provoque quelques grincements de dents : certains n'apprécient pas qu'il assume des responsabilités nettement moindres tout en gardant le traitement de chef du parquet. Marius Lambert, le plus âgé des substituts, le remplace par intérim. C'est pendant cette période que le Procureur Général de Mons, Georges Demanet, place le parquet de Charleroi sous tutelle et le réorganise de fond en comble. Des têtes tombent et des rumeurs circulent sur les véritables motivations de ce grand chambardement. Certains se demandent si la prise de pouvoir du Procureur Demanet n'est pas à mettre en relation avec les ennuis de son fils Philippe, impliqué par le parquet de Charleroi dans une sombre affaire de trafic de voitures (voir plus loin). La tourmente s'apaise avec la nomination de Thierry Marchandise, qui prête serment comme procureur du Roi le 23 octobre 1995.

Le nouveau procureur essaie d'adapter son parquet à la réalité délinquante. Il instaure la médiation pénale et la procédure accélérée. Il s'attaque de manière plus pertinente au crime organisé et à la grande délinquance financière, mais les moyens et les effectifs ne suivent pas. Une machinerie aussi lourde ne se réforme pas en quelques mois.

Aujourd'hui, il y a trois mille dossiers qui sont en attente de fixation d'audience. Trois mille dossiers bouclés, qui attendent une date de jugement ! Les affaires prioritaires, avec des personnes détenues, ne peuvent même pas être réglées dans des délais raisonnables (1). Il y a 16 audiences correctionnelles par semaine, alors qu'en 1986, il y en avait 22. Une perte de près de 25 %, alors que le nombre des affaires est en progression constante. Des dossiers pour faits de moeurs attendent 2 ans avant d'être fixés. Dans d'autres affaires, le président change 4 fois, alors que tout le monde souhaite un siège stable (2).

Les moyens matériels mis à la disposition des magistrats sont ridicules. Ils doivent encore travailler comme au 19eme siècle. Le seul progrès, c'est que la pointe Bic a remplacé la plume d'oie. Pas de dictaphone. Le réseau informatique est balbutiant et ne permet pas de se connecter sur des banques de données ou de donner accès à d'autres systèmes comme celui de la gendarmerie. Les projets de lettre doivent être écrits à la main. A la section économique et financière, quelques magistrats avaient projeté d'acheter un ordinateur à leurs frais, mais ils ont renoncé parce que le palais de justice n'est pas câblé (3). 15 à 30 % du travail des magistrats consiste à effectuer des tâches administratives et répétitives, qui ne devraient pas leur incomber (3).

C'est dans ce contexte très particulier qu'il faut replacer les dysfonctionnements constatés au sein de l'appareil judiciaire à propos de l'affaire Dutroux. La situation du parquet de Charleroi peut expliquer qu'il y ait eu, à plusieurs moments, des problèmes d'organisation et de circulation de l'information. En outre, du fait de la non communicaton des éléments recueillis par la gendarmerie, l'affaire Dutroux apparaît aux magistrats concernés en 1993 comme une simple affaire de vol parmi les centaines qu'il y a tous les ans dans la région.

Détenu en libération conditionnelle, Marc Dutroux ne retourne pas en prison parce que la pratique de l'administration est telle qu'il faut un jugement définitf pour envisager une révocation. Dutroux nie tout ce dont on l'accuse. Il n'a pas été placé sous mandat d'arrêt et le vol n'a pas été la raison principale de sa condamnation de 1989. Mais même si en 1993 Marc Dutroux avait commis des faits de vol plus graves, il aurait été impossible de le juger rapidement, et même en cas de condamnation, il n'est pas du tout certain que le ministre aurait révoqué sa libération conditionnelle (4).

---

(1) Commission d'enquête de la Chambre sur les disparitions d'enfants en Belgique.
(2) Le substitut Viviane Troch, devant la même commission.
(3) Le substitut Laurette Favaro, devant la même commission.
(4) Le procureur du Roi, Thierry Marchandise, devant la même commission.

La "bande" à Dutroux

Il s'agit plutôt d'un faisceau de relations croisées que d'une bande organisée. Une série d'individus se sont rencontrés dans le courant des années 95 et 96. L'enquête devra établir quel est leur niveau d'implication dans les crimes et les délits attribués à Marc Dutroux.

Certains de ces personnages évoluent dans le milieu très spécial de la truanderie automobile de Charleroi, un milieu où on peut gagner de l'argent très vite et très facilement, mais où tous les coups sont permis. Les voleurs, les receleurs et les revendeurs de voitures volées sont méprisés par les autres truands qui les accusent d'être la honte de la profession : lâches, couards, tricheurs, menteurs, indicateurs. Selon le véhicule (voiture de luxe ou camion en bon état), un voleur peut se faire de 50 à 100.000 francs en quelques minutes. Le receleur prend de 3 à 500.000 francs, et le vendeur de 2 à 3 millions (1).

Gérard Pinon est un commerçant de Jumet, propriétaire d'une vingtaine de garages, de dépôts et d'appartements. Il semble très bien introduit dans le monde de la truanderie automobile carolorégienne et a loué un hangar de 200 mètres carrés à Marc Dutroux, qu'il considère comme un "pété". De plus, Gérard Pinon lui a vendu un important matériel d'outillage spécialisé (1). C'est Gérard Pinon qui présente Bernard Weinstein à Marc Dutroux.

Bernard Weinstein est né à Nantes le 4 mars 1952. Electricien de formation, il monte très jeune à Paris où il se spécialise dans le vol de voitures. Au mois de décembre 1975, il dérape et se rend responsable d'une série de casses et de prise d'otages dans la banlieue parisienne. Tout s'est passé en 8 jours. Mais il y a eu des blessés par balles. Il fait plus de 5 ans de prison préventive avant d'être condamné par la Cour d'assises du Val d'Oise à 15 ans de réclusion criminelle (3). Il sort de prison en 1985 et renoue immédiatement avec le milieu. En 1992, il vend des motos comme indépendant à Bruxelles. C'est là qu'il rencontre Gérard Pinon. Celui-ci l'invite chez lui et l'héberge pendant un temps lorsque Weinstein est engagé dans une société de Mont-sur-Marchienne. C'est à cette époque qu'il loue un petit chalet en bois installé dans une propriété de la rue Daubresse à Jumet.

Bernard Weinstein est d'une saleté répugnante, mais il est, pour tous ceux qui l'approchent, considéré comme doux et gentil. Il couche n'importe où, dans une cave, un hangar, un atelier. On l'appelle familièrement "le rat". Son chalet prend rapidement l'aspect d'un capharnaüm inimaginable, amoncellement de déchets, de vieux journaux, de chiffons, de pièces de toutes sortes, de matériaux hétéroclites, et d'outillage, parfois très sophistiqué. Sa mère essaiera de venir mettre de l'ordre, mais elle partira au bout de 10 jours. Il aura aussi, pendant un bref laps de temps, une petite amie qui se découragera très vite.

Après la fermeture de l'entreprise qui l'occupe, Bernard Weinstein se remet à voler. Le comité d'accompagnement des chômeurs de longue durée du Forem lui reproche "un manque de pertinence dans sa recherche d'emploi malgré les acquis professionnels" et le prive d'allocations pendant 26 semaines. En juin 1994, il se tourne vers le CPAS qui lui permet de travailler pendant 6 semaines comme installateur électrique à l'hôpital civil de Jumet, ce qui lui permet de retrouver ses droits au chômage (4).

Bernard Weinstein est un surdoué du passe-partout. Il est capable de voler un camion ou une belle voiture en quelques minutes. Il peut aussi réaliser des constructions sophistiquées. Dans son quartier, il lui arrive de rendre service et de jouer les dépanneurs, notamment pour les problèmes de serrures. Il travaille assez souvent pour Marc Dutroux qui l'entraîne dans des coups assez foireux. Weinstein appelle Dutroux son "porte-poisse". Il voudrait s'émanciper de son influence, mais manifestement, il n'y parvient pas.

Weinstein et Pinon rencontrent un autre personnage dans le sillage de Marc Dutroux : Michaël Diakostavrianos, un jeune garagiste d'origine allemande, adopté par un pope de l'Eglise orthodoxe. Surnommé "Michel Le Grec" ou "Michel tout fou", il passe pour un amateur de femmes. Il a eu quelques histoires pas très claires avec des jeunes filles ou des adolescentes, mais rien n'a débouché sur une plainte ou un délit. Son truc à lui, c'est le trafic de pneus. Il achète des pneus rechapés à un prix défiant toute concurrence en Allemagne et les vend comme des pneus neufs en Belgique. Il abrite son stock à Jemeppe-sur-Sambre, dans la maison de la grand-mère Camps qu'il a sous-louée à Marc Dutroux. Il en confie la garde à un jeune toxicomane de 25 ans, Michel Lelièvre. Marc Dutroux, qui vient souvent à Jemeppe-sur-Sambre, s'intéresse au sort du jeune homme et lui propose du travail contre le gîte, le couvert et la drogue.

Michel Lelièvre est né le 11 mai 1971. C' est le cadet de la bande. Il a connu une adolescence difficile et a été placé en home à 17 ans. Sans formation, il a exercé quelques petits métiers. Il a été notamment pompiste à Dinant. C'est aussi un voleur, qui a été condamné par le tribunal correctionnel de Namur après un cambriolage à Sambreville (5). Lelièvre semble être l'indicateur de Gérard Vannesse, un officier de la BSR de Dinant, qui ferme les yeux sur ses activités alors qu'il est sous le coup d'une condamnation à 6 mois de prison ferme (2). Michaël Diakostavrianos le rencontre alors qu'il vit encore chez sa mère. A Jemeppe-sur-Sambre, les voisins du dépôt de Michaël Diacostavrianos s'inquiètent : les pneus s'empilent près des clôtures et ils craignent pour leur maison en cas d'incendie. Et puis il y a des va-et-vient nocturnes, agrémentés des aboiements de deux chiens laissés en liberté dans la propriété. Les activités de ces étranges occupants, qui masquent les fenêtres avec du plastic noir et qui ont tout l'air d'être des trafiquants, provoquent la suspicion. Enfin, on a aperçu deux très jeunes filles dans cette maison pendant l'été 1995. Les voisins ne se plaignent pas à Marc Dutroux, qui leur fait peur. Ils s'adressent à la mère de celui-ci, Jeannine Lauwens, qui, le 4 septembre 1995, écrit une lettre au juge d'instruction Lorent.

Dans sa lettre, Jeannine Lauwens dénonce les activités louches des locataires de son fils, notamment le trafic de pneus et la présence suspecte de deux jeunes inconnues "en ces temps où les disparitions de jeunes filles se multiplient" et elle termine sa missive en souhaitant "pouvoir supprimer un des nids de ce peu recommandable locataire". Le juge Lorent ne comprend pas le sens de cette lettre qu'il transmet au parquet de Namur.

La gendarmerie vient recueillir la déposition de Jeannine Lauwens et celle des voisins qui ne confirment pas la présence de jeunes filles à Jemeppe-sur-Sambre. Entretemps, la mère de Marc Dutroux prend contact avec le gendarme Pettens, et va sur place informer Lelièvre et Diakostavrianos des antécédents de son fils : Marc Dutroux a été condamné pour faits de viol en 1989, c'est un individu dangereux dont ils devraient se méfier. Diakostavrianos n'est manifestement pas au courant du passé de Marc Dutroux (6). Lelièvre, qui sait, minimise les faits. Quelques semaines plus tard, le nombre de pneus a sérieusement diminué et Michel Lelièvre va s'installer en compagnie de Michaël Diakostavrianos rue des Hayettes à Mont-sur-Marchienne, dans un des immeubles appartenant à Marc Dutroux.

En prison, le co-détenu de Lelièvre était un hollandais de 56 ans, Casper Flier, qui s'est pris d'une très vibrante amitié pour le jeune drogué. A sa sortie de prison, Michel Lelièvre est empêtré dans des problèmes de dettes et de mutuelle. Il sollicite l'aide de son ami Flier qui le présente à Michel Nihoul, un escroc se disant expert en immobilier, mais qui est certainement un indicateur de police (7). Michel Lelièvre met Michel Nihoul en contact avec Marc Dutroux dans le courant de l'été 1995. Ce dernier veut faire expertiser une de ses propriétés. La première rencontre se déroule à Sars-la-Buissière (8).

Michel Nihoul est né à Verviers pendant la guerre. Il exerce divers métiers dans la région liègeoise avant de participer au comité organisateur du Festival de la chanson française de Spa en 1967 et 1968. C'est à Spa qu'il ouvre "Le Truc", une discothèque qui accueille des chanteurs débutants, et qui ferme suite à une faillite frauduleuse en 1974 (9).

Michel Nihoul débarque à Bruxelles et devient vendeur dans une maison de confection. Il fait la connaissance d'une jeune avocate, Annie Bouty, qui devient sa compagne. Le 8 décembre 1976, il est condamné à un an de prison, dont 8 mois fermes, pour banqueroute frauduleuse, escroquerie et émission de chèques sans provision. Il n'ira jamais en prison. Plus tard, il crée deux nouvelles sociétés, Bio Plantal et Bio Clinic, qui font faillite en 1982 (10). Il intervient comme intermédiaire dans le scandale du Centre Médical de l'Est, un projet élaboré en région liègeoise par un médecin qui voulait promouvoir une "médecine de qualité au service des plus défavorisés", un projet qui se solde par un procès pour escroquerie. Michel Nihoul, dont la compagne Annie Bouty est l'avocate d'un des inculpés, se fait fort d'arranger les choses en payant des pots-de-vin. Il est envoyé à Genève pour chercher l'argent nécessaire, 5 millions, débloqués sur un compte du Crédit Suisse. Mais Nihoul détourne une part importante de l'argent qu'il investit dans un café bruxellois, "Le clin d'oeil", établi au petit Sablon, et fréquenté par des policiers (9).

Michel Nihoul travaille ensuite à Radio-Activité, une radio libre d'Etterbeek, où il anime une émission à caractère social, "Le pot de fer contre le pot de terre", et une émission sur Brussels by Night, où il diffuse des témoignages de prostituées.

C'est pendant les années 80 qu'il côtoie le monde des partouzeurs. Il fréquente le Dolo, rue des Atrébates, un club privé, géré par Dolorès Bara et Michel Forgeot, et qui sera fermé par la section "moeurs" de la BSR de Bruxelles en 1983 (11). On le retrouve au château de Faulx-les-Tombes, où il organise des parties très élaborées. Sa nouvelle compagne, Marleen De Cokere, devient gérante du café "The Dolo", qui remplace le Dolo, club privé. Ces lieux où se retrouvent des adultes consentants pour des parties de plaisir permettent de transformer les bonnes relations en protections opportunes pour qui sait y faire. Et Michel Nihoul sait y faire (2).

En 1985, Michel Nihoul est impliqué directement dans un détournement de dons à caractère humanitaire. Il a monté l'opération "SOS Sahel" dont le but affiché est de venir en aide à une des contrées d'Afrique les plus touchées par la sécheresse, mais il distrait une grande partie des fonds récoltés. A l'époque, il fonde une société de relations publiques qui s'agite beaucoup dans le landerneau politique bruxellois. Il travaille notamment pour Philippe Deleuze, un élu PSC qui sera impliqué dans un détournement de fonds. Un magistrat, parent de Philippe Deleuze, serait intervenu dans le dossier (10). Est-ce l'explication au fait qu'il ait fallu plus de 10 ans avant de voir Michel Nihoul condamné pour escroquerie et arrêté à l'audience en décembre 1996 ?

En 1986, Michel Nihoul lance sa propre radio, "JMB", comme Jean-Michel Bruxelles (il préfère qu'on l'appelle Jean-Michel plutôt que Michel). "JMB" est établi au Centre Rogier, au même étage que la direction du PRL. "JMB" fera rapidement faillite : Nihoul "oublie" de payer son loyer et les factures du bar qu'il a installé à côté de sa radio. Il tisse cependant quelques liens avec le PRL qui lui permettent d'intervenir auprès du cabinet de Jean Gol, alors ministre de la Justice, pour obtenir des visas ou empêcher l'expulsion de certains ressortissants étrangers, généralement d'origine africaine. Attention, il ne s'agit pas d'actions bénévoles, mais d'un trafic d'influence, monté avec la complicité d'Annie Bouty au sein d'un soi-disant "cabinet d'experts". Les interventions coûtent en moyenne 100.000 francs (10).

Michel Nihoul a toujours aimé laisser entendre qu'il avait le bras long. Il aime aussi se mouvoir dans l'environnement des personnalités en vue.

Plusieurs politiciens ont été filmés et photographiés en compagnie d'un Nihoul revêtu de la tenue d'apparat de Grand Maître de la Confrérie des maîtres brasseurs et distillateurs de Wallonie (2) ou de la société brassicole "Li Crochon" (11), généralement accompagné de Marleen De Cokere et Michel Forgeot, ses compagnons du Dolo.

Dernier volet des activités de Michel Nihoul, le détective et l'indicateur de police. "La Royale Belge" lui a payé 80.000 francs pour essayer de démanteler un réseau international de trafiquants de voitures volées en Belgique. Les véhicules étaient stockés aux Pays-Bas avant d'être expédiés vers le Maroc. C'est Michel Lelièvre qui l'aurait mis sur le coup et présenté à son officier traitant, Gérard Vannesse.

Michel Nihoul est cité dans un trafic de drogue monté par l'intermédiaire d'un anglais, un certain Walsh, que Lelièvre a rencontré en prison. Nihoul balance Walsh à Gérard Vannesse. Walsh se fait pincer avec 10 kilos d'amphétamine et d'ecstasy. Gérard Vannesse laisse Nihoul se payer sur le butin dont il écoule une partie avec l'aide de Marc Dutroux et de Michel Lelièvre (11).

Enfin, on parle de connections possible de Marc Dutroux avec le grand banditisme. Il connaissait très bien Patrice Charbonnier, impliqué dans l'attaque d'un fourgon blindé à Villers-la-Ville et arrêté en septembre 1996 (2). Marc Dutroux a également été aperçu à l'endroit ou un butoir de wagon de chemin de fer a été soudé sur le pare-choc du camion avant l'attaque d'un autre fourgon blindé. Une attaque spectaculaire et meurtière. Le fourgon a été pris entre deux camions volés. Le premier coince le fourgon, le second, pourvu du butoir, a servi de bélier. Une des caches d'armes de Patrice Charbonnier, découverte à Trazegnies, était construite sur le même modèle que la cache de Marcinelle. Marc Dutroux propose à Patrice Charbonnier d'enlever des enfants, mais celui-ci refuse (12).

---

(1) Enquête Luciano Arcangeli, RTBF Charleroi.
(2) Enquête Michel Hucorne pour l'émission "Au nom de la loi" du 27 novembre 1996.
(3) Alain Van Der Eyken dans "Le Soir Illustré" du 11 septembre 1996.
(4) "Le Rappel" du 20 août 1996.
(5) "La Dernière Heure" du 8 novembre 1996.
(6) Enquête Christophe Vanhex, RTBF Namur.
(7) Jean-Frédéric Deliège dans "La Libre Belgique" du 20 août 1996.
(8) Michel Jaspar dans "Le Soir Illustré" du 9 octobre 1996.
(9) Michel Bouffioux dans le "Télé-Moustique" du 4 décembre 1996.
(10) Chantale Anciaux dans "Le vif-l'Express" du 22 novembre 1996.
(11) Michel Jaspar et Michel Petit dans "Le Soir Illustré" du 9 octobre 1996.
(12) Enquête Christophe Vanhex, RTBF Namur.

Les vacances slovaques

Au mois d'août 1992, Emilia S., une étudiante slovaque habitant la petite ville de Topolcany, à 150 kilomètres de Bratislava, est en vacances à Prague. Elle se fait draguer en pleine rue par un jeune homme de 26 ans, qui s'appelle Michaël Diakostavrianos et devient sa maîtresse. En septembre 1993, elle lui rend visite en Belgique. Son ami l'emmène chez Marc Dutroux et Michelle Martin à Marcinelle. Elle se souvient d'un homme très branché sur les matériaux et les techniques de construction. (1) Au mois d'avril 1994, Michaël Diakostavrianos conduit Marc Dutroux à Topolcany, qui ressemble un peu à un Marcinelle slovaque, avec ses banlieues tristes et miséreuses, ses immeubles à appartements sociaux. Le 24 avril, Emilia S., Michaël Diakostavrianos et Marc Dutroux sortent dans une boîte et font la fête avec une voisine d'Emilia S., Eva Makova, 19 ans, ouvrière à l'usine Elektro Karbon. Eva accueille Marc Dutroux dans l'appartement familial. Il se présente comme un ami de la Slovaquie, il apprend quelques rudiments de la langue, achète un dictionnaire, et embobine les parents par ses manières serviables. On l'a vu aider aux travaux du jardin et cueillir des pommes dans un verger ! Il viole les deux filles de son hôte, âgées de 16 et 19 ans. Un des viols est magnétoscopé et la cassette sera retrouvée au domicile de Marc Dutroux. Il apparaît clairement que la victime a été droguée. Les parents ne déposent pas plainte. La police estimera qu'ils se sont montrés un peu trop complaisants à l'égard de l'agresseur de leur fille. Ont-ils été achetés, ou menacés par un homme qui prétend jouir de protections policières ? (2)

Marc Dutroux rentre en Belgique en compagnie du père d'Emilia S., un chômeur à qui il propose du travail. C'est ainsi que, durant l'été, les voisins de sa maison de Marchienne Docherie vont apercevoir Michelle Martin, le père d'Emilia S. et plusieurs enfants, dont un qui parle "une langue étrangère" dans le chantier de Marc Dutroux. En juin 1994, la police contrôle une personne d'origine slovaque en séjour irrégulier. Est-ce le père d'Emilia ? L'homme quitte rapidement la Belgique (3).

En juillet 1995, Marc Dutroux retourne en Slovaquie avec Michaël Diakostavrianos et Michel Lelièvre. Tout le groupe va s'ébattre dans une station de vacances à Dundice, dans le sud de la Slovaquie. Michel Lelièvre y fait la conquête de Vanda D., 22 ans, traductrice dans une société financière de Trencen. C'est le coup de foudre immédiat. Lelièvre veut l'emmener en Belgique, mais elle refuse. Ses parents n'apprécient pas tellement la mentalité de ces occidentaux qui viennent faire la chasse aux filles de l'Est, d'autant que Marc Dutroux s'intéresse d'un peu trop près à la soeur cadette de Vanda, âgée de 15 ans.

Faute de mieux, Marc Dutroux se rabat sur sa première victime, Eva Makova, qu'il invite en Belgique. Hébergée à Sars-la-Buissière, avec Michelle Martin et ses enfants, Eva ne comprend pas pourquoi elle a dormi trois jours sans se réveiller, du 29 juillet au 1er août 1995. L'année suivante, Eva vient passer une quinzaine de jours chez Marc Dutroux en compagnie de sa soeur cadette. Elles gardent toutes les deux un mauvais souvenir de leurs vacances, ayant constamment eu l'impression d'être endormies ou droguées. Eva craint d'avoir été utilisée avec sa soeur pour tourner un film pornographique (1 et 2).

Ces témoignages désignent l'utilisation du Rohypnol, un somnifère que Marc Dutroux a consommé en prison, lors de sa première incarcération (4).

Ultra rapide et très abrupt, l'effet du Rohypnol est proche de celui de l'héroïne.

Son impact est dangereux : il lève les inhibitions, procure une sensation d'invincibilité et déclenche une agressivité immodérée. C'est également un amnésiant antérograde immédiat : il supprime tous les souvenirs, y compris celui de la douleur.

Le Rohypnol, appelé familièrement "Roche" par référence au laboratoire producteur, rencontre un succès foudroyant dans les milieux délinquants, carcéraux, toxicomanes et de la prostitution (5).

On a retrouvé des milliers de comprimés chez Marc Dutroux.

Il a pu se livrer au trafic à partir d'ordonnances de complaisance. Un "Roche" vaut 50 francs dans la rue à Charleroi. Il coûte 200 francs à la prison de Jamioulx.

Marc Dutroux semble avoir été tenté de jouer les intermédiaires dans une affaire de prostitution. Avec Lelièvre et Diakostavrianos, il est allé chercher une fille dans un des paradis de la prostitution est-européenne et l'a ramenée à Gilly, pour le propriétaire d'un Car-wash qui est également le gérant d'un bar à hôtesses. Mais finalement la fille est retournée en Tchéquie parce que le prix réclamé par son souteneur était trop élevé (6).

Le 8 juin 1996, à la maternité de Topolcany, Vanda D. donne naissance à un petit garçon, à qui elle donne le prénom de son papa, Michel. Michel Lelièvre verra son fils une seule fois, le 22 juin. Le 10 août, il annonce son arrivée à Vanda pour des vacances qui commencent le 19. Mais il ne rejoindra jamais son amie à Topolcany. Le mardi 13 août il est arrêté par les gendarmes qui enquêtent sur la disparition de la petite Laetitia, enlevée à Bertrix trois jours auparavant.

---

(1) Tana Vesela dans le magazine suisse "L'hebdo" du 29 août 1996.
(2) Enquête de Marc Bouvier, JTV de la RTBF, septembre 1996.
(3) Audition du juge Lorent devant la commission de la Chambre sur les disparitions d'enfants en Belgique.
(4) Voir page 54.
(5) "Etre en Roche" Dr. Marc Jamoulle, Collectif de Santé de Gilly-Haies.
(6) Enquête Christophe Vanhex, RTBF Namur.

Julie et Mélissa disparaissent

Samedi 24 juin 1995. Grâce-Hollogne. Il fait beau. Vers 17 heures, tout respire le bonheur et la joie de vivre chez les Russo, rue Diérain-Patar. Carine Russo est installée sur le divan du salon et surveille du coin de l'oeil sa fille Mélissa qui joue dans le jardin avec son amie, Julie Lejeune. Les deux enfants, âgées de 8 ans, sont des amies d'école. Les parents ne se connaissent pas intimement. Il a été convenu que la mère de Julie, Louisa Lejeune, vienne rechercher sa fille vers 18 heures. Mélissa revient une fois encore à la charge : elle a envie d'aller se promener à son endroit habituel, sur le pont qui enjambe l'autoroute de Wallonie, et d'y emmener son amie Julie, qui n'y est jamais allée. La maman cède à cette demande. Au moment de quitter la maison, Carine Russo demande à Julie de remettre sa montre pour bien surveiller l'heure et de revenir vers 18 heures au plus tard (1).

Les deux gamines remontent la rue Diérain-Patard en direction de l'autoroute. A la hauteur de la rue de Fexhe, qui longe l'autoroute, Julie et Mélissa croisent un couple d'amoureux. Un salut et chacun poursuit sa route.

A 17 heures 30, Carine Russo se dit qu'elle irait bien retrouver les enfants à vélo et décide de partir à leur rencontre. Surprise : les fillettes ne sont pas sur le pont de l'autoroute. Inquiète, la mère fait trois fois le tour du quartier, mais elle ne les retrouve pas.

A 18 heures, Louisa Lejeune arrive en voiture avec son fils. Carine Russo lui dit immédiatement son inquiétude. Les deux mères repartent à la recherche des enfants. Elles sillonnent les rues avoisinantes, se renseignent chez les parents et les amis du quartier, partout où Julie et Mélissa auraient pu se rendre. Rien.

A 18 heures 45, la gendarmerie de Grâce-Hollogne est prévenue. Un quart d'heure plus tard, les premiers enquêteurs sont sur place. Ils s'informent rapidement des possibilités d'une fugue, demandent une photo des enfants. A 21 heures, un chien pisteur, arrivé de Bastogne (c'est le secteur de garde ce week-end-là), est conduit sur le pont de l'autoroute. Les premières battues s'organisent, à la lueur des lampes de poche. A minuit et demi, l'adjudant Jean Lesage, de la BSR de Seraing, section moeurs, arrive chez les Lejeune. Le maréchal des logis Valère Martin sonne à la porte des Russo. Les deux agents de la BSR fournissent un dictaphone à chaque famille, pour que les parents enregistrent tous les appels téléphoniques. Ce sont des engins de récupération, qui vont rapidement tomber en panne. Les enquêteurs ne disposent ni d'un GSM, ni d'un ordinateur portable. Ils retranscrivent les déclarations au carnet. Vers une heure du matin, la gendarmerie contacte l'asbl "Marc et Corine" pour lancer une campagne d'affichage (2). Un signalement national est lancé concernant la disparition des deux enfants.

Au cours de la nuit, les parents veulent encore croire que les petites filles sont perdues, mais les heures passent et l'incrédulité fait place à l'angoisse. Ils vivent un enfer intolérable, incompréhensible pour les autres. Louisa Lejeune explique que "ce qu'on vit, il n'y a que nous qui puissions le comprendre, vous avez beau essayer de vous mettre à notre place, ce n'est pas possible".

L'enquête commence d'une manière chaotique : il n'y a ni plan, ni schéma. Les gendarmes de Grâce-Hollogne sont très motivés, d'autant plus qu'ils comptent dans leurs rangs le père d'une condisciple de classe des petites disparues, mais c'est l'amateurisme et l'improvisation qui semblent présider à ces premières heures d'enquête. L'adjudant-chef Jean-Marie Gilot, commandant de la brigade reconnaît qu'il pense d'abord à un accident, pas à un enlèvement (3). Les 58 questions que les parents de Julie et Mélissa poseront à la justice un an plus tard, le dimanche 23 juin 1996, sont, pour la plupart, des questions de bon sens qui s'imposent comme autant de constats de carence pour les responsables de la gendarmerie aux premières heures de l'enquête. Ainsi, les parents constatent que personne n'a délimité un périmètre de sécurité, qu'aucun conseil n'a été donné pour préserver les micro traces dans les chambres des enfants, que le chien pisteur n'est pas amené à la maison d'où sont parties les petites filles, que les battues ont été organisées sans appui logistique ou méthodologique, qu'il n'y a eu ni saisie du parquet, ni mise à l'instruction (ce qui aurait permis un réquisitoire Belgacom pour la mise sur écoute des lignes téléphoniques des parents), que le laboratoire de la Police Judiciaire n'est pas descendu le soir même sur les lieux, que l'enquête de voisinage n'a pas été conduite avec rigueur, que les chambres des enfants n'ont pas été fouillées, qu'il n'y a eu aucun barrage routier. Le parquet de Liège a-t-il été prévenu ? Et si oui, pourquoi ne se manifeste-t-il pas ? Deux enfants de 8 ans qui s'évaporent dans la nature, c'est un événement qui devrait tout de suite inquiéter, alarmer. Les erreurs de ces premières heures vont se payer très cher.

Le lendemain, un hélicoptère survole la région. L'asbl "Marc et Corine" diffuse 35.000 affichettes avec la photo et le signalement de Julie et Mélissa dans la région, puis dans tout le pays. Une cinquantaine de gendarmes, aidés par la protection civile et des pompiers, ratissent les alentours jusqu'aux abords de l'aérodrome de Bierset. Des plongeurs sondent les citernes dans un rayon de 3 kilomètres. Le Journal Télévisé de la RTBF annonce une "disparition inquiétante". Un signalement disparition est envoyé aux pays liés par les accords de Schengen (4).

Le lundi 26 juin, réveil du parquet de Liège. Le substitut Charles Hombroise réunit les enquêteurs de la gendarmerie et de la police judiciaire, et met le dossier à l'instruction chez le juge de service, Martine Doutrèwe, 39 ans, mère de trois enfants, épouse d'un avocat d'affaires. Martine Doutrèwe bénéficie de la considération de sa hiérarchie : Robert Bourseau, le président du tribunal de première instance de Liège, estime que c'est "une grande dame". Très élégante, discrète, intelligente, le juge Doutrèwe a de l'expérience : ancien maître de conférence à l'Université de Liège, ancienne avocate, elle a été juge de la jeunesse pendant 4 ans avant de se lancer dans l'instruction en 1991.

Immédiatement, Martine Doutrèwe réunit les enquêteurs de la BSR et de la Police Judiciaire, se renseigne sur ce qui a été fait, procède aux réquisitoires Belgacom (écoute des lignes téléphoniques des parents). A ce stade de l'enquête, on ne sait pas vers quoi on va, mais il faut parer au plus pressé. La police judiciaire est chargée de l'audition des parents, la gendarmerie interroge le reste de la famille. Les recherches se poursuivent sur le terrain et des militaires de la base de Bierset fouillent une partie des bois de Seraing.

Le même soir, Carine Russo s'adresse à sa petite fille pendant le journal télévisé de la RTBF : "Mélissa, je t'attends, on t'attend, on fait tout pour te trouver". Les deux familles désespérées se soudent dans le malheur. Elles s'épaulent pour mener le même combat. Très vite, elles doivent faire face à la meute des journalistes, mais aussi à un déferlement de voyants, médiums, radiesthésistes parmi lesquels bon nombre d'escrocs, de charlatans et d'exploiteurs.

Mercredi 28 juin. L'adjudant Jean-Marie Gilot, commandant la brigade de Grâce-Hollogne, constitue une cellule d'enquête "Julie et Mélissa". 12 gendarmes sont détachés, encadrés par 3 officiers. La Police Judiciare fournit une équipe "crime" de 4 enquêteurs, dirigés par le commissaire Daniel Lamoque.

Jeudi 29. Martine Doutrèwe organise une nouvelle réunion avec les enquêteurs. Elle confirme la cellule dans son rôle et répartit les tâches entre les services d'enquête : la gendarmerie s'occupera en priorité du manège de la ferme du Bailly, proche du lieu de la disparition des enfants, et la Police Judiciaire enquêtera à l'aérodrome de Bierset. Martine Doutrèwe demande que les deux corps de police se comportent de manière loyale dans l'échange des renseignements. Elle avait invité le juge Coumanne, qui va la remplacer pendant le mois de juillet, mais celui-ci ne peut assister à la réunion. Le juge prend contact avec son collègue pour lui donner les premiers éléments de l'enquête et lui transmettre le flambeau. Le lendemain, elle part en vacances !

A-t-on imaginé une seconde l'impact catastrophique qu'allait produire cette nouvelle sur des parents brisés par la douleur et l'angoisse depuis 5 jours ? La personne qui dirige l'enquête pour retrouver leurs petites filles abandonne le gouvernail pour aller faire du tourisme. Quelles que puissent être les explications et les justifications, cette décision ne pouvait être ressentie que comme la manifestation d'une indifférence totale à l'égard de la souffrance des familles qui vivaient le drame de Grâce-Hollogne. Il n'y a pas un parent au monde qui aurait supporté pareille attitude sans se sentir méprisé. Y a-t-on pensé au parquet de Liège ? N'y avait-il pas moyen de désigner un juge qui aurait gardé le contact régulier, qui aurait assuré une continuité, ne fût-ce que pendant les premières semaines de l'enquête, par respect pour la douleur des familles ? Ce départ en vacances était-il à ce point impératif ? Ici, le service public de la justice s'est comporté comme une machine. Toute la relation entre les parents, les victimes secondaires d'une disparition, et l'appareil policier et judiciaire va en être profondément perturbée. L'idée va rapidemnt naître chez les parents que l'enquête n'est pas dirigée, qu'il n'y a pas d'interlocuteur, que l'on ne recherche pas leurs filles avec toute l'urgence que la situation requiert, qu'ils ont en face d'eux une institution inhumaine, "ne tenant pas compte du désarroi dans lequel les parents peuvent se trouver quand il leur arrive une chose pareille" (5).

Ajoutons à cela, chez le juge d'une part, et chez les parents de l'autre, une forte personnalité, et une différence marquée du milieu social. Nous arrivons tout de suite à l'affrontement qui prendra des allures de lutte de classes et un tour passionnel qu'il sera impossible de résorber ou de dépasser.

Martine Doutrèwe oppose à ces arguments qu'elle était physiquement à bout et qu'elle avait besoin de vacances après une saison judiciaire très chargée : le dossier "Julie et Mélissa" est son 95ème dossier de l'année, sans compter les nombreuses affaires non clôturées dont il faut assurer le suivi. Le système en vigueur à Liège prévoit que 6 des 7 juges d'instruction prennent leurs vacances en juillet. La permanence est assurée par le dernier juge qui gère tous les cabinets des autres juges. Un juge supplémentaire assure le traitement des dossiers qui arrivent à l'instruction. Apparemment, personne n'a imaginé que la disparition simultanée de deux petites filles de 8 ans pouvait changer la routine. L'enquête va passer dans les mains de 5 juges différents, ce qui va augmenter encore le scepticisme des parents.

Le 2 juillet, les gendarmes obtiennent enfin un premier élément d'information. Une dame, âgée de 72 ans, passe tous les jours quelques heures à sa fenêtre. Elle affirme avoir aperçu Julie et Mélissa marchant sur le côté gauche de la rue de Fexhe. Une petite voiture bleue s'est arrêtée à leur hauteur. Un homme est descendu, il a ouvert la portière arrière. Les deux gamines sont entrées dans la voiture, sans contrainte ni discussion préalable (1). Les gendarmes vont étudier très sérieusement ce témoignage. Un gérontologue sera consulté pour vérifier la crédibilité et la fiabilité du témoin. Un long travail sera effectué pour tenter de déterminer la marque et le type du véhicule des ravisseurs. Les vieilles dames sont rarement passionnées d'automobile. Les enquêteurs vont présenter au témoin une série de voitures, sur catalogue d'abord, puis ils feront défiler les voitures pour essayer de déterminer de quel engin il s'agit. Parmi les différentes voitures présentées, il y a une Ford Fiesta et une Peugeot 205. Le 6 août 1995, après de nombreux jours de vérifications, l'adjudant Lesage arrive à la conviction que la voiture utilisée par les ravisseurs de Julie et Mélissa est, d'après le témoignage de la vieille dame, une Peugeot 205 de couleur bleue. Elle ne semble pas reconnaître la Fiesta comme étant la voiture des ravisseurs.

Le 4 juillet, Jean-Denis Lejeune, entouré de son épouse Louisa, de Carine et Gino Russo, lance un appel à la télévision. D'une voix ferme et triste, légèrement teintée de l'accent liégeois, il donne aux mots les plus simples la densité d'une tragédie. Toute la désespérance des parents est résumée en 4 phrases : "Depuis bientôt deux semaines, nous vivons dans l'attente et dans l'angoisse. Nous ne pouvons plus supporter cette attente. Qui que vous soyez, où que vous soyez, nous vous supplions de nous rendre nos enfants. Apportez-nous, je vous prie, la preuve qu'elles sont en vie et qu'elles vont bien".

Cet appel, relayé par tous les médias, la campagne d'affichage de l'asbl "Marc et Corine", les nombreux articles de presse, touchent l'opinion. La gendarmerie de Grâce-Hollogne reçoit une centaine d'appels par jour. Le travail s'organise sur le tas : on fait face à l'urgence, dans l'urgence. Tous les matins, Jean-Marie Gilot organise une réunion, distribue le travail de la journée sur base des informations les plus crédibles qui lui sont parvenues, et vérifie le travail accompli. Il est secondé par l'adjudant Jean Lesage qui coordonne la récolte des données. Le standard de la brigade est submergé par les appels : on voit Julie et Mélissa partout. Des vérifications doivent être effectuées à Delft, à Groemlo, dans la région de Zierikzee, à Maastricht (Pays-Bas) à Hospitalité de l'Infante (Espagne) à Metz et Nancy (France), au Grand-Duché de Luxembourg et dans tous les coins de Belgique. De nombreux suspects "moeurs" de l'arrondissement de Liège sont contrôlés.

La gendarmerie retourne sur les lieux de la disparition pour une vérification tardive. Mais ces recherches, peu détaillées et menées près de deux semaines après le rapt, ne donnent aucun résultat.

Le 5 juillet, descente à Grâce-Hollogne du juge d'instruction Coumanne, qui a repris provisoirement le dossier. D'accord avec le commissaire Lamoque, il demande à la gendarmerie de recommencer l'enquête de voisinage dans les trois rues qui entourent le domicile et le lieu de disparition des petites filles. L'adjudant Gilot met 30 gendarmes sur le coup. Après extraction du registre national, toutes les habitations du quartier sont revisitées, toutes les personnes domiciliées dans le quartier sont interrogées. Mais cette enquête approfondie ne donnera aucun élément neuf. Le juge Coumanne désigne le commissaire Daniel Lamoque comme chef d'enquête.

Etait-ce le bon choix ? Les premières investigations avaient été menées par la gendarmerie et les enquêteurs de Grâce-Hollogne ont mal pris le "parachutage" ou le "bombardement" d'un "péjiste" à la tête de "leur" enquête. Il y avait une justification à ce choix : la Police Judiciaire, proche des magistrats, alliée "naturelle", se trouve dans le voisinage immédiat du juge d'instruction : les bureaux sont l'un à côté de l'autre, ou presque, au palais de justice de Liège. Le commissaire Lamoque, affable, discret, est considéré comme un excellent enquêteur. Les magistrats lui font confiance.

Mais a-t-il l'étoffe d'un meneur d'hommes, capable de réaliser une véritable coordination entre les enquêteurs de la gendarmerie, ses enquêteurs à lui, et le juge d'instruction ?

La gendarmerie aurait préféré travailler avec un gendarme, et avoir son "chef d'enquête" dans les locaux de la brigade de Grâce-Hollogne. Etait-il impossible à Daniel Lamoque de venir dans les bureaux de la gendarmerie ? Jean Lesage et Jean-Marie Gilot prétendent que leurs portes étaient grandes ouvertes. Le commissaire prétend qu'un tel arrangement ne pouvait se réaliser. Bref, même si les rapports humains entre l'adjudant Gilot et le commissaire Lamoque sont cordiaux (ils s'appellent par leurs prénoms), les ferments des dysfonctionnements sont là. Il y aura désormais une "cellule", travaillant à Grâce-Hollogne, constituée d'une quinzaine de gendarmes, coordonnée (et pas dirigée) depuis Liège par un commissaire de la Police Judiciaire, qui n'a aucun pouvoir hiérarchique sur la majorité de ses enquêteurs (6). En réalité, la "cellule Julie et Mélissa" est composée de deux groupes d'enquêteurs, qui communiquent par téléphone, par fax et par échange de procès-verbaux, mais ni le commissaire Lamoque ni l'adjudant Lesage n'ont l'impression de travailler dans une cellule intégrée. Il y aura des accrochages.

Le 6 juillet, l'avis de signalement à Interpol (qui regroupe les polices de 166 pays) se perd entre le cabinet du juge Reynders, la Police Judiciaire et la brigade de gendarmerie de Grâce-Hollogne. Il y aura un rappel, sans effet, du Service Général d'Appui Policier. Trois mois plus tard, en visite au siège d'Interpol à Lyon, le Procureur Général de Liège, Léon Giet, constate que rien n'a été transmis concernant la disparition de Julie et Mélissa. Dès son retour en Belgique, Léon Giet appelle le magistrat national qui relance le Service Général d'Appui Policier. Le signalement Interpol sera lancé le 15 novembre. Une enquête est diligentée à la brigade de Grâce-Hollogne, mais personne ne peut expliquer comment le signalement Interpol n'a pas été transmis. Il avait peut-être été confié à un gendarme qui s'est suicidé dans le courant du mois de juillet.

Une agence de publicité lance une nouvelle campagne d'affichage "pour que le public n'oublie pas et reste attentif". L'asbl "Marc et Corine" garde une permanence téléphonique ouverte 24 heures sur 24. Les fiches de renseignement sont acheminées à la brigade de Grâce-Hollogne.

Le ministre de la Justice, Stefaan De Clerk, reçoit les parents le lundi 24 juillet. Ils remettent au ministre une série de propositions concernant l'organisation des recherches des personnes disparues et demandent au ministre d'insister sur une collaboration plus étroite entre les autorités judiciaires et les organismes de télévision, comme cela se pratique en France, en Allemagne et en Grande-Bretagne. A l'issue de l'entretien, les parents annoncent qu'ils se réservent de réagir à la suite que le ministre compte donner à leur démarche.

Le lendemain, Martine Doutrèwe, qui a écourté ses vacances, repasse par le palais de justice. Elle étudie les procès-verbaux, remet son dossier à jour et téléphone aux parents de Julie et Mélissa qu'elle souhaite rencontrer le 31.

Le 27 juillet, les parents de Julie et Mélissa alertent les médias : ils proposent une très forte récompense contre un renseignement valable, susceptible de retrouver les enfants. Jean-Denis Lejeune explique sa démarche au Journal Télévisé. Un appel est lancé pour rechercher un homme qui se serait trouvé dans les environs du lieu de la disparition de Julie et Mélissa. Un employé d'une société privée de surveillance prétend en effet avoir aperçu quelqu'un sortant des fourrés, aux abords d'un rond-point près du pont de l'autoroute, le samedi 24 juin, vers 17 heures. Un portrait robot est réalisé par la gendarmerie, il sera diffusé par la télévision le 7 août. Malheureusement, c'est une fausse piste. Lors du passage de ce témoin dans l'émission "Faits Divers", les gendarmes constatent qu'il y a des anomalies dans son témoignage. Ils le réauditionnent et s'aperçoivent qu'il s'agit d'un affabulateur. Le portrait robot diffusé ne sera pas immédiatement retiré de la circulation.

---

(1) Les éléments concernant les famille Russo Lejeune proviennent des séquences des émissions "Faits Divers", diffusées par la RTBF Liège les 13 septembre et 20 décembre 1995, et le 24 juin 1996.
(2) L'asbl "Marc et Corine" a été créée en 1993 par les parents de deux jeunes gens assassinés en juillet 1992 pour "tendre la main aux parents qui se trouvent dans la situation que nous avons connue". L'association apporte une aide psychologique aux parents et se charge de diffuser les avis de recherche.
(3) Commission spéciale d'enquête du 14 janvier 1997.
(4) L'espace Schengen, déterminé en 1990 comprenait les pays de Benelux, plus la France et l'Allemagne. L'Italie rejoint le groupe en 1991.
(5) Carine Russo dans l'émission "Faits Divers" (RTBF) du 24 juin 1996.
(6) Le colonel Chantry, devant la Commission spéciale de la Chambre, le 15 janvier 1997.

Les parents contre la justice

Le 31 juillet, les parents Lejeune et Russo sont dans le cabinet de Martine Doutrèwe avec le substitut Charles Hombroise. Le contact n'est pas bon. Pendant deux heures et demie, le juge tente de rassurer les parents qui veulent savoir où en est l'enquête. Martine Doutrèwe explique les règles de procédure, en quoi consiste le secret de l'instruction, derrière lequel elle se retranche pour ne donner aucun élément du dossier. Elle répétera ses arguments devant la Commission d'enquête de la Chambre. Priorité à l'efficacité de l'enquête : les parents, par des initiatives intempestives, (et ils en ont prises, comme par exemple une visite "musclée" et nocturne chez un suspect), peuvent ruiner une piste. Les parents étant très entourés par certains journalistes, il y a danger de fuites, qui peuvent alarmer les auteurs du rapt. Enfin, des éléments du dossier concernent la vie privée du voisinage immédiat des parents et n'ont pas à être portés à leur connaissance.

Tout le malentendu vient de là : d'un côté, il y a un magistrat, qui désire placer le respect des règles au-dessus de toute autre considération, de l'autre, des parents qui doutent de l'efficacité des recherches, qui se désespèrent après un mois d'attente, mais qui investissent toute leur énergie dans un seul but : revoir leurs filles. En attendant, ils veulent comprendre pourquoi on ne les retrouve pas. Ils ont perdu confiance, ils sentent que "quelque chose ne fonctionne pas" et exigent la levée totale du secret de l'instruction dans l'espoir de trouver un élément qui a échappé aux enquêteurs. "On voulait aider, explique Louisa Lejeune, on voulait participer, pouvoir dire : "Non, ce n'est pas possible, parce que je sais ceci ou cela du comportement de ma fille". Le but, c'était de guider les enquêteurs pour retrouver nos filles le plus vite possible" (1). Au lieu de cette collaboration rêvée, les parents se rendent compte qu'ils ont été, pendant quelques jours, les premiers suspects et qu'ils ont été interrogés comme tels pendant des heures à la Police Judiciaire. De plus, alors que Martine Doutrèwe leur oppose continuellement le secret de l'instruction comme argument ultime, ils se rendent compte que ce secret est à géométrie variable. La presse s'alimente à de "bonnes sources". Gino Russo fait remarquer à certains enquêteurs qu'ils évoquent eux-mêmes, en présence de membres de sa famille, des composantes d'une enquête en cours.

Martine Doutrèwe réalise qu'elle a reçu les parents trop tard. Elle leur conseille de prendre un avocat (2). Dès la première semaine du mois d'août, maître Victor Hissel entre en scène. C'est l'avocat de l'asbl "Marc et Corine". Il exige l'association totale des familles à l'enquête : "Vous devez répondre à une situation exceptionnelle par une attitude exceptionnelle, en vous écartant du droit". Rien n'y fait. La personnalité de l'avocat, qui se bat pour obtenir que les parties civiles, les victimes, soient traitées sur un pied d'égalité avec les inculpés, les prévenus et les détenus, fausse les rapports entre les parents et les représentants de la justice (2). Profitant de l'énorme impact médiatique de l'affaire, Victor Hissel conduit une bataille qui pourrait déboucher sur des modifications profondes du droit, au prix d'affrontements personnels de plus en plus vifs.

Choqués par le fait que la responsable de l'enquête est partie en vacances cinq jours après la disparition de leurs enfants, les parents vont focaliser sur Martine Doutrèwe tout leur ressentiment à l'égard de l'institution judiciaire. Un ressentiment qui se transforme en rage quand ils apprennent que le juge d'instruction prend une nouvelle semaine de vacances le 17 août, pour aller visiter les châteaux de la Loire. Martine Doutrèwe leur apparaît désormais comme une espèce de machine sans coeur, un "ordinateur déréglé" avec lequel plus aucun dialogue ne sera possible, malgré plusieurs tentatives le 11 septembre, le 24 octobre 1995 et le 25 mars 1996.

Le mardi premier août, Léon Giet reçoit une lettre du ministre de la Justice, qui s'informe auprès du Procureur Général de Liège des possibilités de satisfaire une demande des parents : organiser une reconstitution télévisée, qui serait suivie d'un appel à témoins. Léon Giet marque son accord de principe sous réserve d'un feu vert du juge d'instruction. Un projet est envisagé avec la RTBF. Mais Martine Doutrèwe refuse, relayant peut-être les réticences de certains enquêteurs, peu favorables à l'exposition publique de leurs méthodes de travail. Les parents organiseront à leurs frais une reconstitution de la disparition de leurs filles. Ils feront venir un spécialiste anglais et seront profondément déçus quand la RTBF refusera de diffuser une séquence de quelques minutes, arguant que la diffusion d'une telle séquence posait un problème de grille : où la placer ? Ni dans le cadre du Journal Télévisé, ni dans celui de la diffusion d'une information judiciaire (3). Le journal télévisé de la RTBF évoquera brièvement cette reconstitution d'une manière qui déplaira profondément aux parents, parce que la séquence en question est trop anecdotique et ne met pas assez la reconstitution en valeur. Une débat interne à la RTBF sera mené sur l'opportunité d'une collaboration régulière avec le pouvoir judiciaire dans le cadre d'une émission d'appel à témoins. Le Centre RTBF de Liège a mis en chantier une émission spécifique dont la diffusion est prévue pour le printemps 1997.

A la fin du mois d'août, les parents, de plus en plus critiques à l'égard de la manière dont l'enquête est menée, demandent à leur avocat, Me Victor Hissel d'intervenir auprès de Léon Giet, Procureur Général de Liège, afin d'avoir accès au dossier. D'après l'article 125 du Tarif Criminel, cet accès est de la compétence exclusive du Procureur Général (4). Mais avant de décider, il est de tradition à Liège de prendre l'avis du procureur du Roi et du juge d'instruction. Leur réponse est négative. L'enquête est hypermédiatisée, et il ne faut prendre aucun risque concernant le succès de l'enquête et le respect de la vie privée des personnes concernées par les enquêtes de voisinage. Léon Giet reçoit le premier substitut Charles Hombroise pour évoquer les problèmes posés par cet accès au dossier, il prend également contact avec le bâtonnier du barreau de Liège et le 10 octobre, il décide d'autoriser un accès restreint et conditionné du dossier à l'avocat des familles. Trois conditions sont posées : cette consultation ne peut pas perturber les enquêtes en cours, le dossier sera expurgé des enquêtes confidentielles, la consultation se fera sous la responsabilité personnelle de Me Victor Hissel, et cette responsabilité sera engagée en cas de manquement. L'avocat rediscute de ces conditions avec les familles. Une copie du dossier est réalisée. Charles Hombroise est mis à la disposition des familles pour répondre à leurs inquiétudes et à leurs questions. Une lettre est adressée en ce sens à Me Victor Hissel le 13 novembre 1995, précisant qu'une copie du dossier expurgé est à sa disposition au parquet. L'avocat ira consulter ce dossier, dans des conditions qu'il dénoncera : il doit travailler sous la surveillance d'un membre du personnel, ne peut pas obtenir de photocopies. D'accord avec les parents, il décide d'aller plus loin et attaque l'Etat belge devant la chambre des référés du tribunal de première instance de Bruxelles, laquelle, dans son ordonnance du 20 décembre 1995, déclare non fondée la demande des parents de Julie et Mélissa, visant à obtenir du ministre de la Justice l'accès intégral au dossier d'instruction. Le tribunal rappelle que seul le Procureur Général est habilité à donner cette autorisation.

Les familles auront communication du dossier dans le courant du mois de décembre 1996.

Le 4 septembre, l'émission "Perdu de vue" diffusée sur TF1, consacre une séquence à la disparition de Julie et Mélissa. Pour Jacques Pradel, le présentateur de l'émission, l'affaire s'imposait. "Les parents nous ont contactés fin juin, nous avons immédiatement décidé de les aider". "Ils tenaient absolument à la reconstitution. Nous y étions opposés pour des questions de principe. Mais nous avons finalement accepté parce que les familles étaient convaincues que le fait de montrer d'autres enfants vêtus comme leurs fillettes pouvaient réveiller des souvenirs" (5). Plusieurs centaines d'appels parviennent au standard de l'émission, une soixantaine sont considérés comme crédibles. Cette participation augmente encore l'acrimonie des parents à l'égard de la justice. Martine Doutrèwe, qui connaissait la méfiance de ses collègues français pour une émission trop sensationnelle, à laquelle ils refusent de coopérer, n'avait pas cautionné l'initiative. Les parents auraient voulu participer à d'autres émissions d'appel à témoins en Hollande et en Allemagne, mais les producteurs de ces émissions ne voulaient agir qu'avec l'autorisation et l'aide, même minime, de la justice liégeoise. Le parents certifient que les lettres qu'ils ont envoyées en ce sens à Léon Giet n'ont jamais reçu de réponse (6).

Le 11 septembre, le ministre de la Justice transforme la cellule de recherche des personnes disparues du BCR en Cellule Nationale des

Disparitions, chargée de canaliser les efforts en cas de disparition, d'assister les enquêteurs de terrain, d'organiser la structure d'enquête et de réfléchir à l'accueil des parents par les différents corps de police. Ces "victimes secondaires" devraient bénéficier d'un encadrement humain et psychologique complet (1). Ca c'est la théorie, mais d'après un membre de l'Etat-Major de la gendarmerie, les enquêteurs de cette cellule "spécialisée" n'ont aucune formation ou compétence particulière. Il leur faudra des années pour être efficaces (7).

Le 13 septembre, les parents de Julie et Mélissa participent à une émission spéciale du magazine "Faits Divers" consacrée aux disparitions. Gino Russo revient sur le problème du secret de l'instruction : "Ce secret nous casse encore plus les nerfs. On a besoin de réponses, on a besoin de participer, c'est nos filles, c'est pas les filles à l'Etat. C'est pas les filles de l'instruction, c'est nos filles". Avec le juge d'instruction, "il n'y a pas de dialogue. Il y a une incompréhension. A toutes les questions qu'on pose, on nous explique des structures. On n' a pas les réponses aux questions que l'on se pose. Il y a trop de choses qui nous prouvent que, dès le départ, on n'a pas pris la chose assez au sérieux, on n'a pas mis tous les moyens en branle pour les retrouver". Et il demande à Léon Giet, présent sur le plateau, d'accélérer la procédure qui permettra aux parents d'avoir accès au dossier.

Jean-Denis Lejeune s'en prend directement à Martine Doutrèwe : "Avec les enquêteurs, le contact n'est pas mauvais, mais avec le juge d'instruction, ça n'y est pas. Je ne comprends pas ce comportement inhumain qu'elle a envers nous. Je crois qu'elle traite le dossier de la disparition des deux gamines comme un vol de mobylette ou de haies mal taillées entre voisins. Elle ne veut pas nous tenir au courant de l'enquête".

Au cours du débat, Carine Russo intervient d'une manière poignante pour rappeler : "Au moment où nous parlons, nos petites filles sont en train de souffrir. Il leur arrive quelque chose de grave. Ne peut-on aller plus vite, par pitié".

Le 20 décembre, nouvelle émission de "Faits Divers". Les parents s'en prennent à Léon Giet, "qui nous a traîné de semaine en semaine pour nous donner accès à un dossier expurgé, consultable uniquement par notre avocat, qui sera tenu responsable de n'importe quelle fuite". Il est vrai que le Procureur Général hésite. Martine Doutrèwe, qui n'a jamais eu de contact direct avec lui, ni de discussion sur la question, estime que Léon Giet aurait bien aimé que quelqu'un d'autre cautionne sa décision d'accorder l'accès du dossier aux parents. Mais ni le procureur du Roi, ni le premier substitut, ni le juge d'instruction n'y étaient favorables.

Les relations avec les enquêteurs, qui étaient bonnes au début de l'enquête, vont commencer à se détériorer. Le gendarme Valère Martin, qui entretient des relations suivies et privilégiées avec la famille Russo, est prié par l'adjudant Jean Lesage de rompre tout contact. Valère Martin est soupçonné de se faire tirer les vers du nez par les Russo et d'être, involontairement peut-être, à l'origine de fuites sur les enquêtes en cours. Comme Valère Martin n'obtempère pas, il est rappelé à l'ordre par écrit et il lui est formellement interdit d'encore se rendre seul dans les familles.

Me Victor Hissel affirme s'être méfié immédiatement de Valère Martin, un homme qui donne l'impression de ne pas "aimer l'irruption d'un avocat". Début novembre, le défenseur des familles Russo et Lejeune s'inquiète auprès du substitut Hombroise des pratiques de certains gendarmes qui interceptent du courrier et qui obligent Gino Russo à signer un procès-verbal contenant une déclaration postdatée.

Ne voyant aucun progrès dans l'enquête, les parents en arrivent à reprocher aux enquêteurs liégeois de travailler avec, comme hypothèse, que Julie et Mélissa sont mortes. Ce que refuse Gino Russo : "On veut éviter que, se basant sur l'idée qu'elles sont mortes, on ne se presse pas. Nous privilégions l'autre hypothèse. Si elles sont vivantes, il faut aller vite, continuer à chercher. Si nous pensons qu'elles sont mortes, c'est très grave, c'est vraiment les abandonner".

Pendant l'hiver le procureur du Roi, Anne Bourguignont, apercevant les parents dans un couloir du palais de justice viendra leur présenter ses sincères condoléances ! Une manifestation intempestive qui ne fait que renforcer l'impression des parents : les recherches ne sont plus menées dans l'urgence parce que les enquêteurs sont persuadés que les petites filles sont mortes.

En février 1996, un Comité de soutien regroupe 150 personnes autour des parents, pour empêcher que la disparition des deux enfants ne sombre dans l'oubli et maintenir la pression sur les enquêteurs et la justice.

Le 11 février, les Russo apprennent que Mélissa aurait été vue par un livreur au Grand-Duché de Luxembourg. Le témoin aurait fait une déposition auprès de la gendarmerie. Gino Russo essaie d'obtenir confirmation par téléphone auprès de la Police Judiciaire, mais il se fait méchamment rabrouer. A la gendarmerie, on confirme l'information, mais on refuse d'en dire plus. Gino Russo s'adresse à la gendarmerie luxembourgeoise. On accepte de lui répondre : l'information a été vérifiée et il s'agit d'une méprise. Dans une lettre ouverte publiée par le "Télé-Moustique", Carine Russo rapporte cet incident et se demande "au nom de quoi des parents lourdement éprouvés doivent-ils être tenus le plus à l'écart possible de tout ce qui concerne l'enquête menée pour retrouver leurs petites filles ?". Elle ajoute que son courrier est ouvert sans contrôle de sa part et que les enquêteurs lui recommandent de se tenir à l'écart de la presse, des journalistes ou d'informateurs potentiels.

En avril, les parents participent à l'émission "Témoin N°1". Cette fois, la justice liégeoise apporte son soutien aux producteurs de l'émission et un certain nombre de témoignages arriveront directement au standard de la Police Judiciaire. Mais la préparation de cette émission donne lieu à de nouvelles tensions. Le 25 mars, Martine Doutrèwe convoque les parents dans son cabinet. Ils arrivent en compagnie de Me Victor Hissel. Trois éléments avaient été retenus qui sont susceptibles de faire progresser l'enquête en amenant des témoignages supplémentaires.

D'abord, le carnet de Mélissa, retrouvé dans son banc d'école 15 jours après sa disparition. Une inscription y figure qui intrigue les enquêteurs : "Julie on ira à 17 heures au manaige". Une étude graphologique a été réalisée. Une enquête a été menée également pour vérifier si les enfants de la classe de Julie et Mélissa avaient l'habitude de donner les heures de cette manière. Généralement, les enfants diraient plutôt "5 heures de l'après-midi". En fait, leur institutrice incitait ses élèves à compter les heures comme les grandes personnes.

Deuxième élément, le témoignage de la dame qui a vu les enfants monter dans une petite voiture bleue.

Enfin, une lettre signée "Farid" qui a été envoyée à la rédaction d'un journal peu après la disparition. Une lettre évoquant la mort des enfants, mais dont les parents n'ont jamais reçu copie. Me Victor Hissel et les parents affirment qu'ils connaissent en gros le texte et exigent que cette lettre soit lue devant eux. Martine Doutrèwe finit par accepter. Le texte est très dur. A sa stupéfaction, elle se rend compte que les parents n'en connaissaient pas la teneur. La juge est traitée de sadique, soupçonnée de vouloir faire passer le message que les petites filles sont mortes. Me Victor Hissel menacera TF 1 d'un procès si une allusion à la mort éventuelle de Julie et Mélissa passe sur antenne.

Le 9 mai, Gino et Carine Russo provoquent un incident violent dans les couloirs du palais de justice de Liège. Voulant à tout prix rencontrer le Procureur Général Léon Giet, ils forcent l'entrée du couloir menant à son bureau. S'ensuit une bousculade où sont impliqués un gendarme et le premier avocat général, Anne Thily, qui reçoit des coups de pied. Aucune plainte ne sera déposée eu égard à l'état de désespoir des intéressés. Ces derniers présenteront leurs excuses. Le 16 mai, les familles Russo et Lejeune envoient une lettre très chaleureuse à Léon Giet qui prend sa retraite. Il sera peiné d'apprendre que Gino Russo le traite publiquement de menteur. Le 15 janvier 1997, devant les caméras et les journalistes qui suivent les travaux de la Commission spéciale, Léon Giet sera apostrophé à sa sortie de séance par Gino Russo qui confie à un journaliste : "La lettre pour sa retraite ? Je peux le dire aujourd'hui, c'était pour reprendre contact avec lui et lui demander pourquoi il nous avait lâchés" (8).

Le 23 juin 1996, les parents organisent une conférence de presse pour présenter 58 questions qu'ils posent à la justice. De nombreuses personnalités sont présentes pour appuyer l'initiative. Parmi elles Elizabeth Yore, qui explique le fonctionnement et l'action du National Center of Missing Children, établi aux Etats-Unis. Au cours de cette même conférence de presse, les parents s'en prennent avec virulence au juge Martine Doutrèwe pour "avoir gratuitement et cruellement écarté les familles de l'enquête" . Ils l'accusent même d'avoir empêché qu'on trouve la vérité (9). Pendant toute la durée de son instruction, Martine Doutrèwe n'a jamais répondu publiquement aux accusations des parents. Devant la Commission d'enquête de la Chambre, elle rappellera :"Je suis une maman. J'ai été horrifiée de ce qui est arrivé. Ne pas avoir retrouvé les petites filles vivantes est un échec terrible qui me poursuivra toute ma vie". Et encore : "Je ne pense pas avoir été inhumaine, mais je crois que les parents m'ont ressentie comme telle. C'est l'autorité qu'ils ont vue en moi".

---

(1) Louisa Lejeune, dans l'émission "Faits Divers" du 20 décembre 1995.
(2) Martine Doutrèwe, devant la Commission d'enquête de la Chambre, le 17 décembre 1996.
(3) Jean-Pierre Gallet, directeur de l'information de la RTBF, à l'émission "Faits Divers" du 13 septembre 1995.
(4) Léon Giet devant la Commission d'enquête de la Chambre, le 15 janvier 1997.
(5) Enquête de Joëlle Meskens dans "Le Soir" du 6 septembre 1995.
(6) "Le Soir" du 4 septembre 1996.
(7) Rencontre d'Alain Gossens pour "Télémoustique".
(8) Propos recueillis par Benoît Franchimont pour "La Dernière Heure" du 16 janvier 1997.
(9) Roland Planchar dans "Le Vif-L'Express" du 5 juillet 1996.

L'enquête du juge Doutrèwe

Au début du mois d'août, le juge Doutrèwe reprend contact avec les enquêteurs. Une réunion est organisée au palais de justice de Liège, à laquelle participent les adjudants Lesage et Gilot et le commissaire Lamoque. Daniel Lamoque est confirmé dans ses fonctions de chef d'enquête et Martine Doutrèwe insiste pour que les échanges de données soient loyaux entre les services de police. Elle donne ses directives pour la poursuite de l'enquête. Vu le nombre de données traitées, il faut effectuer un premier tri : toutes les informations importantes doivent faire l'objet d'un procès-verbal, les informations positives, ou celles qui font l'objet de missions judiciaires, doivent être reprises en procès-verbal; les deux services de police doivent s'informer l'un l'autre des noms des suspects sur lesquels ils travaillent; les suspects qui ne font pas partie de l'arrondissement doivent faire l'objet d'une enquête menée par le service de police de l'arrondissement concerné. Le contrôle des suspects "moeurs" se fait selon deux critères : la proximité de Grâce-Hollogne ou, dans le cas d'un suspect "moeurs" situé dans un arrondissement éloigné, il faut qu'il y ait un élément de relation entre ce suspect et l'enlèvement de Julie et Mélissa. On verra que c'est en jouant sur ces critères que les gendarmes impliqués dans l'opération "Othello" refuseront, parfois contre toute évidence ou tout sens commun, de reconnaître un lien entre Marc Dutroux et l'enlèvement de Julie et Mélisa.

L'enquête prend son rythme de croisière : elle s'organise autour de deux pôles. A Grâce-Hollogne, tous les matins, réunion de travail autour de Jean-Marie Gilot et Jean Lesage. On distribue le travail et on fait le bilan du travail accompli. Les procès-verbaux sont envoyés au chef d'enquête, Daniel Lamoque. Jean-Marie Gilot et Daniel Lamoque sont fréquemment en contact téléphonique. Le juge Martine Doutrèwe rencontre régulièrement Daniel Lamoque pour faire le point. Une fois tous les quinze jours, le juge et les responsables des services de police se rencontrent, mais ces réunions s'espacent vite.

Jean Lesage semble mal vivre la tutelle du commissaire Lamoque qui se contente de "lire nos procès-verbaux", qui a été "bombardé" chef d'enquête. Ni l'un ni l'autre ne considère la "cellule" Julie et Mélissa comme une véritable cellule d'enquête. Et c'est ce qu'il aurait fallu constituer tout de suite : une véritable équipe, travaillant dans les mêmes locaux, sous la direction d'un juge ne s'occupant que de ce dossier, ce qui aurait évité bien des dérapages.

A plusieurs reprises, le juge Doutrèwe doit arbitrer des différends basés sur des jalousies ou sur des orgueils blessés. Les gendarmes se plaignent d'avoir "tout le sale boulot" , ils reprochent au juge de faire des apartés avec la Police Judiciaire, des réunions "dans leur dos".

Malgré ces grincements, l'information passe bien en général et le travail avance. Un travail considérable pour une enquête très difficile. Au moment de la disparition des petites filles, les enquêteurs disposent d'un seul élément : les gamines sont montées sans contrainte dans une petite voiture de couleur bleue que l'on pense être une Peugeot 205. De ce fait, les enquêteurs pensent qu'il faut chercher dans le voisinage ou dans l'entourage des familles. Pour le reste, rien. Et s'il est vrai que des dizaines de témoins, alertés par la campagne d'affichage et par la médiatisation de la double disparition se manifestent dans toute la Belgique et dans les pays voisins, tous ces témoignages débouchent sur des vérifications négatives. Devant la Commission d'enquête de la Chambre, le juge Martine Doutrèwe a longuement défendu son enquête, chiffres à l'appui. Un travail impressionnant, qui est à mettre à l'actif de la cellule de Grâce-Hollogne, de la Police Judiciaire et du magistrat lui-même : une centaine d'apostilles, 2.100 procès-verbaux, ce qui fait environ 12.000 pages, 60 kilos de documents, une soixantaine de suspects "moeurs" avec interpellation, perquisition, vérification d'alibis, contrôle véhicule; 25 perquisitions, dont 11 avec mandat, 15 descentes criminelles, 2.000 contrôles de Peugeot 205. Un travail de fourmi a permis de vérifier le trafic GSM le jour de l'enlèvement, contrôler tous les automobilistes flashés le 24 juin aux alentours de Grâce-Hollogne, tous les dépannages de Touring Secours, l'utilisation des cartes de banque et de crédit dans toutes les stations à essence, les restaurants, les motels et les hôtels. Une enquête approfondie est menée aux environs immédiats du lieu de disparition (manège de la ferme du Bailly, aérodrome de Bierset). Une enquête où "il y avait de l'imagination" : utilisation d'un hélicoptère, qui survole la région avec une caméra infra-rouge, audition des mères de famille sous hypnose, pour essayer de ramener à la surface de leur mémoire un détail qu'elles auraient pu oublier, recours à la collaboration de radiesthésistes.

Comme les premières informations pouvaient laisser croire que c'était un familier du coin qui avait enlevé les enfants, la Police Judiciaire a planqué plusieurs samedis de suite dans le quartier pour repérer éventuellement des mouvements ou des voitures suspectes.

Une longue enquête a également été menée sur les participants bénévoles aux battues des premiers jours, mais, comme tant d'autres investigations, elle n'a rien donné.

En octobre, le gendarme Daniel Thonet est chargé de vérifier 500 cartes de crédit. Un travail qui dure 4 mois. Mais, au fil des semaines, le flux d'informations se ralentit fortement. Le colonel Chantry, d'accord avec le juge Doutrèwe, diminue les effectifs de la cellule Julie et Mélissa. Jean Lesage retourne à Seraing, mais il reste en charge de la "piste hollandaise" et passe de temps en temps à Grâce-Hollogne. Il s'occupe encore d'une commission rogatoire qui a lieu en juin 1996 à Gand.

La gendarmerie fait cavalier seul

Pendant 14 mois, le juge Doutrèwe et ses enquêteurs essaient de résoudre l'énigme de la disparition de Julie et Mélissa. Ils suivent un nombre considérable de pistes, traitent environ 6.500 informations, s'acharnent sur des centaines de témoignages...et passent à côté du coupable, Marc Dutroux. Pourtant, 15 jours à peine après l'enlèvement de Julie et Mélissa, ce dernier est considéré comme suspect par la majeure partie des enquêteurs. Comment tous ces efforts se sont-ils soldés par un échec ?

Pour essayer de comprendre ce cafouillage catastrophique, il faut replacer les faits dans un contexte plus général, celui des affrontements entre la gendarmerie d'une part, et d'autre part la magistrature et la Police Judiciaire. On parle toujours de guerre des polices à propos des empiètements réciproques et des conflits de compétences entre PJ et gendarmerie. On oublie que la gendarmerie a d'autres visées, qui concernent la magistrature. Le Lieutenant-Général Deridder s'est exprimé très clairement à ce propos dans un discours tenu en 1994 devant la Cour de Cassation : "L'utilisation optimale de la capacité de recherche et d'enquête sera également favorisée en confiant les enquêtes dans leur ensemble aux services de police et en leur donnant la responsabilité de leur conduite à bonne fin. Cela est possible si on a le courage de reconnaître officiellement que le Ministère public lui-même ne saurait en fait pas vraiment diriger les recherches, mais qu'il doit se limiter à garantir la légalité, la qualité et l'exhaustion des dossiers établis par les services de police. Une évolution similaire devrait également se dessiner au niveau de la relation entre le juge d'instruction et les services de police".

En d'autres termes, l'Etat-Major de la gendarmerie voudrait que l'on change le système en vigueur et prend déjà un peu d'avance. Mais n'est-ce pas au Parlement de débattre publiquement d'une mutation aussi profonde du système judiciaire dans ce qu'il touche au respect des droits constitutionnels des citoyens ? Christine Matray, présidente de l'Association Syndicale de la Magistrature, s'inquiète du malaise de nombreux magistrats qui sentent que la maîtrise des enquêtes leur échappe : "Il n'est pas admissible que l'on monte des dossiers parallèles au sein de la gendarmerie, et moi, je suis un peu effrayée d'entendre certains magistrats néerlandophones tenir un discours qui consiste à encourager cette autonomie de la gendarmerie par rapport aux enquêtes judiciaires. A mon avis, cela ne peut pas aller : ou bien on change tout le système, ou, dans un système où les magistrats sont responsables des enquêtes, on ne permet pas l'organisation de dossiers parallèles" (1).

Il y a aussi le contexte particulier de l'enquête sur la disparition de Julie et Mélissa. Les gendarmes de Grâce-Hollogne sont les premiers enquêteurs. Ils travaillent plusieurs jours d'initiative, avant de rencontrer le juge

Doutrèwe, qui part en vacances presqu'aussitôt. Le travail s'organise à partir d'une cellule gendarmerie, mais cette cellule est bientôt coiffée par un commissaire de police judiciaire qui travaille à 12 kilomètres de la brigade.

Un autre élément pourrait avoir joué un rôle, bien que tous les protagonistes de cette affaire s'en défendent : le mari du juge Doutrèwe, l'avocat Guy Wolf, inculpé d'escroquerie dans un crash de plusieurs millards de francs (faillites de "Mercure" et de "Comuele"). Les investigations sont menées par la gendarmerie, qui a perquisitionné au domicile de l'avocat, et donc du juge (2).

Quand l'enquête commence à Liège, personne ne connaît le nom de Marc Dutroux. Sa condamnation pour viols et tortures en 1989 n'a pas fait la "une" des grands quotidiens. Juste un article dans la presse régionale. Mais à Charleroi, on le connaît. Christophe Pettens, qui a recueilli les informations sur les intentions de Marc Dutroux en 1993, a une intuition. Et si Julie et Mélissa c'était lui ? Il en parle au maréchal des logis René Michaux qui lui conseille de rédiger un fax pour les collègues liégeois.

C'est ainsi que le 7 juillet, à 13 heures 40, la brigade de Grâce-Hollogne reçoit un fax envoyé par le maréchal des logis-chef Bouvy, de la brigade de Charleroi. Pour information, les gendarmes de Charleroi signalent qu' en 1993, un certain Marc Dutroux a effectué des travaux dans une de ses maisons à Marchienne Docherie dans le but d'y loger des enfants en attente d'être expédiés à l'étranger. Des perquisitions ont été effectuées. Elles n'ont rien donné. L'intéressé est propriétaire de plusieurs maisons, de plusieurs véhicules et il a fait "un long séjour en prison, suite à une condamnation pour des viols sur des enfants qu'il enlevait avec son épouse". L'expédition de ce fax est une initiative d'un gendarme et le parquet de Charleroi n'en est pas avisé.

Jean-Marie Gilot, le commandant de la brigade de Grâce-Hollogne, estime que ce fax porte l'une des informations les plus sérieuses qui lui soit parvenues à ce moment-là de l'enquête. "Ces renseignements, ajoute-t-il, faisaient de Dutroux un suspect potentiel dans le cadre des enlèvements d'enfants en général" (3).

Il faut 10 jours à l'adjudant Lesage pour réagir. A cette époque, le renseignement sur l'existence de Marc Dutroux passe au second plan. Les enquêteurs réagissent d'abord aux pistes précises, du genre "on a vu les fillettes à tel endroit". Le 17 juillet, Jean Lesage envoie un fax au BCR, le Bureau Central de Recherches de la gendarmerie (4), demandant tous les renseignements disponibles sur Marc Dutroux. Le BCR répond le 25 juillet en faisant parvenir une photo, les renseignements PJ et la documentation manuelle sur Marc Dutroux "bien connu pour faits de viol". Les gendarmes de Grâce-Hollogne ne signalent pas l'échange de fax avec Charleroi au parquet de Liège ou au juge d'instruction qui remplace Martine Doutrèwe.

Le 28 juillet, l'adjudant Lesage expédie un nouveau message à Charleroi, portant comme en-tête : "Disparition Julie et Mélissa. Dossier 95/95 de Mme le juge d'instruction Doutrèwe", avec la mention "très urgent". Il demande un contrôle discret des véhicules de Dutroux, tous les renseignements sur la connexion éventuelle de Dutroux avec une filière de trafic d'enfants vers l'étranger, des détails sur la manière dont la brigade de Charleroi avait pu déterminer la destination des caches. Jean Lesage demande à Charleroi la transmission de tous les PV sur les viols et les comportements suspects de Dutroux, et il ajoute : "Les renseignements que vous pourrez nous fournir détermineront d'éventuelles actions ultérieures, notamment un mandat de perquisition de notre part". Manifestement, l'adjudant Lesage prend la piste Dutroux au sérieux. Chargé de la coordination des informations sur l'enquête Julie et Mélissa, Jean Lesage est un gendarme dynamique, faisant preuve d'initiative. Il a un tempérament énergique. C'est lui qui conduit l'enquête à Grâce-Hollogne.

Le 31 juillet, Martine Doutrèwe rencontre les enquêteurs en présence du substitut Charles Hombroise. On fait un tour de table sur l'avancement de l'enquête et l'état des travaux. Jean Lesage prétend qu'il a évoqué la piste Dutroux au cours de cette conversation, précisant que c'est un suspect "moeurs" qui a fait de la prison pour viol et qu'il construit des caches pour y enfermer des jeunes filles. Il est appuyé par son chef, Jean-Marie Gilot, qui croit se souvenir qu'une plaisanterie a été faite sur le patronyme de Dutroux, une plaisanterie qui a fait sourire le juge. Mais personne d'autre ne se souvient d'avoir entendu le nom de Dutroux au cours de cette réunion. Ni le juge Doutrèwe, ni le commissaire Lamoque, ni le substitut Hombroise.

L'adjudant Lesage a-t-il décidé de jouer cavalier seul et de se réserver un suspect intéressant dans une affaire qui faisait du bruit dans les journaux ? Toujours est-il que, même s'il parle de Dutroux à ce moment-là, il n'insiste pas sur l'importance que le suspect revêt à ses yeux. D'autre part, la teneur de son fax du 28 juillet à Charleroi laisse entendre qu'il pourrait y avoir des mandats de perquisition de la part de Grâce-Hollogne, donc du juge Martine Doutrèwe. Jean Lesage prétend en outre ne pas avoir eu, à cette époque, suffisamment d'éléments pour rédiger un procès-verbal.

A Charleroi, le maréchal des logis-chef Michaux rassemble les renseignements demandés. Il expédie un fax à Grâce-Hollogne le 4 août. Dans ce fax, René Michaux signale que l'informateur de 1993 (Claude Thirault) a été recontacté. Il confirme que Marc Duroux lui a déclaré que s'il voulait gagner de l'argent, il n'avait qu'à se poster à la sortie d'une école, enlever une jeune fille mince et pour ce faire toucher 150.000 francs. L'informateur confirme que Marc Dutroux lui a dit qu'il transformait des caves dans un de ses immeubles dans le but d'y aménager un genre de cellule pour accueillir les filles avant de les expédier à l'étranger. René Michaux précise que les gendarmes de Charleroi ont effectué des reconnaissances aux abords des maisons de Dutroux. La maison de Marchienne est inoccupée, celle de

Marcinelle est vide, les volets sont baissés. En fait les Dutroux, bien que domiciliés à des endroits différents, vivent tous deux à Sars-la-Buissière. Les contrôles des véhicules sont en cours. Michaux ne sait pas donner beaucoup de détails sur la première affaire Dutroux, le collègue qui s'en est occupé est en congé. Il termine son fax par un commentaire : "Du peu que nous avons pu apprendre, Dutroux apparaît comme un vrai truand, n'ayant pas froid aux yeux et dont il faut se méfier". René Michaux transmet également un fax en provenance de la BSR de Thuin, qui donne des détails sur le domicile de Michelle Martin, à Sars-la-Buissière, de même que les types de véhicules utilisés par le couple.

L'adjudant Lesage prétend qu'il n'a pas été satisfait par ces fax (5). Il estime que Charleroi traîne. Ce serait la raison pour laquelle il s'adresse directement au BCR. Le 7 août, à 8 heures 30, il expédie un fax à l'adjudant Van Rillaer, lui transmet tous les renseignements dont il dispose sur Dutroux, précisant : "L'intéressé et son épouse sont connus pour viols, séquestration d'enfants, il serait intéressant de monter un dossier concernant les intéressés".

Guido Van Rillaer réagit immédiatement. Le texte du fax qu'il expédie aux BSR concernées par Marc Dutroux (Seraing, Thuin, Namur, Charleroi) est court et limpide.

Objet : disparition Julie et Mélissa

"Dans le cadre de la disparition de Julie et Mélissa (Dutroux), vous êtes invités à une réunion organisée le 9 août 1995 à 10 heures dans les locaux de la BSR de Charleroi".

Les gendarmes ont toujours prétendu qu'il n'y avait, dans leur esprit, aucun lien entre Dutroux et l'enlèvement de Julie et Mélissa en août 1995. Le cheminement de leur pensée apparaît légèrement teinté de jésuitisme si l'on compare leurs dépositions devant la Commission d'enquête de la Chambre et le texte du BCR : pourquoi avoir placé Dutroux entre parenthèses à côté des prénoms Julie et Mélissa s'il n'y avait aucun rapport entre ces termes, pourquoi avoir réuni, à propos de la disparition de Julie et Mélissa, les BSR impliquées dans l'enquête sur la disparition des gamines (Seraing) et les BSR couvrant les emplacements des différents immeubles de Dutroux (Charleroi, Thuin, Namur)?

La réunion du 9 août est organisée sous l'égide du BCR, mais il ne reste aucune trace écrite de cette réunion. Ce qui est pour le moins étonnant au vu des habitudes d'organisation militaire de la gendarmerie. Personne n'aurait pris de note. Aucun procès-verbal n'aurait été rédigé. Cette absence de trace écrite est à l'origine des bruits qui ont couru concernant la destruction de documents ou leur "ventilation informatique" par certains membres du BCR, peu soucieux de voir leur rôle clairement établi dans le gâchis d'une enquête ratée.

Si on s'en remet aux participants pour savoir de quoi il a été question, les réponses sont plutôt évasives. Ainsi, plus personne ne se souvient de celui qui présidait, ou même s'il y avait un président. Etait-ce une assemblée libre ? Les débats ont-ils été organisés, dirigés, coordonnés ? Le maréchal des logis Valère Martin "ne se souvient plus très bien", "on essayait d'établir un lien entre l'enlèvement de Julie et Mélissa et les activités de Marc Dutroux, et en conclusion, on a demandé aux collègues de Charleroi de rechercher des éléments permettant d'établir ce lien". Pour l'adjudant Lesage, le but de la réunion était de faire prendre conscience aux collègues de Charleroi qu'il fallait trouver rapidement des éléments concrets pour lier Marc Dutroux à l'enlèvement de Julie et Mélissa". René Michaux a souvenance d'une réunion à caractère général. Mais finalement, des deux hypothèses de travail envisagées (mandats de Liège ou de Charleroi), "la décision d'obtenir des mandats à partir de Charleroi est retenue". L'adjudant Gilot ne participait pas à la réunion, ce qui lui permet de "croire qu'il y a eu une décision collégiale".

Ni le parquet de Liège, ni le juge Doutrèwe, ni le commissaire Lamoque, ni le parquet de Charleroi ne sont avertis de la tenue de cette réunion. Et pour cause, cette réunion "interne gendarmerie" est la clé du mystère, c'est au cours de cette réunion que l'enquête sur la disparition de Julie et Mélissa se transforme en enquête parallèle de la gendarmerie.

Le BCR semble avoir imposé aux enquêteurs de ne plus informer le juge Doutrèwe des progrès de l'enquête et de prendre lui-même la direction des opérations avec l'assentiment de l'Etat-Major de la gendarmerie (5). Pour le front commun syndical de la Police Judiciaire, il n'y a aucun doute. Jean-Pierre Doraene va droit au but : "Il faut avoir le bon sens d'appeler un chat un chat et d'oser dire qu'on est en présence de tous les indices qui confortent la thèse d'une enquête parallèle qui a été orchestrée par le BCR de la gendarmerie. Dans ce contexte, il serait inacceptable de s'en prendre aux lampistes, c'est-à-dire aux enquêteurs de la BSR ayant obtempéré aux ordres de la hiérarchie. Les véritables responsabilités se situent au top de la gendarmerie, où certains ont joué à l'apprenti-sorcier"(7).

Martine Doutrèwe apprendra tous ces détails un an plus tard, au moment de la découverte des corps de Julie et Mélissa. Elle stigmatise l'attitude hégémonique de l'Etat-Major de la gendarmerie qui essaie de prendre le contrôle des enquêtes judiciaires et affirme que, dès le 7 juillet, l'adjudant Lesage aurait dû rédiger un procès-verbal. Martine Doutrèwe rappelle que des dizaines de procès-verbaux ont été rédigés sur des éléments mille fois moins importants (8). Le commissaire Lamoque, chef d'enquête, mais tenu à l'écart de l'information la plus importante du dossier pense que "la gloire que la gendarmerie aurait pu retirer de cette affaire médiatisée est passée au-dessus de l'efficacité" (8). Le major Daniel De Craene soutient que le rôle du BCR n'est pas d'informer les parquets. Puisque Grâce-Hollogne était régulièrement informé, "il allait de soi que le juge d'instruction était mis au courant". L'adjudant Lesage assure qu'il n'y avait "aucun élément concret, du point de vue policier, reliant Marc Dutroux à l'enlèvement de Julie et Mélissa. Charleroi avait un suspect "moeurs" depuis 1993. C'était à eux de mener la bataille". "Dans cette affaire", déclare encore l'enquêteur de la BSR, "j'ai appliqué les consignes données par Madame le juge d'instruction : pas de procès-verbal pour des informations négatives et laisser aux unités locales le soin de traiter les suspects "moeurs" étrangers à l'arrondissement judiciaire de Liège".

Plusieurs confrontations dramatiques (8) ne feront pas avancer les choses : chacun reste sur ses positions. En désespoir de cause, Marc Verwilghen, le président de la Commission d'enquête s'adressera à Martine Doutrèwe et à Jean Lesage : "Je suis perturbé, je le reconnais, parce qu'il y en a un de vous deux qui ne dit pas la vérité et je me demande si celui ou celle qui ment se rend bien compte de ce qu'il ou elle est en train de faire".

La vérité, on ne la connaît toujours pas à l'heure où ces lignes sont écrites. La connaîtra-t-on un jour ? Il me semble en tous cas qu'il faut balayer certaines insinuations injustes ou insultantes pour les magistrats et les enquêteurs qui se sont retrouvés au centre de ce drame. Sur quel élément peut-on s'appuyer pour prétendre qu'un quelconque acteur de cette enquête n'ait pas "voulu" retrouver Julie et Mélissa vivantes ? La détermination des magistrats et de tous les enquêteurs était d'aboutir, même si les méthodes ont parfois été douteuses et chaotiques. Comment imaginer que les magistrats liégeois n'aient pas réagi, pour quelque motif que ce soit, au moindre renseignement concernant un suspect "moeurs" intéressant alors qu'ils ont analysé des milliers d'informations ? Comment imaginer qu'un gendarme, quel que soit son grade, ait pu mettre en balance son ambition personnelle ou la gloriole de son corps avec la vie de deux petites filles ? Mais on doit aussi se poser la question de savoir pourquoi les gendarmes n'agissent pas alors qu'ils disposent d'informations précises, d'éléments importants sur le comportement de Marc Dutroux, et du signalement d'une voiture qui peut correspondre à la voiture suspecte ? Au lieu de foncer chez le juge d'instruction, ils décident de surveiller Marc Dutroux et de recueillir un "élément concret". Ce qui pourrait vouloir dire : soit que les gendarmes ne considèrent pas Marc Dutroux comme un suspect beaucoup plus intéressant que pas mal d'autres, soit que certains enquêteurs ou officiers doutent encore de la possibilité de relier Marc Dutroux à l'enlèvement de Julie et Mélissa, soit enfin que certains enquêteurs partent d'un autre point de vue : les petites filles sont mortes et il s'agit de confondre leur meurtrier par des éléments probants. Quelle que soit l'erreur d'appréciation, en ne respectant pas les procédures prévues par la loi, certains éléments de la gendarmerie ont pris le risque de se laisser enfermer dans une logique aux conséquences incalculables.

Le 10 août, la BSR de Charleroi envoie un fax "secret" à Grâce-Hollogne, demandant expressément que "les informations relatées dans le texte ne soient pas utilisées opérationnellement pour pouvoir garantir la sécurité des informateurs".

Le texte dit ceci : "un nouvel informateur nous a contactés d'initiative aujourd'hui 10 août 1995. Il s'agit de quelqu'un qui habite dans les environs immédiats du domicile de Dutroux à Marcinelle. Cet informateur raconte qu'en janvier 1995, un individu, appelé "X", sombre dans la boisson parce que son épouse l'a quitté. Ce "X" est amené à travailler pour Marc Dutroux à Sars-la-Buissière. Dutroux lui propose de participer à des rapts d'enfants dans la région de Malinnes (9). "X" refuse et depuis lors il est harcelé et menacé par Dutroux. "X" se confie à son beau-frère, qui, la semaine dernière, s'adresse à notre informateur" (10).

Le même informateur signale que Marc Dutroux fréquente assidûment un homme de 35 ans, mince, cheveux châtain clair, légèrement dégarni et qui utilise une Ford Fiesta bleue. Cet individu était présent lorsque Marc Dutroux a menacé "X"(11).

Le même jour, la BSR de Charleroi reçoit Claude Thirault, qui confirme toutes les informations fournies en 1993 : Marc Dutroux s'intéresse aux jeunes filles, il a proposé à Claude Thirault d'en enlever une lors d'une fête à Yves-Gomezée, le prix varie entre 100.000 et 150.000 francs. Claude Thirault donne des détails sur la manière dont Marc Dutroux veut procéder pour transformer des citernes en cellules. Il confirme que les travaux entrepris à Marchienne Docherie sont bien destinés à installer des caches pour les jeunes filles enlevées.

Claude Thirault donne de nouveaux détails : fin juin 1995, Marc Dutroux lui a proposé de faire le guet lors d'un coup qui va lui rapporter beaucoup. Il promet de lui en dire plus au moment opportun.

Dans un encadré, la BSR de Charleroi précise : "A notre connaissance, les deux informateurs ne se connaissent pas. Nous pouvons donc en conclure que deux personnes différentes ont reçu les mêmes propositions de Dutroux concernant des enlèvements d'enfants. Au point 1°, il appert qu'un individu qui serait en relation étroite avec Marc Dutroux utilise une Ford Fiesta bleue ancien modèle, véhicule du même gabarit qu'une Peugeot 205".

La réception de ce fax n'amène aucune réaction de la brigade de Grâce-Hollogne à l'égard du juge d'instruction ou du chef de l'enquête. Et pourtant, ce fax contient des éléments qui permettent de relier Marc Dutroux à l'enlèvement de Julie et Mélissa. Cette attitude semble confirmer l'impression qu'une direction bien précise a été donnée à l'enquête au cours de la réunion du 9 août à Charleroi. C'est là que se développe l'enquête sur Marc Dutroux, alors que le dossier de l'enlèvement est traité à Liège. Cette délocalisation permet à tous les gendarmes impliqués de jouer sur les deux tableaux : à Grâce-Hollogne, on laisse entendre que c'est Charleroi qui traite le dossier, mais on attend que "les collègues" amènent un élément concret permettant de confondre Marc Dutroux. A Charleroi, on veut croire que, comme toutes les informations sont transmises à la brigade de Grâce-Hollogne, les magistrats sont évidemment tenus au courant.

Le 16 août, le district de Charleroi demande à Interpol via le BCR des informations sur les voyages de Dutroux en Allemagne et en Slovaquie. Le même jour, le capitaine Bal envoie un rapport à la brigade de Grâce-Hollogne où il précise : "Nous maintenons l'hypothèse retenue lors de la réunion du 9 août, à savoir, sous motif de vols, obtenir des mandats de perquisition afin de s'assurer du passage ou de la présence d'enfants dans une des demeures ou dépendances de Dutroux".

Quelques heures plus tard, Martine Doutrèwe réunit les enquêteurs dans son bureau, en présence de son greffier. Jean-Marie Gilot ne parvient plus, malgré des efforts pénibles semble-t-il, à se remémorer cette réunion. Le greffier du juge s'en souvient très bien. Les souvenirs de Jean Lesage sont plus flous. Martine Doutrèwe est catégorique : au cours de cette réunion, si le nom de Dutroux a bien été prononcé, il n'a jamais été cité comme un suspect sérieux. Les informations données par les gendarmes étaient peu insistantes et anecdotiques.

Le 17 août, Martine Doutrèwe part pour quelques jours sur la Loire, emportant un GSM pour que l'on puisse la joindre à tout instant. Au même moment, l'adjudant Lesage est en contact téléphonique avec l'adjudant Guido Van Rillaer. Jean Lesage explique qu'il a parlé de Dutroux au juge Doutrèwe, mais que celle-ci n'est "pas chaude" pour mener une enquête sur Dutroux à partir de Liège.

Le 24 août, un avis BCR est expédié à toutes les unités de gendarmerie signale que "Marc Dutroux revient en relation pour des faits commis sur des mineurs d'âge et sur des faits d'effraction contre les propriétés". L'avis donne la liste des véhicules utilisés par Marc Dutroux. Le point 13 de l'avis désigne l'unité qui mène l'enquête. On y lit qu'il s'agit du BCR ! Et on y retrouve le nom de l'adjudant Van Rillaer, avec ses coordonnées et le nom du major Daniel Decraene. Aucune mention de Liège ou du juge Doutrèwe.

A ce stade, aurait-il fallu rédiger un procès-verbal ? Marc Preumont trouve qu'il est tout à fait anormal qu'on n'ait pas figé par écrit un travail aussi important. "Le procès-verbal est le support écrit par excellence dans toutes les recherches que l'on fait en matière policière dans notre système qui est un système de procédure écrite. L'information, le dossier d'information qu'on construit est un dossier de pièces, c'est un dossier écrit et pas un dossier de coups de téléphone, de propos de couloir ou de rumeurs". De plus, "en rassemblant par écrit, et de manière structurée tout ce que l'on accumulait comme renseignements, on se serait mieux rendu compte qu'on détenait un certain nombre d'éléments convergents qu'il aurait fallu exploiter plus avant" (12). Le Comité P est du même avis : "La simple communication verbale d'informations importantes dans une enquête judiciaire est tout à fait inacceptable. Grâce à l'informatique dont on dispose aujourd'hui, l'adaptation rapide de cette communication ne peut être un problème".

---

(1) Christine Matray, dans "Matin Première" RTBF 1, le 10 septembre 1996.
(2) Philippe Brewaeys dans "Le Soir Illustré" du 15 janvier 1997.
(3) Jean-Marie Gilot à la Commission d'enquête de la Chambre.
(4) Le Bureau Central de Recherches, cerveau des enquêtes pro-actives au sein de la gendarmerie compte près de 200 hommes qui travaillent dans cinq domaines prioritaires : criminalité organisée, trafic d'êtres humains, patrimoine, drogue et environnement.
(5) Jean Lesage à la Commission d'enquête de la Chambre.
(6) Philippe Brewaeys à l'émission spéciale de "Au Nom de la Loi" du 27 novembre 1996.
(7) Jean-Pierre Doraene dans l'émission spéciale de "Au Nom de la Loi" du 27 novembre 1996.
(8) Martine Doutrèwe et Daniel Lamoque devant la Commission d'enquête de la Chambre.
(9) Malinnes, orthographié de cette manière dans les documents de la gendarmerie, pourrait bien être Nalinnes, une localité bien connue de Marc Dutroux, qui y a enlevé Deborah N. en décembre 1985.
(10) En fait, "X" et son beau-frère ont été séquestrés et tabassés par Marc Dutroux en présence de Bernard Weinstein.
(11) Il s'agit de Bernard Weinstein, associé à Dutroux dans le vol de voitures et de camions.
(12) Marc Preumont à l'émission "Au Nom de la Loi" du 27 novembre 1996.

Opération Othello

Vers la fin du mois d'août, René Michaux réalise qu'il "ne sait pas aller plus loin" (1) dans la recherche d'éléments sur Marc Dutroux. Il s'adresse au commandant Jean-Pol Legros pour obtenir une observation POSA (2). D'après la circulaire du ministre Wathelet sur les opérations spéciales, la gendarmerie doit avertir le parquet. Le 25 août 1985, Jean-Pol Legros se rend vers 16 heures dans le bureau de Madame Robert, qui dirige la section Jeunesse du parquet, et qui, pendant la période de vacances, est procureur du Roi faisant fonction. Il lui remet deux exemplaires d'un document intitulé "opération Othello" (3). Le cadre général est rédigé avec un soin particulier : on y parle de traite des êtres humains, de rumeurs concernant le comportement suspect d'un individu résidant dans le district de Charleroi. Ces rumeurs sont amplifiées depuis la disparition des deux jeunes filles Julie et Mélissa. Ensuite, le document évoque les intentions supposées de MarcDutroux d'aménager des caches pour y loger des enfants, les informations rapportées par deux informateurs non codés, les lieux de résidence du couple Dutroux-Martin, la mention de sa condamnation pour viols commis sur des enfants en 1985.

Le document précise encore que Marc Dutroux quitte régulièremlent son domicile entre 2 et 4 heures du matin et qu'il effectuerait des voyages en Slovaquie.

Le but de l'opération est nettement indiqué : mettre à jour les liaisons du suspect, déterminer ses points de chute, trouver des endroits où des perquisitions pourraient être effectuées avec succès et arrêter le suspect en cas de flagrant délit.

Madame Robert lit attentivement le document et signe "pour accord". Son rôle est de vérifier si la technique proposée est légale, si elle est conforme aux principes du respect de la vie privée et si le principe de proportionnalité est respecté (si les moyens mis en oeuvre correpondent bien à une nécessité de l'enquête).

En accomplissant cette démarche, le commandant Legros ne respecte pas les termes de la circulaire Wathelet sur les opérations spéciales. Et ce sur deux points.

La circulaire prévoit que le magistrat du parquet doit être informé de manière complète et fidèle (point 10.3.2). Le commandant Legros n'écrit nulle part que la gendarmerie suspecte Marc Dutroux d'avoir enlevé Julie et Mélissa.

La circulaire prévoit que "si l'affaire fait l'objet d'une instruction judiciaire, le juge d'instruction est également informé" (point 10.3.5). Le juge Martine Doutrèwe n'apprendra rien de l'opération Othello avant le mois d'août 1996 !

Madame Robert ne demande aucun procès-verbal. Il semble évident pour elle que des procès-verbaux seront rédigés à l'issue des observations. Elle ne prend pas contact avec les autorités judiciaires liégeoises : les informations contenues dans les fardes confidentielles ne sont pas échangées entre parquets. Elle n'informe pas non plus, à son retour de vacances, le premier substitut Marius Lambert qui exerce les fonctions de procureur du Roi par intérim.

Trois jours plus tard, le POSA de la gendarmerie commence à surveiller les habitations de Marc Dutroux. Comme lors de l'opération Décime, et on peut s'en étonner, ce sont, une nouvelle fois des observations ponctuelles. Les responsables de la gendarmerie affirment que les observations prolongées coûtent excessivement cher et immobilisent un effectif important, ce qui explique la modicité des moyens développés pour l'opération "Othello", avec des observations avenue de Philippeville à Marcinelle et à Sars-la Buissière le 28 août à partir de 9 heures 45, le 29 à Marcinelle uniquement, à partir de 15 heures 30, le 8 septembre, à Sars et à Marcinelle, à partir de 19 heures, le 19 septembre, le 13 et le 16 octobre à Marcinelle, respectivement à partir de 9 heures, de 18 heures et de 15 heures. Commentaire du Comité "P"(Comité Permanent des services de Police" : "L'usage de techniques policières particulières ne peut donner de résultats que si elles visent réellement à obtenir un rendement élevé. Il est vain d'établir une période d'observation dont finalement 5% du temps est consacré à l'observation".

Le 31 août, René Michaux faxe à Grâce-Hollogne les résultats des premières observations, avec peut-être un renseignement intéressant : un militaire pensionné qui a fait carrière à Bierset a été aperçu à Sars-la-Buissières. Le 5 septembre, Jean-Marie Gilot s'adresse à l'office de la matricule sur réquisitoire du juge Doutrèwe. Cette dernière n'est pas mise au courant du lien qui existe entre la demande concernant le militaire de la base de Bierset et l'opération spéciale concernant Dutroux.

Pendant tout le mois de septembre une série d'informations seront échangées entre les BSR suite à des éléments recueillis pendant les observations du POSA, mais aucun élément concret n'est obtenu sur la participation de Marc Dutroux à l'enlèvement de Julie et Mélissa.

Le 23 octobre 1995, Thierry Marchandise prête serment de procureur du Roi. Il ignore tout de l'opération "Othello" et des soupçons qui pèsent sur Marc Dutroux.

Le 24 octobre, le maréchal des logis-chef René Michaux aborde "par hasard" le substitut Viviane Troch au palais de justice et lui parle du dossier Othello dont elle ignore l'existence. Viviane Troch s'informe auprès du tout nouveau procureur du Roi.

Elle s'étonne de la teneur du rapport du 25 août, qui lui parait "insuffisant". Elle veut connaître le contenu des rumeurs dont il est question. Elle s'inquiète également de la qualité des informateurs et s'informe de leur identité.

Le 2 novembre, Thierry Marchandise envoie une apostille à Viviane Troch. Il veut savoir pourquoi les informateurs cités dans le rapport de la gendarmerie ne sont pas codés et demande que des vérifications discrètes soient effectuées sur les travaux entrepris à Marcinelle et à Marchienne Docherie. Le procureur du Roi s'inquiète également de savoir si le POSA a pu déterminer ce que Dutroux fabriquait de 2 à 4 heures du matin. Il suggère que l'on vérifie comment Marc Dutroux a acquis les véhicules qu'il possède.

Le 8 novembre, le substitut Viviane Troch convoque d'urgence le commandant Legros : elle reprend en charge le dossier "Othello". Au cours de l'entretien, le substitut s'étonne : le commandant Legros a l'air très peu au courant des éléments du dossier. Il accorde du crédit aux affirmations d'un gendarme dont il ne semble pas connaître l'identité, et ne donne pas l'impression d'avoir effectué des vérifications. Le parquet demande des explications à la gendarmerie, mais rien ne semble venir. Viviane Troch doit se pendre au téléphone pour obtenir enfin un nouveau contact avec le commandant Legros qui a lieu le 29 novembre.

C'est au cours de cet entretien que Christophe Pettens donne le nom de ses indicateurs. Le substitut Troch veut établir un procès-verbal reprenant les identités et les déclarations des informateurs, mais d'après Pettens, qui est leur contact, ceux-ci refusent toute déposition officielle. Ils sont terrorisés par Dutroux et craignent une réaction vis-à-vis d'eux-mêmes et de leur famille. Le substitut suggère alors d'établir un procès-verbal sous le couvert de l'anonymat. Nouveau refus, sous prétexte que Marc Dutroux pourrait très facilement identifier les informateurs anonymes. Impossible dans ce cas de rédiger un procès-verbal qui permettrait de mettre le dossier à l'instruction et d'obtenir des mandats de perquisition pour vérifier s'il y a des caches dans les différents immeubles de Marc Dutroux.

Interrogé quelques mois plus tard, Claude Thirault, un des informateurs du gendarme Christophe Pettens prétend qu'il n'aurait pas hésité une seconde à faire une déposition signée de sa main. Il affirme qu'il était même prêt à être confronté à Marc Dutroux (5).

Pourquoi le procureur du Roi de Charleroi n'a-t-il pas exigé que les gendarmes rédigent un procès-verbal ? Thierry Marchandise est formel. Jamais les gendarmes ne lui ont laissé entendre que les enquêtes menées sur Dutroux pouvaient être en relation avec l'enlèvement des deux fillettes. "D'ailleurs", ajoute-t-il, "sur quoi se base-t-on, à l'époque, pour demander cette surveillance POSA? Sur les dénonciations de deux informateurs non codés, dont l'un est un concurrent de Dutroux dans les petits trafics de voitures et l'autre un indicateur qui se base sur les dires d' un alcoolique notoire". Donc, deux informateurs peu fiables, dont l'un a de bonnes raisons de vouloir mettre Dutroux en difficulté et l'autre ne fait que rapporter des faits dont il n'a pas eu directement connaissance. De plus, insiste Thierry Marchandise, si les gendarmes avaient agi clairement en fonction de l'enquête en cours concernant le rapt de Julie et Mélissa, ils devaient s'adresser à la juge Doutrèwe. "C'est l'esprit et la lettre des instructions données par le Ministre Wathelet dans une circulaire qui porte son nom". Le procureur concède toutefois qu'en 1995 l'attitude du parquet a été plus réactive que pro-active.

De plus, Thierry Marchandise qui s'est occupé personnellement du premier procès Dutroux et qui a donc déjà eu affaire au personnage, estime que Marc Dutroux n'est pas un pédophile. "C'est un psychopathe, ne tenant absolument pas compte de la vie de ses victimes, c'est un individu dangereux, non amendable, mais, à l'époque, aucun élément ne permet d'imaginer qu'il est en relation avec un réseau pédophile. Il agit pour son propre plaisir. Il ne s'intéresse qu'à de très jeunes filles, certes, mais elles doivent être "formées".

Autrement dit, plus le style An et Eefje que Julie et Melissa. "Cette thèse d'un Dutroux qui ne s'intéresse pas aux enfants est confortée par le témoignage de son complice de l'époque, décédé aujourd'hui, un certain Van Peteghem qui a déclaré, au cours de la première enquête, que Dutroux n'avait pas apprécié une jeune fille à peine pubère "parce qu'elle était trop peu formée".

---

(1) René Michaux à la Commission d'enquête de la Chambre.
(2) Peloton d'Observation, de Surveillance et d'Arrestation de la gendarmerie.
(3) Othello : drame en 5 actes de Shakespeare. Le général maure Othello est amoureux de Desdémone qu'il étouffe dans un accès de jalousie attisé par le traître Iago. Une allégorie sur mesure pour cette opération pleine de mystères, de passions et de mensonges.
(4) Enquête de Gérard Rogge pour l'émission "Au Nom de la Loi" du 27 novembre 1996.

L'enlèvement de An et Eefje

En août 1995, An Marchal, 17 ans, et Eefje Lambrecks, 19 ans, toutes deux originaires de Hasselt, sont en vacances au littoral avec un groupe de cinq amis limbourgeois. Elles occupent le bungalow 31 du village Marinapark de Westende. Le mardi 22 août, elles se rendent au casino de Blankenberghe pour assister au spectacle de l'hypnotiseur hollandais Egmont Van den Berg, alias "Rasti Rostelli". Au cours du spectacle, Rasti Rostelli demande des volontaires et les deux amies se présentent sur scène. Elles sont hypnotisées devant une salle de 600 personnes. Les témoins estiment que tout s'est passé normalement. A la fin du spectacle, elles sont enregistrées par les caméras vidéo de sécurité dans le hall du casino, alors que pour quitter la salle de spectacle, elles auraient dû emprunter un autre chemin. Elles ratent le tram qui les auraient reconduites à Westende, celui qu'elles empruntent, le dernier, s'arrête à Ostende. Le conducteur se souvient qu'au moment où il est arrivé à son terminus, vers 1 heure 15 du matin, An Marchal lui a demandé s'il n'y avait vraiment plus de tram vers Westende. Le conducteur a conseillé aux deux jeunes filles de prendre un taxi. Il les a vu disparaître dans la nuit vers la station. Mais il n'est pas le seul à s'intéresser aux deux jeunes limbourgeoises. Marc Dutroux est "en chasse" depuis le début de la soirée, au volant de la Citroën CX grise de Michelle Martin. A côté de lui, Michel Lelièvre. Ils affirment qu'ils avaient déjà repéré les jeunes filles avant qu'elles ne prennent le tram pour Middelkerke. Ils auraient retouvé An et Eefje par hasard. Ont-elles fait de l'auto-stop ? Se sont-elles laissé aborder sans méfiance ? Il semble, d'après les aveux de Michel Lelièvre, qu'elles soient entrées volontairement dans la voiture. S'en est suivi très rapidement une courte lutte. Les deux jeunes filles ont été chloroformées, puis droguées. Mais sur la route du retour vers Marcinelle, la voiture de Marc Dutroux commence à flancher. Il parvient à rouler jusqu'à un parking. Là, il réveille un couple d'anglais qui dorment dans leur camping car et persuade le mari de le dépanner jusqu'à Marcinelle. Pendant ce temps, les deux jeunes filles sont abandonnées dans des fourrés, sous la garde de Michel Lelièvre. Arrivé chez lui, Marc Dutroux prend sa Ford Sierra et retourne auprès de la CX en panne. Il embarque Lelièvre et les deux jeunes limbourgeoises vers le pays noir. Personne ne sait exactement ce qu'elles sont devenues. Mais quand elles arrivent à Marcinelle, les petites Julie et Mélissa sont descendues dans la citerne aménagée par Dutroux au sous-sol de son habitation.

Michaël Diakostavrianos est inculpé de complicité d'enlèvement parce que des témoins prétendent avoir vu son "van" Chevrolet à Ostende peu avant l'enlèvement. Ce véhicule, retrouvé dans un des terrains de Marc Dutroux, semble hors d'usage, boîte de vitesse cassée. Mais une boîte de vitesse, ça se change facilement chez des ferrailleurs. Les enquêteurs ont également retrouvé des traces du passage d'An et Eefje dans une des voitures de Michel "tout fou".

Le 23 août, à Westende, les cinq copains de An et Eefje s'inquiètent de ne pas voir revenir leurs amies. Ils retrouvent les vélos des deux jeunes filles à l'arrêt du tram, là où elles les avaient abandonnés la veille. A 17 heures, ils se rendent à la police où on leur rit au nez ! Les policiers laissent entendre que les deux filles sont au lit avec un type et qu'elles prennent du bon temps. En début de soirée, après en avoir discuté entre eux, les amis de An et Eefje se décident à appeler les parents. Paul Marchal est chez lui quand le téléphone sonne à 21 heures 45. Il se rend immédiatement à la police de Hasselt où l'on prend la disparition des deux filles très au sérieux. Les policiers hasseltois téléphonent à leurs collègues de Westende, tandis que Paul Marchal et son épouse, après avoir signé leur déposition, se rendent sur place dans la nuit. Pendant que l'angoisse et la détresse accable des parents de plus en plus soucieux, la machine judiciaire réagit de manière inattendue : il y a un conflit de compétence entre le parquet de Furnes, dont dépend Westende, lieu de résidence des disparues, et celui de Bruges, dont dépend Middelkerke, qui était de service au moment de la disparition. Tout de suite, Paul Marchal s'inquiète de la séance d'hypnose. Il soupçonne Rostelli de ne pas avoir complètement réveillé sa fille An et son amie Eefje. Quand il visionne l'enregistrement de la caméra de sécurité, il estime que sa fille donne l'impression d'être dans un état second. C'est comme cela qu'il explique qu'au lieu de sortir directement, pour ne pas rater le tram direct qui aurait dû les ramener à Westende, les deux jeunes filles se sont égarées dans le hall du casino où elles n'avaient rien à faire. Mais le procureur Baert, du parquet de Bruges, estime qu'il n'y a aucun lien entre la disparition des deux limbourgeoises et le spectacle de Rostelli : "Jusqu'ici, l'enquête a révélé que les deux disparues étaient assez lucides pour sortir toutes seules du casino et pour prendre le tram jusqu'à Ostende. Tous les jours, des jeunes filles de leur âge disparaissent, bien souvent pour réapparaître après un certain temps" (1). Il ne croit pas à l'enlèvement. Une semaine après la disparition des deux jeunes filles, l'affaire n'est toujours pas mise à l'instruction. Pour le procureur du Roi de Bruges rien n'indique qu'il s'agisse d'une affaire criminelle. Puisqu'il n'y a pas d'instruction, la surveillance de la ligne téléphonique des parents doit se faire à leurs frais. C'est la ville de Hasselt qui prend l'initiative d'envoyer des centaines de volontaires sur le littoral pour participer à une battue (2).

Les parents estiment que le parquet de Bruges a mis une dizaine de jours avant de commencer à prendre l'affaire au sérieux. Pourtant, Paul Marchal avance des arguments qui plaident en faveur d'une disparition très inquiétante. An avait acheté un cadeau particulier à son père : une bouteille de liqueur miniature qui manquait à sa collection. Elle avait acheté un cadeau pour sa soeur. De plus, An était très méticuleuse avec ses lentilles de contact et ne partait jamais sans les emporter, de même qu'une paire de lunettes de rechange. On a retrouvé les lentilles et les lunettes dans le bungalow. Elle y a laissé également son petit ours fétiche, dont elle ne se séparait jamais. Enfin, elle avait téléphoné l'après-midi de sa disparition pour que son père lui donne une recette de cuisine. Autant d'éléments qui permettaient d'éliminer la possibilité d'une fugue et dont les enquêteurs brugeois n'ont pas voulu tenir compte. Les Marchal et les Lambrecks se sont sentis désarmés par la désinvolture des enquêteurs. Une désinvolture qui s'est transformée rapidement en hostilité quand les parents ont commencé à entamer eux-mêmes des recherches, à suggérer des pistes, à prendre des initiatives. Les relations entre les Marchal et le commissaire Van Tieghem, chargé de l'enquête, se sont rapidement détériorées.

Ainsi, après avoir mené un travail de repérage avec chiens pisteurs dans la région de Blankenberghe, les parents déterminent une zone que le commissaire refuse de fouiller. De même, les autorités judiciaires ne veulent pas interroger Rasti Rostelli, alors que Paul Marchal le demande avec insistance, persuadé que l'hypnotiseur peut résoudre le mystère de la disparition de sa fille.

6 mois après le rapt, le policier enverra aux parents une lettre qualifiée d'inhumaine. Plus tard, Paul Marchal s'inquiète après avoir lu dans la presse qu'un cadavre a été retiré de la Dendre. Le commissaire Van Tieghem lui demande ce qu'il préfère, un policier qui conduit une enquête ou un policier qui lit le journal. A plusieurs reprises, les familles se rendent compte qu'on leur ment, sur des détails, mais aussi sur des choses très importantes. Elles ne comprennent pas pourquoi, alors que l'on signale la présence de leur fille en Espagne, il faut des mois pour mettre sur pied une commission rogatoire, ce qui les oblige à mener les investigations elles-mêmes pour ne pas rester dans l'incertitude. Bien entendu, à Westende comme à Grâce-Hollogne, il n'y a aucun plan prévu en cas de disparition et les investigations sont menées au petit bonheur.

Les relations avec la magistrature ne sont guère chaleureuses. Un seul contact par téléphone avec le juge d'instruction. Jamais un mot du procureur et aucun accès au dossier.

Il n'y aura aucun contact entre les enquêteurs de Bruges, ceux de Grâce-Hollogne et ceux de Charleroi. Pourtant la BSR de Bruges a reçu le fax non urgent du 24 août concernant un suspect nommé Marc Dutroux et "cité pour des faits commis sur des mineurs d'âge". L'enlèvement d'An et Eefje, dont la presse parle, ne déclenche aucun réflexe, aucune intuition, ni chez les gendarmes, ni à la Police judiciaire, ni au parquet de Liège, de Charleroi ou de Bruges. Et pourtant, deux fois en deux mois deux jeunes filles disparaissent ensemble.

Une bonne connaissance des antécédents de Marc Dutroux aurait facilement permis d'établir un lien, ne fut-ce que par analogie avec 1985.

A quoi sert le Bureau Central de Recherches ? Si son rôle se limite à transmettre des informations, sans évaluation ou exploitation, on passe à côté de l'essence même de cet organisme qui se veut le cerveau de la gendarmerie (3).

---

(1) Eddy Surmont dans "Le Soir" du 29 août 1995.
(2) Eddy Surmont dans "Le Soir" du 30 août 1995.
(3) Rapport Comité P.

Les ennuis de l'inspecteur Zicot

Depuis des années, on prétend qu'il y a des connexions entre les trafiquants de voitures volées, les magistrats et les différents corps de police de Charleroi. Dans une lettre au Procureur Général Demanet, le commandant de la gendarmerie, Willy Deridder écrit : "Les faits sont tels qu'il n'est pas envisageable de confier des recherches et des enquêtes à l'unité locale de la gendarmerie ou à la Police Judiciaire" (1). Le Procureur Général près la Cour de Cassation, Eliane Liekendael, évoque les "relations équivoques" de plusieurs magistrats à l'égard de Roberto Romano, propriétaire du garage Safar de Fleurus, un établissement spécialisé dans le désossage de voitures dont, d'après un témoin, une bonne part proviendrait de pseudo-saisies effectuées par la Police Judiciaire de Charleroi (2).

Eliane Liekendael relève également les suspicions qui concernent un des vice-présidents du tribunal de première instance, dont on dit qu'il peut "tout arranger si on paie".

Le fils du Procureur Général Demanet, Philippe Demanet, qui habite chez son père et qui exerce les fonctions d'expert automobile, est soupçonné par certains assureurs d'être impliqué dans une escroquerie montée avec le gérant du garage Adam, le fils d'un commissaire de police, et dont le procureur Marchandise dit : "je suis quasi certain qu'il roule dans des voitures volées ou recyclées"(2). Cette escroquerie a été révélée par l'inspecteur Georges Zicot qui est considéré à la Police Judiciaire de Charleroi comme un des meilleurs spécialistes européens du trafic de voitures volées, mais c'est un as contesté par d'autres, qui voient en lui un "pourri", mêlé à de sordides trafics. Rolf Behrendt, de la police criminelle de Cologne, rapporte que l'inspecteur Zicot est considéré par les policiers luxembourgeois comme un enquêteur corrompu et compromis dans le trafic de voitures.

A la Police Judiciaire, on assure que les ennuis de l'inspecteur Zicot commencent le premier septembre 1993, lors d'une perquisition dans un garage de Ransart, au moment où il veut contrôler le numéro de chassis d'une Porsche 911 appartenant à Philippe Demanet, le fils du Procureur Général. 10 jours plus tard, Philippe Demanet est en Espagne et déclare le vol de sa voiture. Le 20 octobre, il rencontre Thierry de Haan, inspecteur "sinistres" à la Royale Belge, qui s'étonne parce que son client n'a pas encore déclaré le vol de son véhicule auprès d'un service de police en Belgique. Thierry de Haan soupçonne une escroquerie à l'assurance, il en parle à l'inspecteur Zicot. L'affaire se complique rapidement à plusieurs niveaux : Georges Zicot est arrêté suite à une plainte des assurances Axa reçue par le Procureur Demanet. Après une nuit au cachot, il est entendu par un juge d'instruction qui ne l'inculpe pas et le remet en liberté. A plusieurs reprises, des indications parviennent à la Police Judiciaire de Charleroi selon lesquelles des membres du Comité permanent de contrôle des services de police essaient de soudoyer des trafiquants pour qu'ils accusent Georges Zicot. Dans le même temps, le Procureur Georges Demanet intervient dans le processus d'enquête à charge de son fils, il essaie de bloquer la promotion de l'inspecteur Zicot et fait barrage à l'intervention du policier dans certains dossiers de trafic de voitures.

Le 2 septembre 1996, le fils du Procureur Général est inculpé pour escroquerie. Son père se met d'abord en congé. Quand le Procureur Liekendael transmet son rapport sur l'état du parquet général de Mons au ministre de la Justice, Georges Demanet demande et obtient sa mise à la retraite anticipée. Dans son rapport, Eliane Liekendael couvre le Pocureur Demanet : "son attitude n'a rien d'anormal, parce que Georges Zicot n'est pas un policier irréprochable". Eliane Liekendael rappelle que l'ancien Procureur du Roi de Charleroi, Thomas Defourny, soupçonne l'inspecteur d'être mêlé aux trafics de voitures depuis 1985 (2).

Mais George Demanet n'a-t-il pas pu être tenté d'aider un fils dont il est très proche ? N'eut-il pas mieux valu qu'il restât totalement étranger à l'enquête menée sur les activités douteuses de son fils ?

Georges Zicot est-il victime de la guerre des polices et des rumeurs répandues par le milieu sur lequel il enquête, à savoir le trafic international de voitures de luxe dont Charleroi est devenu la plaque tournante en Europe ? A la Police Judiciaire de Charleroi, certains estiment que le collègue Zicot est victime d'une cabale.

---

(1) Lettre du 23 septembre 1995, citée par "Le Soir Illustré" du 15 janvier 1997.
(2) Philippe Brewaeys, dans "Le Soir Illustré" du 15 janvier 1997.

Les mystères de novembre

Dans le courant du mois de septembre 1995, un camion d'une valeur de quatre millions et demi est volé à la société Fabricom. Trois jours plus tard, Gérard Pinon signale à l'inspecteur Georges Zicot qu'il a repéré le camion volé : il se trouve dans un hangar attenant à son domicile, sur la chaussée de Bruxelles à Jumet. Ce hangar est loué à Michelle Martin pour le compte de Marc Dutroux. Gérard Pinon a aperçu Michel Lelièvre s'efforçant de dépiauter les câbles qui se trouvaient à bord pour revendre le cuivre au kilo. Le camion a probablement été volé par Bernard Weinstein et Pierre Rochow, le fils d'un ferrailleur de Courcelles, pour le compte de Marc Dutroux (1).

Georges Zicot contacte Thierry de Haan, chargé des dossiers "fraudes" à la "Royale Belge". Il lui annonce qu'un de ses indicateurs est prêt à donner des renseignements permettant de récupérer le camion. Pour ne pas brûler Gérard Pinon, Georges Zicot s'arrange avec celui-ci pour que l'on "retrouve" le camion sur la voie publique. Qui décide de sortir le camion du hangar ? En tous cas, celui qui exécute l'opération a négligé un détail : le camion est trop haut pour passer sous le linteau de la porte et les voleurs ont été obligés de dégonfler les pneus pour le rentrer. La sortie du camion Fabricom s'accompagne d'un beau gâchis : le lourd véhicule emporte une partie de la façade de l'immeuble où il se trouvait.

Les compagnies d'assurances octroyent en général une prime d'un maximum de 3 % aux informateurs. Dans ce cas-ci, compte tenu des dégats, la Royale Belge a versé 150.000 francs à Gérard Pinon. L'inspecteur Zicot rédige un faux procès-verbal, attestant que le véhicule volé a été retrouvé sur la voie publique. Un procès-verbal qui serait daté du 30 novembre 1995.

Lorsque Marc Dutroux réalise que "son" camion a disparu, il entre dans une colère terrible. Sa rage se tourne contre Pierre Rochow, qu'il soupçonne de l'avoir doublé. Le 5 novembre, il organise un traquenard dans l'entrepôt de Pinon. Pierre Rochow et Philippe D. sont séquestrés par Marc Dutroux, aidé de Bernard Weinstein. Les deux jeunes gens sont emmenés dans le chalet de Weinstein, qui habite à quelques centaines de mètres. Là, sous la menace du pistolet de Marc Dutroux, Pierre Rochow et son compagnon sont menottés et enchaînés à un sommier par Bernard Weinstein, qui est, paraît-il, tremblant de peur. Marc Dutroux veut "faire parler" ses prisonniers qui protestent de leur régularité dans l'affaire. Il drogue les deux jeunes gens et se rend avec Weinstein à Waterloo, au domicile de Rochow pour essayer de retrouver trace du camion. Arrivés là, les deux hommes tombent sur Brigitte J., la fiancée de Pierre Rochow, à qui ils expliquent que ce dernier a eu un malaise à Jumet et qu'elle doit venir le rechercher. Mais une fois dans le chalet de Weinstein, elle est maîtrisée et obligée d'avaler du Rohypnol. Marc Dutroux et Bernard Weinstein retournent au domicile de Rochow, vident l'appartement et volent sa VW Passat et la Peugeot de Philippe D. Entretemps, à Jumet, Brigitte J., qui n'avait pas avalé tous les somnifères, parvient à se libérer et à donner l'alerte. Quand Weinstein et Dutroux reviennent dans la nuit rue Daubresse, ils sont surpris par la police de Charleroi, et s'enfuient, tout en essuyant quelques coups de feu. Bernard Weinstein est complètement paniqué et en veut à Marc Dutroux de l'avoir fourré dans un guêpier pareil. N'osant plus rentrer dans son chalet, il se réfugie chez Gérard Pinon, qui lui conseille de fuir en France ou d'aller se cacher dans la maison qu'il possède en Hongrie. Bernard Weinstein reste en tous cas une semaine ou deux chez Gérard Pinon. Ensuite, vers la fin du mois, il se rend chez Annie Bouty en compagnie de Michel Lelièvre et de Michel Nihoul pour lui demander de faux papiers d'identité. L'ancienne compagne de Michel Nihoul, qui a révélé cet épisode aux enquêteurs, certifie qu'elle n'a jamais donné les faux documents demandés (2).

Pendant ce temps, Marc Dutroux essaie de gagner du temps. Il clame son innocence à la police, joue au candide trahi par sa naïveté. Il prend discrètement contact avec Pierre Rochow et Philippe D. à qui il propose d'acheter leur silence contre la restitution des deux voitures et de ce qui a été volé à Waterloo. Une entrevue est organisée sur un parking d'autoroute. Marc Dutroux s'y rend dans sa camionnette Renault grossièrement aménagée en mobilhome. Selon la version de Marc Dutroux, Michelle Martin aurait magnétoscopé une partie de la rencontre. Pourquoi la police de Charleroi met-elle près d'un mois avant d'appréhender Marc Dutroux ? Bénéficie-t-il de protections policières ? Et si oui, qui est le protecteur ? Pourquoi Georges Zicot rédige-t-il son faux procès-verbal 25 jours après l'évacuation du camion volé ? Et pourquoi ne fait-il rien quand il apprend la séquestration de Jumet ? Georges Pinon lui a-t-il raconté tout ce qu'il sait ? Les enquêteurs de Neufchâteau sont persuadés que Georges Zicot a voulu protéger Dutroux. L'inspecteur rejette ces accusations.

Le 22 novembre, vers 7 heures 10, une jeune fille traverse la passerelle qui enjambe le canal à Obaix quand elle est attaquée par un homme qui l'entraîne dans une petite voiture de teinte sombre sous la menace d'un couteau. Après avoir roulé quelques centaines de mètres, l'individu oblige sa victime à lui faire une fellation. Ensuite, il la chloroforme et essaie de l'égorger. Laissée pour morte sur la berge du canal, la jeune fille s'en sort par miracle et, bien que blessée, elle parvient à demander du secours dès le départ de son agresseur. Les premières constatations sont effectuées par les gendarmes Delpierre et Hyat de la BSR de Charleroi. Le jeans de la victime est saisi pour analyse : il porte une trace de sperme. Le substitut Somville met l'affaire à l'instruction chez la juge Dominique Etienne. Lors de la reconstitution qui a lieu le lendemain, l'adjudant Dethuin signale aux membres de la police judiciaire qui sont sur place que ce genre d'agression fait penser aux agissements de Marc Dutroux en 1985.

Le lendemain, l'inspecteur Jean Laitem, de la police judiciaire, prend contact avec le substitut Viviane Troch, qui a repris le dossier Othello. Elle lui apprend que Marc Dutroux est surveillé par le POSA. Jean Laitem se rend à la BSR où il rencontre Daniel Delpierre, qui gère le dossier "Othello" avec son collègue Michaux. René Michaux est en congé. Il ne rentrera que le 27 novembre. Daniel Delpierre explique à Jean Laitem que Dutroux est surveillé, que c'est un suspect "moeurs" déjà condamné pour viol, qu'il avait le projet d'enlever des jeunes filles pour les expédier à l'étranger. Pas un mot sur l'enlèvement de Julie et Mélissa. Daniel Delpierre donne la liste des véhicules utilisés par Marc Dutroux, en mentionnant le fait qu'il roule parfois dans la Fiesta de Weinstein. Jean Laitem n'est pas convaincu par la piste Dutroux. Il a interrogé Marc Dutroux et Michelle Martin en 1985. Pour lui, le viol avec égorgement, ce n'est pas son style. Et il a raison ! Les analyses et les comparaisons qui ont été effectuées il y a quelques semaines entre les empreintes génétiques de Marc Dutroux et la tache de sperme qui se trouvait sur le jeans de la victime excluent Dutroux presque à coup sûr. Mais Marc Dutroux suspect pour le viol d'Obaix, cela aurait bien arrangé René Michaux, qui cherchait un prétexte pour entrer dans les habitations des Dutroux-Martin depuis le 15 août. Seulement, René Michaux ne saura jamais que Marc Dutroux est suspecté d'un viol à Obaix, parce que son collègue Delpierre ne lui dit rien. De plus, Jean Laitem ne prévient pas Dominique Etienne, la juge d'instruction chargée de l'enquête, qui reste dans l'ignorance totale de la piste Dutroux et conclut son dossier par un non-lieu.

Ce festival de couacs policiers ne s'arrête pas là. Les médecins qui examinent la victime effectuent des prélèvements vaginaux, alors qu'il s'agit d'une fellation.

La fameuse tache sur le jeans de la victime est d'abord considérée comme n'étant pas du sperme par un premier laboratoire, qui ne parvient pas à en déterminer la nature. Il faut attendre que le parquet de Neufchâteau s'en occupe, dix mois plus tard, pour que cette tache soit identifiée comme une tache de sperme.

Georges Zicot met Gérard Pinon en contact avec Jean Laitem parce que ce dernier lui a appris que Marc Dutroux a changé de coupe de cheveux "afin de se rendre à la convocation d'un service de police". Quand, le 6 décembre, Marc Dutroux, considéré comme suspect pour le viol d'Obaix, se présente à la Police Judiciaire, l'inspecteur Lambrechts, qui acte sa déposition, n'a pas été averti. Il réalise une photo qui sera présentée à la victime mais cette photo ne correspond pas du tout à l'aspect qu'avait Marc Dutroux le 22 novembre. Ce dernier donne, en plus, un faux alibi pour le jour du viol : il prétend avoir passé la journée en compagnie de son épouse Michelle Martin, alors qu'il travaillait à Obaix.

On prélève quelques cheveux de Marc Dutroux. Ils sont placés dans une enveloppe... qui sera retrouvée lors des perquisitions effectuées par les gendarmes de Neufchâteau à la Police Judiciaire de Charleroi sur ordre du juge Connerotte à l'automne 96.

Enfin, un témoin de l'agression a été entendu par deux inspecteurs de la Police Judiciaire, mais il n'y a plus aucune trace du procès-verbal. Réinterrogé par Neufchâteau, le témoin désigne Marc Dutroux comme étant un suspect très présentable.

Donc, pour nous résumer, Marc Dutroux est dans le collimateur de la gendarmerie depuis le mois de juillet, à propos d'un enlèvement hypermédiatisé. Il est impliqué dans un dossier vol qui est clôturé et va être inscrit à l'audience. Il est placé sous observation POSA. Ce qui ne l'empêche pas de continuer à voler, à enlever et à séquestrer. Quand la police de Charleroi débarque dans le chalet de Bernard Weinstein pour délivrer Pierre Rochow, on lance les recherches au nom de Weinstein et d'un inconnu. Alors que Pierre Rochow connaît Marc Dutroux, que Gérard Pinon connaît Marc Dutroux, que la Police Judiciaire et la gendarmerie connaissent Marc Dutroux. Et il faut un mois à la police de Charleroi pour mettre la main sur Marc Dutroux qui ne se cache pas, qui n'est pas en fuite et qui se présente à la police suite à une convocation. Le procureur du Roi de Neufchâteau a tiré les conclusions de cette situation invraisemblable lorsqu'il a été interrogé par Eliane Liekendael, Procureur Général près la Cour de Cassation, dans le cadre du rapport qu'elle rédige pour le ministre de la Justice, Stefan De Clerk : "Mon étonnement va croissant dans la mesure où actuellement je peux affirmer que la réunion au sein du même parquet du rapport "Othello", du dossier "séquestration à charge de Dutroux-Weinstein" et du dossier de l'agression d'Obaix devait immanquablement provoquer une instruction à charge de Dutroux avec perquisition en son domicile à Marcinelle. Cela me semble d'autant plus dramatique que, la semaine précédant la mort de Weinstein (tué aux environs du 23 novembre), selon les déclarations mêmes de Dutroux actées dernièrement, Weinstein était séquestré dans la cache située dans la cave de Dutroux et Julie et Mélissa enfermées dans une pièce à l'étage".

"Si la perquisition avait eu lieu à ce moment-là", dit encore Michel Bourlet, "elle aurait immanquablement fait découvrir aux enquêteurs la présence de Julie et Mélissa vivantes à l'étage".

"Les lacunes de l'enquête sont à ce point graves que j'en viens à me demander si elles s'expliquent uniquement par la négligence ou bien si Dutroux bénéficiait de protections tant policières que judiciaires" (3).

---

(1) Chantale Anciaux, dans "Le Vif-L'express" du 27 septembre 1996.
(2) Alain Guillaume, dans "Le Soir" du 9 septembre 1996.
(3) Cité par Michel Bouffioux dans "Télémoustique" de janvier 1997.

Le secret de Bernard Weinstein

Pourquoi Marc Dutroux se débarasse-t-il de Bernard Weinstein ? Les quelques informations qui filtrent de l'enquête en cours reposent sur les seules déclarations de Marc Dutroux.

Selon sa version, l'enlèvement d'An et Eefje, pose un problème de gestion dans la maison de Marcinelle : les deux enfants dans la cave, et les deux grandes adolescentes à l'étage, sont très difficiles à contrôler. Au bout de 15 jours, Marc Dutroux confie les deux jeunes limbourgeoises à Bernard Weinstein qui prétend pouvoir les expédier dans un réseau de prostitution en Slovaquie. "Mais en réalité", dit toujours Marc Dutroux, "Bernard Weinstein les tue rapidement et les enterre sous la dalle de son atelier au début du mois de septembre". Les aveux connus de Michel Lelièvre tendent à confirmer une partie de la version de Marc Dutroux.

Après l'enlèvement d'Ostende, Lelièvre convoie les deux jeunes filles jusqu'à Marcinelle et pendant 15 jours environ, Marc Dutroux lui ordonne de faire les provisions pour trois adultes, provisions qu'il dépose à l'entrée, sans pénétrer dans la maison. Lelièvre assure ne plus avoir vu les deux jeunes filles.

Quel est le rôle de Bernard Weinstein dans les enlèvements, les viols et les meurtres des victimes ? Est-ce que le "gentil" Bernard a pu se livrer aux atrocités dont Marc Dutroux le charge aujourd'hui ? L'ennui, c'est que le seul à pouvoir répondre, c'est Dutroux lui-même.

Si l'on s'en tient à la version de Marc Dutroux, c'est Bernard Weinstein et Michel Lelièvre qui ont enlevé Julie et Mélissa. "Ils ont voulu me faire une surprise, mais les cages n'étaient pas prêtes". Julie et Mélissa ont sans doute été embarquées dans la Ford Fiesta de Bernard Weinstein, mais par qui ? Michel Lelièvre nie toute participation au rapt de Julie et Mélissa. L'autre possibilité, c'est que Marc Dutroux ait agi avec Bernard Weinstein.

Qui est le meurtrier d'An et Eefje ? Bernard Weinstein, déclare Marc Dutroux, qui laisse entendre que son complice avait des perversions morbides et sataniques, confirmées par la découverte très opportune d'une lettre signée "Anubis" dans le chalet de la rue Daubresse. Cette idée d'un Bernard Weinstein adepte de Lucifer et offrant des "cadeaux" à une "grande prétresse" a été prise d'autant plus au sérieux par les enquêteurs de Neufchâteau qu'un nombre important de témoignages téléphoniques, suscités par l'ouverture de la ligne verte du juge Connerotte, y font référence.

On peut imaginer une autre version. Pour une raison qui reste à déterminer, c'est Marc Dutroux qui tue An et Eefje et les enterre chez Weinstein, avec la complicité de celui-ci. N'oublions pas que c'est Marc Dutroux qui, après avoir baladé les enquêteurs dans la propriété de Bernard Weinstein, indique avec précision l'endroit où se trouvent les corps d'An et Eefje, placés dans un ancien creuset, sous la dalle du hangar de Weinstein.

Après la séquestration de Jumet, Marc Dutroux sait qu'il va retourner en prison. Il se doute qu'un jour ou l'autre on remettra la main sur Bernard Weinstein, signalé à rechercher par la police. Si Bernard Weinstein est arrêté, ne risque-t-il pas de dire tout ce qu'il sait à la police sur le meurtre des deux jeunes filles et l'enlèvement des deux enfants de Grâce-Hollogne ? Marc Dutroux est recherché lui aussi. S'il est arrêté, est-ce que Weinstein ne risque pas de témoigner contre lui ?

Lorsqu'il assassine Bernard Weinstein, Marc Dutroux veut-il sauvegarder Julie et Mélissa ou se sauver lui-même ? Sans témoin pour l'enfoncer comme en 1985, il risque plus facilement de s'en tirer en face des policiers et des magistrats. Si Weinstein est arrêté et qu'il parle, c'est la catastrophe. Et pour éviter la catastrophe, il drogue son complice au Rohypnol et l'enterre vivant dans un des trous qu'il creuse à Sars-la-Buissière pour s'"entraîner" au maniement de son bull-dozer. Du même coup, il réalise une opération intéressante : Bernard Weinstein possédait une somme d'environ un demi million, qui lui avait été donnée par sa mère pour qu'il puisse acheter un chalet un peu moins misérable que le taudis dans lequel il vivait à la rue Daubresse. Cette somme n'a pas été retrouvée.

Toujours selon sa version, Marc Dutroux donne des instructions et de l'argent à Michel Lelièvre et à Michelle Martin pour que Julie et Mélissa soient nourries. On sait qu'ils n'en feront rien. Michelle Martin, enceinte, retourne vivre chez sa mère à Waterloo.

Le 6 décembre, la police de Charleroi entend enfin Marc Dutroux. Il nie toute participation à la séquestration du 5 novembre mais le substitut Delpierre l'arrête à l'issue d'une confrontation avec Pierre Rochow et Philippe D. qui le reconnaissent formellement. Le 7 décembre, l'affaire est mise à l'instruction chez le juge André-Jules Lorent qui inculpe Marc Dutroux de séquestration illégale et arbitraire, de vol avec violence de deux voitures et de divers objets, avec la circonstance que les faits ont été commis de nuit, par deux personnes ayant fait usage d'armes et de substances inhibitives. Un mandat d'arrêt est décerné immédiatement, mais le Procureur Général de Mons n'est pas averti et les gendarmes vont apprendre par hasard que leur "suspect numéro 1" est derrière les barreaux.

Les perquisitions ratées du mois de décembre

Le lundi 11 décembre, alors qu'il en service au palais de justice de Charleroi, Christophe Pettens constate que Marc Dutroux figure sur la liste des détenus extraits de la prison de Jamioulx et qu'il doit comparaître devant la Chambre du Conseil pour la séquestration de Jumet. Il prévient immédiatement René Michaux qui, dès le lendemain, se précipite chez le substitut Viviane Troch : il tient enfin le moyen d'entrer dans les maisons de Marc Dutroux ! Viviane Troch emmène René Michaux dans le cabinet du juge Lorent et lui annonce : "J'ai à vous parler d'une démarche particulière". La greffière du juge, Madame Fragapane, va fermer la porte du cabinet. Viaviane Troch explique au juge Lorent qu'elle veut vérifier si les informations de Michaux sont exactes, à savoir que Marc Dutroux aurait installé des caches dans une ou plusieurs de ses maisons pour y enfermer des jeunes filles. "J'ai besoin de vous, ajoute-t-elle, parce que, pour l'instant, je n'ai aucun procès-verbal qui permettrait de mettre ce dossier à l'instruction". En poussant un peu l'interprétation, la recherche de caches peut entrer dans la saisine du juge Lorent dont le dossier comporte des séquestrations et des vols. Une pratique relativement fréquente, si l'on en croit certains magistrats. André-Jules Lorent est d'accord et rédige la matrice des ordonnances de perquisition. Le substitut Troch s'en va en précisant que si la perquisition donne des résultats, il lui faut un procès-verbal. René Michaux se souvient que la démarche est clairement expliquée au juge Lorent et qu'elle se situe dans le cadre de la disparition de Julie et Mélissa. La greffière certifie avoir, elle aussi entendu les prénoms des deux petites filles et se souvient même de l'entrée de René Michaux, qui portait une farde où il était inscrit "Othello" en gros caractères. André-Jules Lorent n'a aucun souvenir d'avoir entendu les mots Othello, Julie et Mélissa. Il soutient que s'il avait su que la démarche demandée concernait une instruction menée à Liège par Martine Doutrèwe, il aurait prévenu immédiatement le parquet (1). Viviane Troch n'avertit pas le substitut Delpierre, en charge de dossier séquestration. René Michaux emporte les mandats de perquisition. Il y en a neuf. Pour les habitations mais aussi pour les garages de Marc Dutroux.

Le mercredi 13 décembre, René Michaux donne ses ordres en vue des perquisitions : cinq équipes, dirigées par cinq gradés. Un travail mûrement réfléchi, qui n'a été ni bâclé, ni improvisé (2). Il y a eu des dossiers photos. "Mais il n'y avait qu'une seule malette de perquisition et ce n'est pas moi qui l'ai prise". René Michaux conduit la perquisition au 128, chaussée de Philippeville à Marcinelle. Quand il arrive, il trouve un fouillis inextricable. La perquisition va durer un peu plus de deux heures. "Je ne m'attends pas à trouver les petites filles", déclare le gendarme devant la Commission d'enquête parlementaire sur les disparitions d'enfants, "je cherche des éléments, des indices. Je procède à une fouille complète des vêtements, dans l'espoir de retrouver un effet quelconque qui attesterait du passage des enfants. Je ne prends pas de chien pisteur, qui ne se justifie pas dans le cadre de la saisine du juge : les faits de séquestration remontaient à novembre et avaient eu lieu à Jumet".

"Dans la cave, je vois bien que la surface ne correspond pas à celle du rez-de-chaussée, je constate qu'il y a des travaux en cours, mais je conclus à une citerne. Il y a une pompe d'extraction dans le capharnaüm du sous-sol et un tuyau qui remonte vers le rez-de-chaussée" (1).

"A un moment donné, j'ai entendu des chuchotements, comme des voix d'enfants très assourdies. J'ai crié à mes collègues qui se trouvaient ailleurs de faire silence, mais les chuchotements se sont arrêtés. J'avais vu des enfants en bas âge qui jouaient près de la maison voisine. J'ai cru que c'étaient eux que j'avais entendus, d'une manière très étouffée, parce qu'il y avait des blocs devant le soupirail". Pressé de questions, René Michaux reconnaît qu'il n'a pas sondé les murs : "Il y a avait des outils dans la cave, j'aurais pu le faire, mais je n'y ai pas pensé" (1).

Un certain nombre d'objets sont entassés dans des caisses, sans inventaire : 50 cassettes, qui seront visionnées par le service spécialisé de la gendarmerie, une boîte de menottes, des chaînes, des fioles d'un produit trouvé dans un réfrigérateur qui se trouve dans la salle de bain, un pot de crème vaginale et un speculum, qui sera rendu à l'avocat de Michelle Martin. Parmi les cassettes, une séquence de quelques secondes filmée sur un parking, et qui correspond à ce que Dutroux raconte de ses prétendues tractations avec Pierre Rochow.

Le 13 décembre toujours, en fin d'après-midi, l'adjudant Lesage arrive de Grâce-Hollogne pour examiner, par "acquit de conscience", le résultat de la perquisition dans les locaux de la BSR de Charleroi. Selon leur version des faits, ni Jean Lesage, ni René Michaux ne font le rapprochement entre des enlèvements de petites filles et un speculum, entre un enlèvement d'enfant et une fiole qui pourrait contenir du chloroforme (2). Le juge Lorent, une fois encore n'entend rien. Mais la greffière se demande, à propos du speculum, "j'imagine que Dutroux n'utilisait tout de même pas ça pour coller des rustines à son vélo" (3).

Le même jour, le gendarme Joiris visite un hangar de la rue St-Eloi à Gosselies. Il constate la présence d'une Ford Fiesta, de teinte bleu-gris. C'est la voiture de Bernard Weinstein mais il ne signale pas sa présence, parce qu'il ne connaît pas ce véhicule et parce que la recherche d'une voiture n'entre pas dans le cadre du mandat attribué. Du coup, personne, à la gendarmerie de Charleroi, ne fait la liaison avec l'observation POSA qui signalait la Fiesta à Marcinelle. Interrogé à ce propos, René Michaux reprend à son compte l'argumentation de Jean Lesage : Julie et Mélissa, c'est une Peugeot 205, pas une Ford Fiesta. La voiture de Bernard Weinstein va rester dans le hangar de la rue St-Eloi jusqu'en octobre 1996, quand elle sera redécouverte par les enquêteurs de Neufchâteau qui l'emmèneront pour analyse et constateront, en prime, qu'il s'agit d'une voiture volée !

Une deuxième perquisition sera effectuée le 19 décembre à Marcinelle, mais ne donnera aucun résultat. Les gendarmes coupent l'eau et le gaz. Ils laissent l'électricité : il y a des victuailles dans un surgélateur.

Les perquisitions étant négatives, il n'y a pas eu procès-verbal. Pourtant, à plusieurs reprises, les supérieurs de René Michaux lui ont demandé de dresser procès-verbal. Il a refusé et s'en est expliqué devant la Commission d'enquête parlementaire sur les disparitions d'enfants : "Mes supérieurs étaient parfaitement au courant de mes activités. Tous les matins, je justifiais mon emploi du temps sur des documents journaliers. Il y avait, dans cette affaire, un juge d'instruction, des responsables à Liège, qui travaillaient au sein d'une cellule". S'est-il posé des questions ? "Je ne mets pas en doute la parole d'un collègue qui dit avoir pris contact avec un juge d'instruction et qui prétend que ce magistrat "n'est pas chaud". Avec les éléments dont je dispose, je ne vais pas rédiger un procès-verbal à Madame Doutrèwe, ça revenait à passer au-dessus de la cellule de Grâce-Hollogne, et c'est ce qu'on me demande de faire à Charleroi. D'où mon refus".

C'est peut-être la raison, mais plusieurs personnes ayant été en contact avec la BSR de Charleroi au moment de l'opération "Othello" ont une autre vision des choses. Quand un gradé demandait à René Michaux sur quoi il travaillait, ce dernier répondait qu'il s'occupait du dossier "Othello", qu'il ne fallait pas de procès-verbal et qu'il devait s'en remettre uniquement au commandant Legros. A un collègue qui s'inquiète, il lance : "T'occupe pas, le BCR se charge de tout".

Il semble que René Michaux ait mal vécu cette situation de coinçage entre les ordres internes de la gendarmerie et ses obligations de loyauté envers les magistrats.

Le procureur du Roi de Charleroi a toujours considéré pour sa part que les informations du dossier "Othello" circulaient entre les BSR au sein de la gendarmerie et qu'il n'avait pas à transmettre ses informations au parquet de Liège.

L'opération "Othello" est suspendue le 25 janvier 1996. Les perquisitions n'apportent aucun élément neuf en ce qui concerne l'existence éventuelle de caches pour enfants. En raison du rapport final de l'opération, le procureur Marchandise classe le dossier le 31 janvier et cela pour trois raisons : les informateurs de la gendarmerie n'ont jamais laissé sous-entendre que Marc Dutroux avait enlevé Julie et Mélissa; les informations données en 1993 et 95 étaient "imprécises", les mises sous observation et les perquisitions négatives; les enquêteurs qui travaillent à Liège sur le dossier Julie et Mélissa sont forcément au courant puisque tous les rapports de l'opération "Othello" ont été envoyés au Bureau Central de Renseignements de la gendarmerie, ce que confirment les gendarmes de Charleroi.

---

(1) René Michaux devant la Commission d'enquête parlementaire sur les disparitions d'enfants.
(2) Jean Lesage, devant la Commission d'enquête parlementaire sur les disparitions d'enfants.
(3) Confrontation entre le juge Lorent et la greffière Fragapane devant la Commission d'enquête parlementaire sur les disparitions d'enfants.

Marc Dutroux est relâché

Marc Dutroux en prison à Jamioulx essaie de faire parvenir une clé de la maison de Marcinelle à Michelle Martin. Cette tentative, qui n'échappe pas aux enquêteurs, n'éveille aucun soupçon. Marc Dutroux prétend que la maison de Sars-la-Buissière est trop inconfortable pour une femme enceinte sur le point d'accoucher. C'est faux. Michelle Martin vit chez sa mère à Waterloo. Elle donne naissance à une petite fille, Carole. Plus tard, elle se rend de temps en temps à Sars-la-Buissière pour nourrir les chiens de Marc Dutroux, mais elle est terrorisée à l'idée de se retrouver seule dans la cave de la maison de Marcinelle. Récemment, elle a expliqué qu'elle y est allée à plusieurs reprises, pour glisser des vivres aux deux prisonnières par le passe-plat, mais elle n'est jamais entrée dans le réduit. Elle avait peur que les gamines ne voient son visage, et qu'elles puissent la reconnaître.

Le 9 janvier 1996, l'arrestation de Marc Dutroux est prolongée d'un mois par la Chambre du Conseil de Charleroi. Une décision dans le même sens intervient le 6 février. L'enquête du juge Lorent sur la séquestration de Jumet est pratiquement terminée : c'est une affaire de règlement de compte entre voleurs de camions. Marc Dutroux est en aveux. Son complice, Bernard Weinstein est en fuite et signalé à rechercher, mais le risque de collusion entre les deux suspects n'existe plus (et pour cause).

Le juge Lorent est harcelé par les avocats de Marc Dutroux qui réclament sa libération pour motif familial grave. Plusieurs certificats médicaux et attestations décrivent un état d'urgence sociale qui semble fondé : Michelle Martin est en plein désarroi, entre son nouveau-né, sa mère de 75 ans qui est malade, et son fils Jérôme de 12 ans qui est profondément perturbé par l'incarcération de son père. Jérôme est dans un tel état qu'il a dû être retiré de l'école et soigné en pédiatrie. Le médecin avertit que si la situation se prolonge, il faudra hospitaliser toute la famille. Le 13 mars, l'infirmière sociale signale dans un rapport que la prolongation de la détention de Marc Dutroux fait craindre un préjudice social sans proportion avec le motif d'incarcération. André-Jules Lorent décide alors, en conscience, de prendre une ordonnance de mainlevée qui est transmise au parquet pour accord (1). Le 20 mars, le parquet ne fait pas opposition en Chambre du Conseil. Marc Dutroux est libre. Le procureur Général de Mons n'est pas prévenu. Aucune proposition de révocation de la libération conditionnelle de Marc Dutroux n'a été introduite, mais la direction de la prison de Jamioulx avertit l'administration pénitentiaire.

Quelques heures plus tard, Marc Dutroux rentre à Marcinelle. Il soutient avoir retrouvé Julie et Mélissa dans un état désespéré. Il certifie qu'il a tout fait à ce moment-là pour les sauver. Toujours selon lui, elles meurent dans les heures qui suivent. Il met les petits corps dans des sacs en plastique et va les enterrer dans le terrain de Sars-le-Buissière.

Comment expliquer que le parquet de Charleroi n'ait pas demandé la révocation de la libération conditionnelle de Marc Dutroux ? Pour une raison bien simple, c'est qu'en janvier 1996, il ne l'aurait pas obtenue. La pratique de l'Administration pénitentiaire, donc du ministre de la Justice, était très largement orientée par le problème purement politique de la surpopulation des prisons : respect des budgets d'austérité, manque de moyens, manque d'effectifs, infrastructure insuffisante. Une attitude se développe une fois de plus en dehors de tout débat politique, qui débouche sur des mesures de plus en plus extravagantes dans le domaine pénitentiaire.

En principe, la surveillance des libérés conditionnels incombe au parquet qui doit, aux termes de l'article 13 de l'arrêté royal du 17 janvier 1921 "signaler sans retard au ministre de la Justice tous faits qui paraîtraient de nature à motiver la révocation de la mise en liberté, la libération conditionnelle n'étant accordée que sous condition d'une conduite irréprochable". Cet article n'est plus appliqué depuis longtemps et les parquets, débordés par leurs milliers de dossiers, ne sont pas en mesure d'exercer sérieusement cette surveillance. Ils se reposent sur le service social d'exécution des décisions judiciaires. Mais ce service, submergé lui aussi, ne peut assurer que des contrôles formels. Par exemple, lorsque Marc Dutroux est libéré en mars 96, le service s'inquiète...pour savoir quand il peut recommencer à le contrôler. Il y a un gouffre entre le respect des certaines conditions de libération et ce que le service social peut constater par un rendez-vous mensuel de quelques minutes (2). De plus, il n'y a pas de contacts entre le service en question et le parquet. Résultat, il n'y a pas de suivi du tout.

On pourrait penser qu'une manière d'effectuer un contrôle de l'attitude du libéré conditionnel est de réagir en cas de nouveau délit, de nouvelle interpellation, de nouveau dossier. C'était le cas avant les années 80. Une nouvelle plainte, un nouveau dossier à l'instruction pouvait entraîner la révocation de la libération conditionnelle. Vers le milieu des années 80, le ministre de la Justice fait comprendre aux parquets qu'il lui faut un jugement pour envisager la révocation. Des demandes de révocation de plus en plus nombreuses sont refusées au nom de la présomption d'innocence et renvoyées en attendant un jugement définitif. Désavoués, les parquets se sont inclinés. L'évolution ne s'est pas arrêtée là. Même en cas de condamnation, la révocation n'est pas acquise, si le reliquat de la peine à subir est important.

Par exemple, un individu, condamné à 15 ans de prison ferme, qui est libéré après 5 ans (un tiers de la peine), récidive et se trouve condamné à quelques mois de prison. La révocation, qui entraînerait dans cet exemple un séjour de 10 ans de prison, sera refusée, parce qu'elle risquerait de compromettre gravement le processus de réinsertion. Ce qui revient à accorder une espèce de bonus aux grands délinquants. Mais le ministère a été plus loin avec la multiplication des libérations provisoires : un système dans lequel le parquet n'a pas à donner son avis. Ce "fait du prince", qui permet de gérer le contingent des détenus emprisonnés, s'exerce sans aucun contrôle du pouvoir judiciaire. En cas de nouveau dossier, le magistrat ignore la libération provisoire, qui n'est mentionnée nulle part. Enfin, le libéré provisoire n'est soumis à aucune condition de guidance ou autre. Il est laissé totalement libre.

Bien entendu, tout cela a évolué depuis le mois d'août 1996. Au moment de la découverte des crimes de Marc Dutroux, le ministre de la Justice, Stefaan de Clerk, a immédiatement pris une circulaire, datée du 23 août, et qui a bloqué tous les congés pénitentiaires des délinquants sexuels. Tous les dossiers ont été réexaminés un par un, puis, sur base d'un examen que l'on espère sérieux, la situation s'est progressivement normalisée (2). Mais rien ne dit que les choses ont changé pour les délinquants non sexuels.

Le ministre De Clerck a promis que la libération conditionnelle et sa surveillance seraient confiées à un tribunal de l'application des peines. C'est ce qui se passe dans plusieurs pays voisins. Marc Preumont rappelle à ce propos que "la création d'un tribunal de ce type avait été revendiquée par le Commissaire royal à la réforme du Code pénal, pour ne plus laisser au pouvoir politique, au ministre de la Justice, toute la responsabilité en la matière et pour faire intervenir un juge et un débat judiciaire au moment de l'octroi de la libération conditionnelle et au moment de son éventuelle révocation. Mais ce projet, applaudi par tous les professionnels du droit, avait été enterré pour un question de budget : le gouvernement a estimé qu'il n'aurait jamais les moyens de créer ce genre de tribunal et de payer des juges pour y siéger. Ce qui explique qu'on a laissé au pouvoir politique le soin de régler ces questions avec des préoccupations d'ordre politique" (3).

Marc Dutroux est, une nouvelle fois, parvenu à berner son monde. Et il va continuer. Dès sa libération, il reprend contact avec le service social et se soumet au contrôle, comme un libéré modèle. Mais il recommence à jouer la grande scène de l'innocence. Le 8 mais 1996, il raconte à l'assistante sociale qu'il a été, une fois de plus, la victime d'un système judiciare injuste. Il n'a rien fait d'autre que de "se laisser bêtement piéger par quelqu'un qu'il pensait être son ami" (il s'agit de Bernard Weinstein !). L'assistante sociale remarque quand même que l'intéressé "s'engage dans une explication très embrouillée de sous-location d'atelier, de somnifères, de véhicules et d'outils volés".

Un mois et demi plus tard, Marc Dutroux et Michelle Martin se rendent chez leur avocat avec leurs enfants. Un petit couple banal, avec le papa ouvrier, toujours en salopette, et la maman un peu terne, qui chouchoute son bébé tandis que les deux aînés se chamaillent. Ils paient comme des petites gens, par sommes peu importantes. Marc Dutroux demande à son conseil d'entamer une procédure en réhabilitation pour Michelle Martin de manière à effacer la condamnation de 1989, pour lui permettre de retrouver du travail dans l'enseignement. Pour lui-même, Marc Dutroux veut s'offrir un petit luxe. Il y a quarante ans qu'il déteste son nom de famille. Il veut le changer et opte pour la solution la moins coûteuse, la modification d'une seule lettre. Marc Dutroux va céder la place à Marc Deuroux. "Une manière", dit-il, "de faire table rase du passé, de ne plus être un innocent pourchassé par le nom d'un condamné".

Le 8 juillet, nouvelle entrevue avec l'assistante sociale. Marc Dutroux se dit séparé de son épouse. Il habite Marcinelle avec son fils Jérôme de 12 ans. Michelle Martin vit à Sars-la-Buissière avec Kevin, 2 ans et demi et Carole, 7 mois. Il justifie la séparation physique de son couple par un souci d'hygiène mentale et de sécurité. Sa condamnation, son incarcération récente l'ont tellement éprouvé "dans son âme et dans son coeur" qu'il est parfois pris d'accès de rage et de violence, qu'il a envie de frapper sa femme. Il avoue avoir été violent avec Michelle Martin et veut désormais l'épargner. "Pour le reste", dit encore Marc Dutroux, "on s'entend bien et on s'aime bien". Il s'inquiète de sa situation financière, parce qu'il a des ennuis avec l'Inami pour une question de travail frauduleux. Il explique que son épouse et lui sont dans l'incapacité de travailler, tellement l'affaire de 1985 les a détruits nerveusement et moralement. Marc Dutroux jure qu'il a des crises de désespoir et d'exaspération depuis deux ans. Il s'avoue littéralement brisé et confesse des accès d'amnésie.

Il montre à l'assistante sociale les preuves des dédommagements qu'il verse chaque mois aux victimes : 1.000 francs en mars, avril, mai, juin et juillet.

Enfin, Marc Dutroux en veut "à mort" à la justice, au juge d'instruction, aux enquêteurs qui "ont fait contre lui des amalgames sans preuve". Il s'écrie : "A cause des interrogatoires, mon épouse a perdu un enfant, mort dans son ventre" et, note l'assistante sociale, "il s'en émeut jusqu'aux larmes".

Pendant ce temps, la petite Sabine D. l'attend dans la cache de sa maison de Marcinelle.

---

(1) André-Jules Lorent devant la Commission d'enquête parlementaire sur les disparitions d'enfants.
(2) Stefaan De Clerck, ministre de la Justice, devant la même Commission.
(3) Marc Preumont, professeur de procédure pénale à l'ULB, au cours de l'émission "Au Nom de la Loi" du 27 novembre 1996.

La bonne élève a disparu

Au mois de mai 1996, Marc Dutroux effectue une série de reconnaissances dans la région de Tournai. Il semble qu'il ait essayé de s'en prendre à deux jeunes filles le lundi 27 mai. Les parents déposent plainte à la gendarmerie mais elle n'est pas actée. Le lendemain, mardi 28, Sabine D. quitte le domicilie familial vers 7 heures 30 pour se rendre à bicyclette au collège de Kain, distant de quelques kilomètres. Elle part plus tôt pour se réserver le temps de travailler un peu en classe avant le début des cours. Ce matin-là, à peine sortie de chez elle, Sabine D. est suivie par une Renault Trafic de couleur blanche qui la coince le long du trottoir. La porte latérale s'ouvre. Elle est empoignée par Marc Dutroux et Michel Lelièvre qui la jettent avec son vélo et son sac dans la caisse du véhicule. A 10 heures 30, elle est mise dans la cage de Marcinelle (1).

Marc Dutroux lui fait écrire des lettres à son père et retourne la situation en sa faveur en laissant croire à l'enfant que sa famille ne se préoccupe pas de son sort. Une manière d'exercer son contrôle et son ascendant, de jouer d'une manière sadique avec sa petite victime. Ainsi, Marc Dutroux lui annonce que ses parents viennent de monter la piscine dans le jardin, et que ses amies vont s'y ébattre (1). Elle est droguée et violée par le seul Marc Dutroux qui la manipule psychologiquement. Elle tient un cahier, dans lequel elle inscrit, selon un code connu d'elle seule, les sévices qu'elle subit. Elle a vécu deux mois et demi dans l'univers de Marc Dutroux. Son témoignage peut donner une idée du calvaire enduré par les autres victimes.

Dans la soirée du 28, les parents s'inquiètent de ne pas revoir leur fille après l'école. Ils se renseignent au collège : Sabine ne s'y est pas présentée. La gendarmerie est prévenue vers 20 heures. Deux heures plus tard, la Cellule Nationale de Recherches du BCR est alertée. Dès le mercredi 29, plusieurs centaines d'affiches sont diffusées dans la région par l'asbl "Marc et Corine", qui mobilise une centaine de personnes pour participer, le dimanche suivant, à une battue encadrée par la gendarmerie. Un hélicoptère participe aux recherches. Les volontaires quadrillent une zone de 30 kilomètres carrés. En vain. L'adolescente semble s'être évaporée dans la nature.

Pendant 8 jours, les enquêteurs ne croient pas à la thèse de l'enlèvement, ensuite, ils travaillent dans ce sens. Une cellule est mise sur pied avec la collaboration de la gendarmerie, de la police communale et de la Police Judiciaire. Son travail est supervisé par le procureur Guy Poncelet. En tout, une vingtaine d'enquêteurs sont chargés des recherches. Les travaux sont méticuleusement organisés. Suite aux campagnes d'affichage et au battage médiatique, il y a des témoignages venant de toute la Belgique, mais ils ne donnent rien. Quelqu'un prétend avoir perçu le comportement suspect des occupants d'une VW Golf de couleur pistache, 120 véhicules sont contrôlés.

Un témoin annonce qu'un individu douteux occupe une maison bizarre, les grands moyens sont utilisés pour fouiller la demeure de fond en comble.

Le 25 juin, l'asbl "Marc et Corine" recueille l'appel d'une jeune fille disant s'appeler "Sabine". Immédiatement prévenu, le procureur met le dossier à l'instruction chez le juge Tollebeek qui s'adresse à Belgacom pour connaître l'origine de l'appel. La correspondante est identifiée : il s'agit d'une jeune fille qui avoue avoir voulu faire une blague.

Dès sa saisine, le juge Tollebeek prend contact avec les membres de la cellule de recherche.

Le 26 juin, une première réunion a lieu, en présence de l'adjudant Van Rillaer du BCR. "La gendarmerie", dit-il, "a un suspect moeurs, un certain Marc Dutroux. Nous nous occupons de lui. Deux perquisitions n'ont rien donné et le POSA est dessus". La dernière observation POSA date du 16 octobre 1995 à 15 heures ! Le juge croit que Marc Dutroux est suivi par la gendarmerie, il fait confiance, mais "ses" gendarmes ne lui communiqueront jamais le dossier "Othello" qu'ils possèdent dès le 1er juillet. "Si j'avais eu connaissance de ces documents", déclare le juge Tollebeek, "je fonçais immédiatement chez Dutroux" (2).

Le juge participera à toutes les réunions de la cellule de Tournai. Il ne saura rien de plus sur Marc Dutroux et, comme d'autres magistrats, cherchera ailleurs ce qu'il a sous le nez.

---

(1) Séquence "Faits Divers" de l'émission spéciale de la RTBF du 27 novembre 1996.
(2) Le juge Tollebeek devant la Commission d'enquête parlementaire sur les disparitions d'enfants en janvier 1997.

L'enquête exemplaire

Vendredi 9 août 1996, à la piscine de Bertrix. Laetitia D., une adolescente de 14 ans, quitte les lieux avec une amie. Les deux jeunes filles discutent un moment avant de se séparer. Laetitia remonte vers le centre de Bertrix, où se prépare les 24 heures de mobylette. C'est la fête : il y a des baraques, un chapiteau, des échoppes et la foule des vacanciers (2.000 personnes campent dans les environs). La jeune fille arrive à hauteur d'une camionnette Renault de couleur blanche quand un homme l'interpelle. Il demande ce qui se passe à Bertrix. Laetitia s'approche de Marc Dutroux qui l'embarque de force dans la camionnette. Elle est maintenue sur le matelas posé sur le plancher du véhicule. Marc Dutroux essaie de lui faire avaler des somnifères. Elle n'avale pas. "T'es une petite maline, toi", lui dit-il avant de la forcer à ingurgiter du Rohypnol. La camionnette est stationnée dans le sens de la pente qui mène à la piscine. Le conducteur lâche le frein, attend que le véhicule prenne un peu de vitesse, enclenche la deuxième et démarre en faisant beaucoup de bruit. Le pot d'échappement est troué.

Quelques heures plus tard, les parents préviennent la police.

Laetitia D., bourrée de somnifères, a l'impression d'avoir dormi trois jours. Quand elle se réveille, Marc Dutroux lui lance : "J'ai une très mauvaise nouvelle pour toi, tes parents ne veulent pas payer. J'ai un copain qui vient pour te liquider. Qu'est-ce que tu préfères ? Que je te laisse avec lui, ou que je te descende dans la cave avec Sabine ? La gamine, apeurée, demande de descendre tout de suite dans la cave. Elle sera abusée par Marc Dutroux.

Samedi 10 août. Le procureur du Roi de Neufchâteau est prévenu à 9 heures. C'est son premier enlèvement. A 9 heures et quart, il est sur place et prend contact avec les gendarmes qui s'occupent des premières investigations. Il reçoit le représentant de l' asbl "Marc et Corine", qui veut obtenir rapidement une photo exploitable de la jeune disparue. La même association se charge de rassembler des volontaires pour organiser des battues dans les environs. En quelques heures, il y a plusieurs centaines de personnes prêtes à participer aux recherches.

A 11 heures, la cellule disparition du BCR de la gendarmerie est sur place et examine les alentours de la piscine, survolés par un hélicoptère. Les premières battues sont organisées. L'affaire est mise immédiatement à l'instruction chez le juge Connerotte pour permettre de prendre les mesures nécessaires par l'intermédiaire de Belgacom. Le téléphone des parents de Laetitia D. est mis sur écoute. Le procureur ne prend pas de risques : en cas de fugue, l'écoute permet de localiser la fugueuse et si c'est un kidnapping, les enquêteurs ont une chance de positionner le ravisseur.

Le samedi soir, l'asbl "Marc et Corine" a distribué 25.000 affiches de Laetitia. La Belgique sera couverte entièrement dans le courant de la journée de dimanche.

D'emblée, les gendarmes sont sur 5 ou 6 pistes qu'ils considèrent comme crédibles. Quelqu'un prétend avoir vu Laetitia D. prendre le train avec un "ticket Walibi". La BSR de Wavre est prévenue. Un pompiste appelle parce qu'il a vu une jeune fille ressemblant à Laetitia dans une voiture. La jeune fille est retrouvée, la ressemblance est frappante, mais c'est une fausse piste. L'asbl "Marc et Corine" mobilise près de 400 volontaires, qui participent à des battues de plus en plus larges, mais sans résultat. La mère de Laetitia D. lance un appel au Journal télévisé. Le procureur Bourlet demande des renforts au district et à la Police Judiciaire d'Arlon.

Le lundi 12 août, parmi les témoignages recueillis, il y a celui d'une bonne soeur du home Saint Charles, qui a été agacée vendredi en fin de journée par le manège d'une camionnette sale, couverte d'autocollants, "comme une voiture de cirque" et émettant un boucan épouvantable. L'adjudant Peeters, de la brigade de Bouillon, décide de recontacter tous les habitants de la rue de la piscine. C'est comme cela qu'il tombe sur une confirmation : un jeune homme a vu une camionnette blanche, mais ni la date, ni l'heure, ni l'endroit ne correspondent. Le jeune témoin peut cependant donner la marque et le type de véhicule : il s'agit d'une camionnette Renault Trafic et il a mémorisé les trois lettres de la plaque d'immatriculation : F R R. A ce stade de l'enquête, ces éléments intéressants n'annoncent qu'une piste, parmi une douzaine d'autres à vérifier.

Les renseignements sont transmis immédiatement au BCR. A 16 heures 30, l'ordinateur du BCR a sorti 1.000 véhicules, dont 58 Renault. Parmi les propriétaires de Renault, le BCR souligne la présence d'un certain Marc Dutroux, déjà condamné pour faits de moeurs et sur lequel semblent courir diverses rumeurs. Les gendarmes de Neufchâteau demandent s'il y a d'autres renseignements. On leur parle alors de l'opération "Othello", et des projets de caches aménagées en vue de détenir des jeunes filles. A 18 heures, le procureur demande au BCR de venir à Neufchâteau avec des gendarmes capables d'expliquer le cas Dutroux.

A 20 heures 30, une réunion a lieu entre Michel Bourlet, le juge Connerotte, l'adjudant Van Rillaer du BCR, trois gendarmes de Neuchâteau et trois gendarmes de Charleroi. Cette fois, les gendarmes lâchent enfin "leur" suspect numéro 1 à un magistrat. Pendant une heure, le cas Dutroux est expliqué dans les détails, ce qui détermine les magistrats de Neufchâteau à lancer une opération pour le lendemain.

Mardi 13 août. A 3 heures du matin, des équipes du POSA sont en place autour des 6 maisons et 5 hangars ou garages attribués à Marc Dutroux. Le laboratoire de la Police Judiciaire, les équipes de perquisition et les chiens pisteurs sont en alerte. Les interventions doivent se faire de manière simultanée, au moment le plus opportun, entre 5 et 21 heures. Les enquêteurs espèrent un flagrant délit ou repérer d'éventuels complices. Les lignes téléphoniques sont placées sur écoute. Michelle Martin, qui est à Sars-la-Buissières avec sa vieille mère, ses trois enfants et Marc Dutroux, téléphone à son assureur pour un problème technique. Elle demande si elle peut mettre les plaques de la Renault Trafic sur la Ford Sierra de Dutroux, parce que sa CX est en panne.

A 14 heures, le POSA entre en action, au moment même où Marc Dutroux procède à l'enlèvement des plaques minéralogiques de la Renault Trafic. Il est emmené à la BSR de Charleroi, de même que Michelle Martin, qui laisse ses enfants à la garde de sa mère. Trois locataires de Dutroux sont interceptés également et, parmi eux, Michel Lelièvre, coincé à Mont-sur-Marchienne. Diakostavrianos, absent, sera interpellé plus tard. Des perquisitions sont organisées partout, avec les chiens pisteurs qui interviennent de manière superficielle, pour ne pas massacrer les microtraces qui doivent être recueillies par le laboratoire de la Police Judiciare.

Quand la journée se termine, Michel Bourlet et le juge Connerotte sont inquiets et déçus. Les fouilles n'ont rien donné. Il n'y a de caches nulle part, et personne n'a entendu le moindre bruit suspect, le moindre cri, la moindre plainte.

Au district de Charleroi, les auditions commencent. Les deux locataires de Dutroux sont rapidement mis hors cause, de même que la mère de Michelle Martin et l'aîné des fils Dutroux. Ils n'ont rien vu et rien entendu.

Marc Dutroux joue à celui qui ne comprend pas ce qu'on peut bien lui vouloir. Quand les enquêteurs lui parlent de sa camionnette Renault, il prétend qu'elle ne roule plus depuis des semaines, suite à une panne de démarreur.

Michelle Martin ne comprend pas, elle non plus, de quoi il peut bien s'agir. Elle ne vit plus avec Marc Dutroux. S'il était à Sars-la-Buissières, c'était uniquement pour dépanner sa voiture.

Michel Lelièvre, déjà signalé par la BSR de Charleroi comme un membre de la bande, surnommé "le basané", est tout aussi surpris. Lui, c'est un simple locataire, il voit Marc Dutroux une fois par mois, quand il paie son loyer.

A 20 heures 30, la camionnette de Dutroux est amenée au district de Charleroi sur un plateau. Un des chiens pisteurs, à qui son maître a fait renifler un vêtement de Laetitia D. se précipite sur le matelas qui est dans la caisse pour le mordre. Il y a beaucoup de chances pour que la jeune disparue soit montée dans le véhicule. Les enquêteurs respirent vraiment quand l'expert automobile les avertit du fait que la Renault a roulé très récemment. De plus, la BSR de Charleroi apprend par l'enquête de voisinage que Marc Dutroux utilise effectivement la camionnette : on a même aperçu Michelle Martin qui la tractait avec sa CX pour l'aider à démarrer.

Marc Dutroux, Michelle Martin et Michel Lelièvre sont ramenés à Neufchâteau où les interrogatoires vont se poursuivre pendant des heures. Les témoignages de Bertrix confirment la présence de Lelièvre et de Dutroux dans la camionnette.

Finalement, Marc Dutroux reconnaît qu'il était à Bertrix le vendredi 9 août, qu'il a rencontré LaetitiaD., qu'il l'a embarquée dans sa camionnette, mais qu'ils se sont contentés de faire un tour. Marc Dutroux a appris qu'elle avait des problèmes de famille. Il s'est comporté un peu comme un grand frère et à conseillé à Sylvie de rentrer chez sa maman.

Cuisiné par une autre équipe, Michel Lelièvre craque et avoue sa participation à l'enlèvement de la jeune fille avec Marc Dutroux. La jeune fille a été ramenée à Marcinelle. Là, Marc Dutroux a dit à Lelièvre : "Rentre chez toi, j'ai ce qu'il me faut !"

Jeudi 15 août Michel Bourlet et le juge Connerotte décident d'une confrontation des trois personnes interpellées dans les locaux de la BSR de Namur. Les perquisitions se poursuivent dans les nombreux endroits appartenant ou loués par Marc Dutroux, tandis que les interrogatoires continuent sans désemparer. Enfin, à 15 heures, Marc Dutroux annonce : "Je vais vous donner deux filles", avouant du même coup avoir enlevé et séquestré la petite Sabine, 12 ans et demi, disparue depuis le 28 mai !

Il négocie son arrivée chaussée de Philippeville et exige d'être accompagné par des gendarmes en civil. Trois gendarmes l'encadrent. Ils vont constituer un dossier photo complet de la libération de deux jeunes filles. Ils descendent ensemble à la cave et, incrédules, ils assistent au spectacle de Marc Dutroux, qui déblaie les abords d'une étagère fixée au mur. Ensuite, il enlève les nombreux objets qui s'y trouvent. Enfin, quand l'étagère est vide et dégagée, il manipule le mécanisme qui donne accès à la citerne qu'il a transformée en cachot. Les parents sont prévenus. On fait la fête à Bertrix, où Laetitia est accueillie par des feux de joie, allumés avec les affiches de recherche, désormais inutiles. A Kain, c'est la joie également pour le retour d'une gamine visiblement très éprouvée et écrasée par l'émotion.

Marc Dutroux, Michelle Martin et Michel Lelièvre sont ramenés à Neufchâteau. Les interrogatoires se poursuivent jusqu'à ce que, dans la nuit de vendredi à samedi, Marc Dutroux avoue l'enlèvement de Julie, Mélissa, An et Eefje, de même que l'assassinat de son complice Bernard Weinstein, signalé disparu depuis le 6 novembre 1985.

EPILOGUE

Les deux dossiers de Neufchâteau

Le parquet de Neufchâteau procède à une série d'interpellations, de perquisitions et d'arrestations dans le cadre de deux dossiers qui concernent d'une part les enlèvements et séquestrations d'enfants, de l'autre une association de malfaiteurs.

Vendredi 16 août : arrestation de Michel Nihoul, inculpé d'association de malfaiteurs et d'enlèvement d'enfants. Les enquêteurs ont appris, suite au réquisitoire Belgacom, qu'il a donné au moins cinq longs coups de téléphone à Marc Dutroux au moment de l'enlèvement de Laetitia D. Plusieurs témoins affirment l'avoir aperçu à Bertrix le jour de l'enlèvement. Plus tard, d'autres témoignages seront recueillis par les enquêteurs : la victime d'un pédophile arrêté à Huy reconnaît formellement Michel Nihoul. L'épouse de Roland Corvillain, arrêté pour faits de pédophilie, certifie que Michel Nihoul et Marc Dutroux visitaient régulièrement son mari. Et du coup, les enquêteurs imaginent qu'il y a peut-être un lien entre Michel Nihoul et une autre disparition d'enfant jamais élucidée, celle de la petite Loubna Benaïssa, d'autant qu'un autre suspect de ce dossier disparition, Jacques Genevois, fréquentait le Dolo à Etterbeek.

Michel Nihoul a toujours nié être impliqué d'une manière quelconque dans les enlèvements d'enfants. "Ce jour-là", dit-il, "j'étais à Bruxelles et plusieurs personnes peuvent en attester. Les coups de téléphone ? C'était pour récupérer ma voiture que Marc Dutroux avait promis de réparer depuis plusieurs jours".

Michel Nihoul accuse Marc Dutroux de lui avoir demandé s'il ne connaissait pas des patrons de bar qui pouvaient accueillir des jeunes filles.

Le 30 décembre, Michel Nihoul a été condamné à 3 ans de prison ferme par le tribunal correctionnel de Bruxelles pour escroquerie à la charité dans l'affaire "SOS Sahel".

Jeudi 22 août, les enquêteurs interpellent Michaël Diakostavrianos dans la maison de Mont-sur-Marchienne. Il crie "Je n'ai rien fait" quand il est emmené par les gendarmes, menottes aux poignets.

Vendredi 23. Claude Thirault, l'informateur du gendarme Christophe Pettens est arrêté et inculpé d'association de malfaiteurs. Il aurait servi de contact dans le vol du camion de Fabricom. Claude Thirault est rapidement remis en liberté.

Samedi 24. Arrestation de Marleen De Cockere pour "association de malfaiteurs, enlèvement et séquestration de mineurs d'âge, trafic de stupéfiants". C'est la compagne de Michel Nihoul. Elle est libérée un peu pus tard.

Le même jour, l'inspecteur Georges Zicot est interpellé à son retour de vacances par un dispositif impressionnant et disproportionné : 20 gendarmes de l'escadron spécial d'intervention (ESI). Inculpé d'association de malfaiteurs, de faux et d'usage de faux, Georges Zicot est considéré par les enquêteurs comme le protecteur de Marc Dutroux, ce qu'il dément. Placé sous mandat d'arrêt après la perquisition de son bureau et de son domicile, il a été libéré après plusieurs semaines d'emprisonnement.

Dimanche 25 août. Georges Pinon, le propriétaire du hangar de Ransart où le camion volé par Dutroux a été retrouvé, est arrêté. Marc Dutroux l'accuse d'avoir participé à l'assassinat de Bernard Weinstein, ce qu'il conteste. Il est libéré peu après.

Thierry de Haan, le responsable des affaires spéciales à la Royale Belge, est inculpé d'escroquerie à l'assurance. Libéré lui aussi. Il certifie avoir agi avec l'accord de sa compagnie et pourrait bénéficier d'un non-lieu.

Lundi 26, arrestation de Pierre Rochow, 24 ans, pour association de malfaiteurs dans le cadre du vol du camion.

Michelle Martin avoue sa participation à la séquestration des enfants. C'est elle qui aurait dû s'occuper de Julie et Mélissa pendant l'incarcération de Marc Dutroux.

Mercredi 28. Suite aux révélations de Marc Dutroux, les fouilles commencent à Jumet dans la propriété de Bernard Weinstein. Les corps de An et Eefje sont découverts le 3 septembre.

Jeudi 4 septembre. Arrestation de Annie Bouty. Avocate, rayée du barreau, c'est l'ancienne compagne et toujours complice de Michel Nihoul dans une série de trafics et d'escroqueries. Elle est inculpée d'association de malfaiteurs, d'enlèvement et de séquestration d'enfants. Peu après, elle est remise en liberté.

Mardi 10 septembre. Interpellation de Gérard Vannesse, membre de la BSR de Dinant. Il est accusé d'avoir permis à Michel Nihoul de se servir lors d'une saisie d'extasy. C'est aussi le protecteur de Michel Lelièvre. Il le laisse en liberté à un moment où il sait que Lelièvre est recherché parce qu'il doit purger une peine de six mois d'emprisonnement. Un peu plus tard, Gérard Vannesse est placé sous mandat d'arrêt. Ensuite, il est libéré.

L'appel du juge Connerotte

La succession des révélations sur les agissements de Marc Dutroux, la découverte des corps des victimes, les funérailles de Julie, Mélissa, An et Eefje ont provoqué une émotion sans précédent au sein de la population. Des rumeurs circulent sur l'existence en Belgique de réseaux pédophiles puissants, bénéficiant d'énormes moyens et d'un système de protection gangrènant tous les échelons de l'appareil d'Etat. Une psychose du complot, exacerbée par les déclarations peu contrôlées de Marie-France Botte, se développe au sein de l'opinion quand l'avocat commis d'office à la défense de Marc Dutroux, Me Julien Pierre, dépose une action en suspicion légitime contre le juge Connerotte. Ce dernier a participé le 21 septembre à un souper spaghetti organisé par l'asbl "Marc et Corine". Une gaffe incompréhensible, qui a donné lieu à diverses interprétations. Le juge Connerotte se serait fait piéger : s'attendant à une soirée intime, il s'est retrouvé en présence de plusieurs dizaines de personnes et d'un photographe de presse. D'autres versions circulent, comme celle qui veut que le juge ait de plus en plus mal supporté la pression et les menaces, supposées ou réelles, qui pesaient sur les enquêteurs de Neufchâteau. L'annonce de l'action en dessaisissement fait l'effet d'une nouvelle bombe : celui qui est considéré comme le chevalier blanc de la justice belge, l'emblématique juge intègre, risque de perdre son enquête, comme il a perdu la piste des assassins d'André Cools ! Dans l'ambiance électrisée qui précède l'arrêt de la Cour de Cassation, le juge Connerotte lance un appel à témoins pour dénoncer les pédophiles. Neuf jours plus tard, la marée blanche déferle sur Bruxelles, mais ses tourbillons et ses remous sont chargés d'une écume inquiétante. La ligne ouverte par le juge enregistre une délation toutes les trois minutes. Les enquêteurs, incrédules, écoutent des centaines de déclarations charriant, parmi la dénonciation de faits réels, tout un imaginaire fantasmagorique sur les pratiques sexuelles assez acrobatiques auxquelles se livrerait une partie très aisée (bien entendu) de la population. A nouveau la rumeur s'emballe, provoquant une véritable chasse au pédophile qui se court jusque dans les allées du pouvoir. Ce qui conforte les tenants de la théorie du grand complot. L'avocat des familles Lejeune et Russo, Me Victor Hissel ne craint pas d'affirmer qu'il "semble qu'on ait réellement décidé de laisser mourir Julie et Mélissa" et que, "pour en arriver là, il a fallu que les raisons qui commandent ce fait soient aussi puissantes que le fait lui-même". Anne-Marie Lizin affirme que d'importantes personnalités figurent sur les cassettes saisies dans les immeubles de Marc Dutroux, alors qu'il n'en est rien. Ces déclarations sont à replacer dans l'atmosphère très exaltée qui règnait en Belgique à ce moment-là. Elles correspondent à ce qu'une partie de la population voulait entendre : il y a un complot. Cette théorie a l'avantage de simplifier et de clarifier un embrouillamini très complexe de responsabilités entremêlées et de masquer la réalité : depuis 25 ans, le monde politique a investi tout son temps, toute son énergie, toute son imagination dans des constructions institutionnelles de plus en plus tarabiscotées, que le citoyen ne comprend plus et que, sans doute, il n'a pas souhaitées. La Belgique possède aujourd'hui cinq gouvernements, sept assemblées, 10 provinces, mais les besoins de la population sont-ils pour autant mieux rencontrés dans le domaine social, fiscal, médical, pédagogique, judiciaire ? Les dysfonctionnements de la justice et les ambitions de la gendarmerie étaient clairement apparues lors des travaux de la Commission parlementaire sur le grand banditisme. Quelle suite les gouvernements qui se sont succédés au 16 rue de la Loi depuis 10 ans ont-ils donnée aux résultats de ces travaux ?

Le système judiciaire belge fonctionne toujours, sous certains aspects, comme au 19me siècle. Il ne correspond plus à l'évolution du besoin de justice du citoyen, ni au développement inquiétant des nouvelles formes de criminalité. En face des magistrats, l'état-major de la gendarmerie a pris les devants et veut diriger les enquêtes en s'inspirant de systèmes judiciaires qui fonctionnent dans certains pays européens, comme l'Allemagne ou la Grande-Bretagne. Cette évolution se développe sans aucun contrôle démocratique, sans débat parlementaire, sans intervention claire du politique dans un domaine fondamental pour le citoyen.

La Commission d'enquête

Installée le 17 octobre 1996, la Commission d'enquête parlementaire sur les disparitions d'enfants en Belgique est composée de seize membres. Les commissaires vont travailler sous la haute surveillance des parents des victimes, qui se relayent à la tribune du public, et devant les téléspectateurs toujours plus nombreux.

Trop préoccupés de l'impact médiatique de leurs interventions, certains commissaires sont vite retombés dans leurs travers politiciens : tantôt moralisateurs, tantôt paternalistes, voire démagogiques, ils préfèrent les commentaires pontifiants aux questions précises, les indignations de commande à l'écoute attentive. Les mêmes se sont acharnés sur certains témoins, devenus des accusés livrés en pâture au public et à la presse. Le président Verwilghen lui-même a pu donner une impression de partialité en s'entretenant publiquement avec certains parents entre les comparutions.

On aurait espéré que la fameuse nouvelle culture politique dont on nous rebat les oreilles prenne naissance en cet aréopage. Il eût fallu un peu plus de sang-froid. Dommage parce que le spectacle a été, par moments, de très grande qualité.

Au fil des auditions, la désorganisation du système, l'incompétence des uns, l'inertie des autres, le manque de communication entre les services de police, les tendances hégémoniques de la gendarmerie, se sont étalées en public.

La recherche de la vérité n'est pas facile. Tout le monde a pu s'en rendre compte. Et la fragilité des témoignages, leur manque de crédibilité (phénomène connu des professionnels de l'investigation) ont, une fois encore, pu être vérifiés. Les temps les plus forts ont été des confrontations très intenses sur le plan dramatique entre magistrats, policiers, et gendarmes.

L'ombre du BCR a souvent plané sur les audiences de la Commission. Tout le monde a pu apprécier l'excellent travail que ce "top niveau" de la gendarmerie est capable de réaliser sur le plan de la préparation psychologique et du lavage de cerveau. Dommage que toute cette énergie soit dépensée pour masquer des erreurs dramatiques d'appréciation. Les commissaires ont également pu constater que le major De Craene, appartenant au BCR, a bloqué à deux reprises, et d'une manière qui ressemble à de l'abus de pouvoir, les actions de deux magistrats. Au moment de la libération de Laetitia D. Martine Doutrèwe demande au commissaire Lamoque et à l'adjudant Gilot de se rendre sur place à Charleroi. Le major De Craene interdit à Gilot d'aller à Charleroi, "surtout accompagné d'un membre de la Police Judiciaire". Justification : il y a des soupçons à l'égard de Georges Zicot. Mais le major De Craene fait la même démarche à l'encontre du juge Roland Tollebeek de Tournai, en interdisant aux membres de la BSR d'avertir le magistrat. De cette manière, la gendarmerie omniprésente a pu tirer tout le bénéfice médiatique de la libération de Sabine D.

Et quand Martine Doutrèwe somme l'adjudant Gilot de rédiger un procès-verbal sur les informations détenues à la brigade de Grâce-Hollogne sur Marc Dutroux, le BCR reprend la situation en main. Jean-Marie Gilot est contraint de rédiger un second procès-verbal pour charger le magistrat.

La gendarmerie a voulu se valoriser dans une enquête hypermédiatisée en contrôlant son suspect numéro un, qui était Marc Dutroux. Pour une certaine raison, qui reste à déterminer, elle ne s'est pas donné les moyens de l'arrêter dès le 8 août 1995. Il y a eu manifestement rétention des informations, et ce, d'une manière concertée, à Charleroi, à Liège et à Bruges et à Tournai. Les responsables de cet échec ont pris un risque et un pari mortels. Ils n'ont certes pas voulu la catastrophe découverte le week-end du 15 août, mais ils en sont responsables. Ils ne sont pas les seuls.

Les membres de la Commission d'enquête ont pu constater des dysfonctionnements graves au sein de l'administration pénitentiaire, de la magistrature et du ministère de la Justice. Des magistrats, des policiers, des fonctionnaires n'ont pas fait leur boulot. Des ministres et des politiciens n'ont pas donné au service public de la justice les moyens de fonctionner normalement, et d'autres ont induit des pratiques douteuses au nom de l'orthodoxie budgétaire.

Ce n'est pas en quelques mesures spectaculaires, comme l'annonce fracassante de la dépolitisation de la magistrature, que la situation va changer. La définition d'une politique criminelle, avec les moyens de ses ambitions, la définition d'une politique pénitentiaire, le repérage et le suivi des délinquants dangereux, l'établissement de règles précises en matière de fonctionnement policier, un arbitrage courageux des conflits qui opposent la Police Judiciaire, la magistrature et la gendarmerie, la modification du Code d'Instruction Criminelle et du Code Pénal demandent du temps, de la réflexion et de la clarté.

La place de la gendarmerie dans l'appareil policier, son contrôle, doivent également faire l'objet d'un débat. Elle apparaît trop souvent comme un Etat dans l'Etat, refusant toute critique, se plaçant au-dessus des lois et des règlements, n'obéissant qu'à sa seule logique. Et les déclarations virulentes du président de son principal syndicat, l'adjudant Van Keer, qui s'est publiquement attaqué à la magistrature, doivent inquiéter tous les démocrates.

Une gendarmerie forte doit être balancée par une magistrature solide, au service du droit et à l'écoute du justiciable.

$$\Delta$$

ANNEXES

JUSTICE, MODE D'EMPLOI

Avant de commencer à rédiger cet ouvrage, un constat s'imposait à nous : le belge connaissait mal sa justice et les différents travaux de presse, écrite, radiodiffusée, ou télévisuelle n'étaient pas toujours là pour remettre les idées en place.

Il est vrai que la complexité de l'organisation judiciaire ne facilite sans doute pas les choses et que le déferlement de feuilletons calqués sur la procédure anglo-saxonne - "Objection, votre Honneur", "Vous avez le droit de garder le silence" "Tout ce que vous direz pourra être retenu contre vous"... - s'entend à brouiller les pistes.

Sans aucune prétention scientifique mais dans le seul but de tenter une vulgarisation - sans doute parfois un peu simpliste - du fonctionnement judiciaire et de son langage, nous avons voulu proposer au lecteur une approche que nous espérons claire d'une série de concepts trop souvent encore nébuleux dans les esprits.

Thémis.

Personnification divine de la justice dans l'antiquité grecque, Thémis est le plus souvent représentée les yeux bandés et tenant dans les mains une balance et une épée. Ces deux derniers instruments figurent assez bien les deux missions principales de la justice : arbitrer et punir.

Arbitrer, en ce sens que le rôle quantitativement le plus important de nos magistrats est d'apporter une solution à tous les conflits qui peuvent naître de la vie en société, entre personnes privées, personnes privées et personnes morales, consommateurs et commerçants, travailleurs et employeurs,... On parle alors d'actions civile, commerciale, du travail...

Punir aussi, dans la mesure où le magistrat est amené à infliger des sanctions - peines de prison, d'amende, de déchéance de droits,... - à l'encontre de personnes qui n'ont pas respecté une ou plusieurs des règles fondamentales de conduite sociale, se rendant ainsi coupables d'infractions. On parlera alors de justice pénale.

Dans le premier des cas, on dit que les parties sont maîtres de leur procès, en ce sens qu'il faut qu'une des deux parties s'adresse à la justice et poursuive le déroulement de la procédure sans que le magistrat puisse se substituer à cette volonté; dans le deuxième cas, c'est la société elle-même par l'intermédiaire du Parquet ou Ministère public ou encore Procureur du Roi qui poursuit le délinquant et postule sa condamnation.

Mais il arrive régulièrement que l'auteur d'une infraction cause en même temps préjudice à une tierce personne. On verra alors le représentant du Parquet demander la condamnation de l'auteur des faits mais on permettra à la personne préjudiciée de venir accrocher son "wagon" civil à l'action pénale : c'est la constitution de partie civile qui permet à la victime de ne pas intenter une action supplémentaire contre le délinquant mais de venir réclamer son dommage au cours de la procédure mise en oeuvre par le Procureur du Roi.

Le théâtre.

Nos Cours et Tribunaux sont donc répartis en fonction d'une série de critères qui touchent d'abord à la division fondamentale invoquée plus haut mais aussi à différents critères liés à la matière traitée, à l'importance des enjeux et à la règle du double degré de juridiction c'est-à-dire à la possibilité quasi systématique de faire traiter une même affaire une seconde fois par une autre juridiction.

Nous nous bornerons ici à l'examen des juridictions dites pénales qui se subdivisent en fonction de l'importance de l'infraction commise : les infractions les moins graves, appelées contraventions seront examinées par le tribunaux de police que l'on trouve dans chaque canton judiciaire; les délits seront traités par les chambres correctionnelles des tribunaux de première instance que l'on trouve dans chaque arrondissement judiciaire, lesquelles chambres fonctionneront encore en appel des tribunaux de police; les appels des jugements rendus par les chambres correctionnelles en matière de délits seront examinés par les chambres correctionnelles qui fonctionnent auprès des différentes Cours d'appel : Anvers, Gand, Bruxelles, Liège et Mons.

Mais les infractions les plus graves, les crimes, seront jugés par les Cours d'assises qui siègent dans chaque province. La particularité de ces juridictions est bien entendu d'être confiées à des jurys populaires qui se prononceront tant sur la culpabilité de l'accusé que sur le montant de la peine à appliquer.

Hormis ses compétences particulières mises en lumière par quelques affaires récentes (jugement de ministres), on s'interroge souvent sur le rôle exact de la Cour de Cassation qui "chapeaute" toutes les juridictions du royaume. La Cour de Cassation aura pour rôle essentiel d'examiner les critiques formulées à l'égard de jugements ou d'arrêts (un arrêt, c'est une décision rendue par une Cour) qui lui sont soumis.

Il s'agira pour la Cour suprême de veiller à ce que tous les éléments de droit ont bien été respectés par les acteurs du monde judiciaire et que la procédure s'est déroulée conformément aux règles de fonctionnement. C'est en ce sens que l'on dira que la Cour de Cassation ne connaît pas du fond des affaires, même si ses décisions peuvent en fait aboutir, par le truchement de la cassation d'une décision et du renvoi de la cause devant une autre juridiction, à une décision finale très différente.

L'actualité récente a mis en avant le rôle particulier joué par deux juridictions particulières : la Chambre du Conseil et la Chambre des Mises en Accusation.

La Chambre du Conseil qui siège dans chaque Tribunal de Première Instance a deux missions principales :
  ☐ elle se prononce mensuellement sur le maintien ou non en détention préventive de personnes à l'égard desquelles le Juge d'instruction a délivré un mandat d'arrêt;
  ☐ en fin d'instruction, la Chambre du Conseil apprécie si le dossier qui lui est soumis contient ou non des éléments suffisants pour renvoyer la personne qui lui est présentée à une juridiction correctionnelle qui sera seule à pouvoir prononcer un jugement; on parlera, selon les cas, d'ordonnance de renvoi ou d'ordonnance de non lieu.

La Chambre des Mises en Accusation qui siège auprès de chaque Cour d'Appel fonctionne essentiellement comme instance d'appel des ordonnances rendues par la Chambre du Conseil. Ainsi par exemple, la Chambre des Mises en Accusation doit-elle se prononcer dans les quinze jours de l'appel introduit par un inculpé contre son maintien en détention préventive.

Les acteurs.

Notre constitution a voulu l'existence de trois pouvoirs indépendants les uns des autres : le pouvoir législatif, le pouvoir exécutif, le pouvoir judiciaire.

Organiquement, l'indépendance est possible... Dans les faits, on entend régulièrement le Parlement (législatif) déplorer l'accroissement permanent des pouvoirs de l'Exécutif, notamment par le truchement des lois de pouvoirs spéciaux, tandis que le pouvoir judiciaire, structurellement indépendant, dépend toujours du monde politique (législatif et exécutif) pour la nomination de ses magistrats.

Ce n'est d'ailleurs pas par hasard que le pouvoir législatif tente de redorer quelque peu son blason dans le fonctionnement de ses commissions parlementaires d'enquête alors même que l'exécutif est en train de plancher sur les mesures à prendre en vue d'une dépolitisation de la magistrature.

Cela étant, tous les observateurs de la vie judiciaire s'entendent à dire qu'une fois nommés, nos magistrats prennent très largement leurs distances par rapport au monde politique.

Les acteurs principaux du monde judiciaire sont les magistrats du siège en ce compris les juges d'instruction, les magistrats du Parquet, les greffiers et les avocats.

Le magistrat du siège est d'abord un juge chargé de rendre un jugement c'est-à-dire de prendre une décision par rapport au problème qui lui est soumis. Ce juge prendra connaissance du dossier relatif à l'affaire, entendra les témoins, le prévenu, les explications du Ministère public (réquisitoire), de la défense (plaidoirie) avant de rendre son jugement.

Le Procureur du Roi ou magistrat du Parquet ou représentant du Ministère public ou encore magistrat debout (ainsi appelé parce qu'il se lève pour requérir) est en fait le représentant de la société, dans toutes les affaires pénales notamment. Le Parquet est un corps hiérarchisé : chaque arrondissement judiciaire fonctionne sous l'autorité d'un Procureur du Roi, flanqué de premiers substituts et de substituts, chaque Cour d'Appel ainsi que la Cour de Cassation ayant à leur tête un Procureur Général aidé de premiers avocats généraux et d'avocats généraux.

Selon les cas, le Parquet pourra instruire lui-même certaines affaires ou postuler leur mise à l'instruction auprès d'un juge d'instruction; le Parquet suivra ainsi les instructions en cours et demandera le cas échéant, leur renvoi devant une juridiction de jugement.

Le Parquet est plus directement lié au pouvoir exécutif dans la mesure où ce dernier dispose à son égard d'un pouvoir d'injonction positive. En clair, le Ministre de la justice peut exiger que le Parquet se saisisse d'une affaire et l'instruise, mais ne peut en aucun cas interdire au Parquet de traiter d'un dossier.

Le juge d'instruction est un magistrat du siège et à ce titre indépendant du Parquet sinon que celui-ci exerce un contrôle sur les instructions menées.

Le juge d'instruction dispose seul de pouvoirs exceptionnels tels que la délivrance de mandats de perquisition, de mandats d'arrêt ou de mandats d'amener. Le mandat de perquisition constitue une exception au principe de l'inviolabilité du domicile, les mandats d'arrêt et d'amener traduisant eux une exception au principe constitutionnel de liberté individuelle. Lorsqu'une personne est arrêtée par une autorité de police, elle doit être présentée au magistrat instructeur qui doit, le cas échéant, délivrer un mandat d'arrêt dans les 24 heures de la privation de liberté.

Le mandat d'arrêt ainsi délivré devra lui-même être confirmé par une chambre du conseil dans les cinq jours qui suivent. Cette confirmation devra ensuite intervenir au minimum tous les mois.

Le juge d'instruction dispose également de pouvoirs d'investigation très étendus qu'il devra mettre en oeuvre "à charge et à décharge", ce qui revient à dire qu'il doit aller chercher tous les éléments qui se révèleront utiles à la manifestation de la vérité. La nature humaine étant ce qu'elle est, il arrive malheureusement parfois que des magistrats instructeurs se forgent une hypothèse quant à la matérialité des faits et soient ainsi tentés, presque inconsciemment, de ne récolter que les éléments favorables à la thèse qui leur semble la seule valable.

Pour cette raison notamment, mais aussi pour d'évidents motifs liés à la permanente surcharge de travail et au manque de formation spécifique (criminologie, police générale, police scientifique...) des juges d'instruction, il importe aujourd'hui de s'interroger sur l'opportunité de permettre à toutes les parties, inculpés ou victimes, non seulement un plus large accès au dossier d'instruction mais également un plus grand pouvoir d'initiative à l'égard de l'instruction elle-même.

Le greffier, contrairement à ce que l'on pense souvent, n'est pas que le "secrétaire" du magistrat. Le greffier est un officier public, garant des pièces et des actes de la procédure. Sans la signature du greffier, par exemple, un jugement rendu n'est pas exécutoire, ce qui veut dire qu'il devrait rester lettre morte sans que la victime puisse mandater un huissier de justice pour récupérer, par la contrainte si nécessaire, les sommes auxquelles elle a droit.

UN PEU DE VOCABULAIRE...

Apostille : L'apostille est une sorte de "note de service" émanant d'un magistrat; c'est le document par lequel le magistrat demande par exemple l'accomplissement de tel ou tel devoir d'instruction ou à s'enquérir de l'état d'une instruction.

Correctionnalisation : Se dit lorsqu'un fait réputé crime par la loi peut être et est "disqualifié" de façon à être renvoyé devant une chambre correctionnelle plutôt que devant une Cour d'Assises. La correctionnalisation a notamment pour but de permettre le traitement rapide de nombreuses affaires que le nombre limité de Cours d'Assises ne permettrait pas de traiter en temps utile.

Plainte : L'un des mots les plus galvaudés du vocabulaire judiciaire. Une personne peut en effet déposer plainte à l'encontre d'une autre ou à l'encontre d'un inconnu dès qu'il fait état d'une infraction. Une plainte peut être déposée par l'intermédiaire d'une autorité de police ou directement auprès du Procureur du Roi. Dans la réalité quotidienne, le mot plainte est utilisé à mauvais escient pour désigner la mise en oeuvre par une personne d'une procédure civile, commerciale, sociale... à l'égard d'une autre. Selon les cas, il faudrait alors parler de requête ou d'assignation par exemple.

Inculpation : C'est l'acte par lequel un juge d'instruction fait savoir à la personne qu'il a en face de lui qu'il retient à sa charge une série d'éléments permettant de croire que la personne en question s'est rendue coupable d'une ou de plusieurs infractions clairement désignées.

Instruction : L'instruction menée par le juge d'instruction est secrète et non contradictoire. Secrète parce que toute personne qui y est directement liée (magistrats, policiers, experts, greffiers,...) est tenue à la confidentialité des renseignements qu'elle détient. Cette règle ne s'impose par ailleurs pas aux personnes qui ne sont pas dépositaires de ce secret, comme l'inculpé ou le journaliste. Il faut cependant bien constater que différents ministres de la justice ont consacré l'usage de communications à la presse au départ des différents Parquets. L'instruction est aussi non contradictoire dans la mesure où les inculpés et les parties civiles n'assistent pas à tous les actes de procédure tels que par exemple audition de témoins ou confrontations. Ces deux règles relatives à l'instruction sont aujourd'hui très largement contestées par une frange de plus en plus importante de juristes.

Prévenu : Se dit d'une personne à charge de laquelle des infractions déterminées ont été retenues et qui se trouve ainsi "prévenue" d'avoir à comparaître pour s'en expliquer devant une chambre correctionnelle.

Accusé : Se dit de la personne à l'égard de laquelle une instruction est terminée retenant à sa charge une ou des infractions qualifiées de crimes pour lesquelles elle devra comparaître devant une Cour d'Assises.

Δ

PAROLES DE MAGISTRATS

Des magistrats, rencontrés au hasard d'une enquête, évoquent les satisfactions, les servitudes et les difficultés de leurs fonctions. Ils s'expriment librement et anonymement.

Une touche d'ambiance sur les réalités quotidiennes de la magistrature.

Les noms, les situations et les lieux ont été changés. Plusieurs témoignages ont parfois été regroupés sous un seul nom.

Jean, président de tribunal

Jean est un magistrat d'une cinquantaine d'années. Il a fait toute sa carrière au palais de justice d'une grande ville de Wallonie. Après de nombreuses années d'instruction, il préside un tribunal de la jeunesse.

Il se dit choqué de la manière dont les interrogatoires sont menés par les membres de la Commission parlementaire d'enquête sur les disparitions d'enfants en Belgique : "Ces députés ne tiennent absolument pas compte de nos conditions de travail ! Ils ne comprennent rien à notre boulot, alors que ce sont eux qui font les lois !"

"Depuis des dizaines d'années, la demande du citoyen en matière de justice a fortement augmenté. Regardez le nombre d'avocats : il a plus que doublé dans notre ville en quelques années, passant de 260 à plus de 400. Aujourd'hui, les compagnies d'assurances entament des procès pour 10.000 francs. La demande de justice a fortement augmenté, mais les effectifs et les moyens n'ont jamais suivi."

Jean donne des chiffres : "Ici, nous avons un crime sur les bras toutes les semaines. Il faut faire face à une criminalité très violente : attaque de bureaux de poste, de succursales de banque, de fourgons de transporteurs de fonds. Sans compter la criminalité en col blanc, qui mobilise énormément d'énergie : il faut des mois de travail pour monter un dossier avec des moyens dérisoires. A l'heure où les fraudeurs et les escrocs bénéficient d'une batterie d'ordinateurs, nous avons droit à un stylo !"

"Quand j'entends dire, par des gens qui ne connaissent rien au travail des enquêteurs, qu'il suffisait de prendre un marteau pour découvrir la cave où Julie et Mélissa étaient enfermées à Marcinelle, je suis outré. Nous menons près de 300 perquisitions par an. Il ne suffit pas de prendre un marteau !"

Les problèmes sont énormes : "La machine ne fonctionne pas. Elle a été conçue au 19me siècle. Depuis des décennies, les magistrats demandent des changements importants dans certaines dispositions du Code pénal, du Code d'instruction criminelle. Des dizaines de propositions ont été transmises au pouvoir politique. Elles n'ont jamais été écoutées. Aujourd'hui, on nous promet le changement immédiat et il y a des raisons de s'inquiéter. Les politiciens ne nous ont pas toujours habitués à la rigueur. Ils ont pondu des lois idiotes, difficiles si pas impossibles à appliquer, qu'il faut revoir, mais qui, entretemps, génèrent inutilement des tonnes de paperasse. Un exemple typique : la nouvelle loi sur le divorce qui oblige à fournir trois exemplaires du dossier, qu'il faut ensuite collationner. Ici, on en garde un et on jette les deux autres".

Jean est pourtant un magistrat passionné par son travail. Ce travail de juge, il l'a choisi délibérément. Pour lui, c'est une vocation. Il refuse catégoriquement l'image d'une magistrature peuplée d'avocats sans causes. "Non, il y a beaucoup de magistrats qui ont choisi de l'être, et qui n'auraient pas aimé passer leur vie à défendre des escrocs, des voleurs et des criminels". Il connaît aussi nombre d'avocats qui refuseraient d'être juges pour tout l'or du monde. Cela dit, Jean signale aux amateurs qu'il y a 35 places vacantes au parquet pour toute la Belgique, et qu'il n'y a pas de candidats.

Quand il parle de son métier de juge, Jean s'enflamme : "C'est évidemment un métier très difficile, et peu compris par le grand public. Rien ne doit être bâclé. Pour le citoyen qui s'adresse à la justice, "son" affaire est la plus importante. Le bon magistrat est celui qui écoute et qui analyse, pour motiver son jugement. C'est un métier qui exige des gens méticuleux, qui ont la fierté de rendre un bon jugement."

Dimitri, juge d'instruction

Dimitri est juge d'instruction Il a une quarantaine d'années. C'est un vrai passionné, parfois un peu trop, disent ses collègues, qui lui reprochent d'en remettre. Il travaille dans une très grande ville.

Il y a des dossiers partout : à terre, au-dessus des armoires, sur les tables des bureaux. Impression de se trouver sur un océan paperassier d'où émergent le greffier et l'employée, derrière des écrans d'ordinateurs "qui nous servent de machine à écrire", mais rien de plus. La connection au registre national fonctionne (très mal) uniquement pendant les heures de bureau (8/12 et 14/16, en semaine). Aucun programme n'a été mis au point pour traiter les dossiers, qui se composent de fardes d'un poids maximal de 2 kilos et demi, reliées, comme au 19me siècle, avec des cordelettes et des lacets ! Le seul instrument à disposition du juge d'instruction pour traiter cette matière, c'est un cerveau et un stylo.

La voix est puissante, grave, bien posée. Le parler est direct et de style carabin ou estudiantin. Les mots "flics" et "cons" reviennent très souvent, pas nécessairement accolés l'un à l'autre.

Il a passé plusieurs années à l'université, en tant que chercheur. Il a publié. Il a réfléchi sur les questions de droit. Il a été avocat et président de chambre. Il essaie d'exercer son métier de magistrat instructeur en tenant compte de son expérience d'avocat. Très procédurier, légaliste, il s'amuse beaucoup à jongler avec le Code d'instruction criminelle.

Le juge d'instruction voit son mandat renouvelé tous les 5 ans, sauf avis négatif, porté sur le fonctionnement plutôt que sur les résultats. Il faut trouver des alliés. "Je gueule pour obtenir ce que je désire". "Dans certaines affaires, il me faut tel flic de la section financière de la Police Judiciaire (PJ), je fais tout pour l'obtenir". La PJ est le service de police "naturel" du juge d'instruction, mais il peut faire appel également aux Brigades de Surveillance et de Recherche (BSR, les gendarmes en civil) ou au Comité Supérieur de Contrôle (CSC).

Le juge d'instruction doit intervenir, au terme de la Constitution, quand les droits essentiels du citoyen sont concernés : arrestation, perquisition, placement du zoller et du "malicieux" (contrôle des conversations téléphoniques ; chez les magistrats, on ne dit pas pas "écoutes" téléphoniques).

Son travail principal consiste à lire les procès-verbaux rédigés par les enquêteurs, voir et discuter avec les enquêteurs, les rencontrer à leur demande. Dimitri a appris son métier sur le tas. Il s'est posé la question de savoir "comment il aimerait lire un dossier bien préparé" et essaie de traiter ses dossiers de cette manière : le dossier clôturé doit être structuré, compréhensible, cohérent. Il faut l'esprit de synthèse. Dans les toutes grosses affaires, il envoie des copies de chaque procès verbal au substitut pour éviter que celui-ci n'encaisse un dossier monstrueux qu'il ne parviendra ni à étudier, ni à dominer, mais "quand le procureur est un emmerdeur, il ne reçoit rien du tout, pas question d'entamer mon indépendance, ni de marcher sur mes plates-bandes". "Parfois, le procureur est plus impressionné par un entrefilet paru dans une gazette que par une montagne de rapports venant de l'intérieur du département."

C'est le procureur du Roi qui va saisir le juge d'instruction. Le procureur choisit sur une liste de personnes en service. Dans le cadre de sa saisine, le juge d'instruction écrit une série d'apostilles (demandes) qui doivent être effectuées par les officiers de police judiciaire compétents. Le juge d'instruction a le choix : la gendarmerie (son rôle est de plus en plus envahissant, du fait de sa structure, de ses effectifs, de son matériel, de son organisation), mais il y a aussi la Police Judiciaire, et le Comité Supérieur de Contrôle, qui intervient pour des tâches plus spécifiques (travail au sein des administrations).

Le juge d'instruction peut choisir sur une liste non limitative(qu'il garde sur lui) les officiers de police judiciaire, et les experts qu'il requiert pour effectuer certains devoirs (médecins légistes, experts en balistique, psychiatres dans les cas de meurtre, experts de laboratoire pour des analyses spécifiques).

Au tribunal où il travaille, Dimitri connaît très bien le procureur : ils ont été à l'université ensemble, ce qui permet une certaine souplesse qui n'existe pas dans d'autres parquets, ou avec d'autres personnalités.

Lors d'une descente, les problèmes techniques, psychologiques et humains sont souvent énormes : s'il y a eu des blessés, le service d'urgence est passé et a procédé à leur évacuation, de nombreuses personnes, autorisées ou non, ont eu l'occasion de venir sur les lieux du drame et des indices matériels importants, voire capitaux, peuvent être irrémédiablement perdus. Dimitri essaie de systématiser la pratique du périmètre de sécurité, mais cela dépend beaucoup des circonstances, des lieux, et des hommes qui sont sur place. Il y a en tous cas, une énorme déperdition d'indices matériels, mais "les brancardiers appelés en urgence se foutent du Code d 'instruction criminelle" car "le meilleur dossier du monde ne vaut pas la vie d'un homme".

"Je suis content après une belle instruction". Le juge d'instruction cherche les "indices de culpabilité". Il inculpe, il arrête. Il interroge. "L'aveu, recueilli après des heures, voire des jours de confrontation est un moment très particulier de bonheur profesionnel. C'est une délivrance, un accouchement, pour le juge et pour le prévenu."

Quand le dossier est terminé, il est transmis au Parquet. Le procureur lit le dossier et prend ses réquisitions. Il décide qu'il y a charge pour demander des poursuites ou que les charges sont insuffisantes et propose un non-lieu.

Le dossier est transmis en Chambre du Conseil. Une chambre à un juge, qui statue sur le rapport du juge d'instruction et ordonne l'éventuel renvoi de Monsieur "X" en chambre correctionnelle, sur base de telle ou telle inculpation. La décision de la Chambre du Conseil peut faire l'objet d'un appel ou d'un pourvoi en cassation. Si il n'y a pas d'appel, le dossier est transmis au Parquet, maître de son rôle, qui assigne l'affaire à une chambre du tribunal correctionnel.

L'avocat du prévenu peut demander copie du dossier, mais il doit payer les copies. Il plaide sur les faits, les circonstances et l'interprétation juridique du tout. Il arrive, mais c'est exceptionnel, que le juge d'instruction témoigne en correctionnelle. Devant la Cour d'assises, le juge d'instruction est le premier témoin.

Dimitre estime fondamental que, dès les premiers instants, tout le monde comprenne que le patron de l'enquête, c'est lui. Il a ses trucs pour maintenir la pression. Lors d'une descente : "J'ai entendu des choses, ça ne va pas votre truc". Il faut "être très court sur la balle : si c'est un piège à con, j'espère que je ne suis pas le con".

Dimitri établit les limites avec ses "clients" : un drogué est libéré après une première interpellation, mais il est prévenu pour la prochaine fois "Si on te ramasse en train de pisser sur un arbre, c'est le ballon !" ou, dans un autre style "interdiction de sortir dans tel dancing, sauf avec un ascendant, et tu peux toujours essayer d'y emmener ta grand-mère !." "Un bon juge" fonctionne sur sa réputation, dans le milieu et chez les enquêteurs. Mais, "il y a des bons juges et des crétins".

Un juge d'instruction doit traiter en moyenne de 200 à 300 dossiers en même temps (Dimitri en traite 300/400) : cela va du vol d'un sac à main à l'assassinat, en passant par les problèmes de drogue, les trafics, les vols à main armée, les cambriolages, les escroqueries, etc. Ajoutons à cela un problème d'effectifs et aussi la dépendance du juge d'instruction par rapport aux forces de police qu'il emploie ("on n'a pas le temps de faire cela", "on n'a pas les hommes", etc.). En clair, la séparation des pouvoirs s'arrête quand une force comme la gendarmerie, qui, dépendant du ministère de l'Intérieur, peut bloquer une enquête voulue par le procureur ou le juge d'instruction.

Dimitri insiste sur la grande importance d'être bon sur le plan technique, de déjouer les pièges qui attendent un juge sans expérience. Il insiste beaucoup sur les questions de personnalité : c'est le juge d'instruction qui dirige "son" enquête, il doit mettre les choses au point dès le départ, avec les enquêteurs, avec le procureur, et avec les prévenus. Il faut qu'il connaisse bien son Code d'instruction criminelle, pour remettre les avocats, les policiers, les prévenus, les inculpés et le procureur à leur place. 95 % des devoirs sont prévus par le Code d'instruction criminelle. Il faut aussi que le juge d'instruction se perfectionne dans la technique judiciaire : il doit pouvoir dire, rien qu'en voyant une blessure par balle si c'est le résultat d'un coup à bout touchant, d'un coup à bout portant ou d'un tir à plus de deux mètres. Il faut totalement s'impliquer.

Dimitri insiste sur la loyauté du juge à l'égard du système (Etat de droit) et à l'égard de ses enquêteurs. Il affirme déléguer un maximum, mais refuse les subdélégations. Donc, quand il demande à un enquêteur ou à un expert d'effectuer un devoir, pour lui, c'est cet enquêteur qui doit le faire, pas un autre. Lui se contente des devoirs essentiels, prévus par la loi. Très important : écouter le premier témoin, les gens qui étaient sur place, qui ont vu, qu'il faut isoler tout de suite pour éviter toute "contamination" de témoins. Au besoin, Dimitri demande plusieurs camionnettes de gendarmerie, pour y maintenir les témoins avant audition. Il est primordial d'écouter les officiers de la PJ ou les gendarmes qui ont fait les premières constatations. Mais il estime, comme certains auteurs, que "la meilleure instruction se fait de son bureau". Il n'est pas toujours bon de se montrer sur place, cela permet d'éviter les incidents. Dimitri cite le cas de quelqu'un qui voulait téléphoner à son avocat en pleine perquisition. Prévenu par un enquêteur, il lui a donné l'ordre d'arracher les fils du téléphone en cas de résistance "parce qu'un prévenu n'a pas à contacter son avocat ; il faut que nous gardions nos chances de réussir la perquisition et d'exploiter le bénéfice de l'effet de surprise des "petites visites de 5 heures du matin"".

Les interrogatoires se font dans le bureau du juge d'instruction, en dehors de la présence d'un avocat. Le prévenu est accompagné jusqu'au bureau du juge par des gendarmes. Dimitri interroge ses suspects non menottés. Lorsque quelqu'un est interpellé, il prévient son avocat, ou, s'il n'en a pas...c'est le greffier qui doit prévenir l'avocat ou, si le suspect n'en a pas, prévenir le bâtonnier pour que l'on fournisse un avocat au suspect. Le juge peut accepter certaines demandes de l'avocat "pour jouer le jeu", mais dans le respect de l'intérêt des parties et de la législation. Avec les suspects, il faut faire preuve de psychologie et de doigté. Le mensonge n'est pas interdit, mais le juge fait acter par son greffier : "Vous avez le droit de mentir". L'homme interrogé est un homme libre, mais "s'il gueule, je gueule aussi !"

Certains enquêteurs travaillent mieux avec certains juges. Il est primordial de pouvoir choisir son équipe, qui observe le comportement et la motivation du juge. l'enquêteur travaille mieux quand un juge sait sacrifier un week-end pour effectuer des devoirs et surveiller une enquête ("mon flic sait ça").

Le juge d'instruction fonctionne "comme un pompier". Il est sur le pont 24 heures sur 24. Au tribunal de Dimitri, les services sont décidés de commun accord, mais le juge d'instruction de service doit prester 15 jours de suite, du lundi 9 heures au lundi à 9 heures. Il est attaché à son sémaphore et doit rester disponible 24 heures sur 24. Les week-ends, il passe au bureau le samedi et le dimanche matin, mais il peut être aussi appelé à n'importe quelle heure de la nuit : il lui faut une énorme disponibilité, et il doit sans doute faire souvent l'impasse sur sa vie de famille.

Charles, juge d'instruction

Charles est un père de famille de 35 ans. Juge d'instruction par passion du métier. Il a fait carrière dans le "juridisme institutionnel" et apprécie la fonction de juge d'instruction pour les contacts avec les gens et les milieux différents. Il est frappé par la banalité du criminel : c'est souvent un homme comme un autre, et parfois, un être attachant. Il exerce son métier dans une région très touchée par la crise économique.

Les relations de Charles avec son greffier sont moins idylliques que celles de Dimitri : "Vous l'avez vu ? C'est un imbécile ! " L'homme dont on parle a le poil blanc, le visage renfrogné et n'a l'air, effectivement, ni très éveillé, ni sympathique.

Les journées sont chargées et commencent tôt, les obligations nombreuses et les effectifs trop réduits. L'aide du greffier est dérisoire : les juges doivent tout faire eux-mêmes, et il leur arrive de dactylographier les rapports. Le lundi est un jour "cool", le nombre de "provisoires" (détentions provisoires) est relativement réduit, les auditions clairsemées, mais, l'après-midi, il y a les audiences en Chambre du Conseil.

Arrivée au bureau : 8 heures et demie. Arrêt midi et demi/14 heures 30. Fin des opérations vers 18/19 heures, mais si on est de permanence, on peut être sorti de son lit plusieurs fois sur une nuit. Le week-end : samedi, de 9 à 19 heures. Le dimanche, de 9 à 16 heures et parfois 22 auditions par jour. Charles se plaint des odeurs. Après une journée, le bureau empeste un mélange caractéristique : l'odeur du "trou", le mitard où les personnes interpellées attendent de comparaître devant le juge. Cette odeur est un âcre cocktail de fumée de cigarette, de transpiration et d'urine...Moyenne horaire hebdomadaire : 50 heures. Sur un an, 2.000 auditions et, en général, 3 à 400 affaires par an et par juge !

Il manque 2 personnes à l'effectif. Les autres doivent boucher les trous, donc pas question de rentrer des certificats de maladie ou d'être absent.

Il y a, pour les juges d'instruction, en moyenne trois audiences en Chambre du Conseil par semaine. Le juge vient expliquer au président de la Chambre du Conseil pourquoi il a mis un suspect sous mandat d'arrêt. Il revient pour justifier le maintien du mandat d'arrêt et donner l'état d'avancement du dossier. C'est la Chambre du Conseil qui décide le renvoi devant une juridiction. Charles évoque les règles "idiotes" de procédure qu'il faut absolument respecter même quand on tombe sur l'affaire du siècle. Pour le reste, Charles admet que l'on écorne les procédures rigides pour cause de "bonne justice". Il cite l'exemple d'un petit délinquant pris sur le fait et tabassé par les policiers. Hospitalisé, le délinquant aurait dû être gardé, même à l'hôpital, puisqu'il était sous le coup d'un mandat d'amener, mais Charles a commis une irrégularité pour éviter la présence d'un policier.

Le juge d'instruction est "la dernière porte" : les délinquants savent qu'en passant devant lui, ils jouent leur liberté. Il y a parfois des menaces, des injures et des insultes. "Souvent quand je décerne un mandat d'arrêt, je procède à une perquisition". Les perquisitions sont exécutées par la police ou par la gendarmerie, soit avec le consentement des suspects, soit avec un mandat de perquisition.

Dans tous les cas de meurtres ou de crimes, le parquet téléphone au juge d'instruction, prépare la descente et convoque les experts, mais le juge peut avoir aussi "ses" experts. Le greffier prend note des présents et note les réquisitions du juge d'instruction.

Le juge d'instruction est un "mandat d'arrêt sur patte" : il peut, s'il voit une infraction, agir en tant qu'officier de police judiciaire et se "saisir" lui-même du délinquant, mais, "est-ce qu'une escroquerie aux fausses cartes de Belgacom vaut deux dents cassées ?"

Il est arrivé qu'un juge, très costaud, procède personnellemnt à une arrestation en pleine rue, emmène le délinquant dans son bureau et lui délivre un mandat d'arrêt, mais ce sont des cas relativement rares.

La profession se féminise, ce qui ne déplaît pas à Charles. Il reconnaît une différence d'attitude : les femmes sont plus à l'écoute des victimes dans des affaires de moeurs, plus efficaces avec les victimes de sévices sexuels, et plus intraitables avec les responsables de ces sévices. Mêmes réactions en ce qui concerne tout ce qui touche à l'enfance : viol, pédophilie, violences. Plus à l'écoute des victimes, mais plus dures avec les agresseurs.

Pour devenir Juge d'instruction, il faut être magistrat depuis trois ans au moins et pour devenir magistrat, il faut un minimum de trente ans. Certains ne sont pas nommés tout de suite. Donc, un juge d'instruction non pistonné politiquement doit avoir au minimum 33 ans. Le juge d'instruction est, en principe, indépendant, mais dans la pratique, les rapports avec le parquet sont ambigus. Le juge d'instruction dépend administrativement du président du tribunal et, indirectement, de l'avis du parquet : si le parquet estime que, pour telle ou telle raison, le juge d'instruction ne convient pas, celui-ci risque de perdre sa place.

Annette, substitut du procureur du Roi

Annette est une mère de famille énergique de 40 ans. Elle est substitut du procureur du Roi dans une ville moyenne de Wallonie. La rencontre commence par un petit cours de droit : il y a la magistrature "assis", ce sont tous les juges (le siège), et il y a la magistrature "debout", le parquet. Les juges sont indépendants du pouvoir exécutif (ministre de la justice, gouvernement), ils dépendent du président du tribunal. Aucun juge ne dépend du procureur. Annette essaie de devenir juge depuis des années, mais sans succès. Le parquet est un système fort hiérarchisé : il y a un procureur du Roi par arrondissement judiciaire, ces procureurs dépendent du Procureur Général et, au-delà, du ministre de la Justice. "Un système imbécile et militarisé".

Au tribunal d'Annette, il y a différents secteurs au parquet : sous le procureur, il y a le premier substitut, et les substituts du procureur, qui "représentent le procureur" et sont chargés de secteurs particuliers : secteur "personnes" (tout ce qui concerne l'état civil), secteur "biens", secteur "stupéfiants", secteur "jeunesse", secteur "roulage", etc. Une assistante sociale est attachée au palais, mais, par manque de place, elle ne dispose pas d'un bureau. Annette est spécialisée dans les problèmes de drogue.

"Sans nous les substituts, les juges d'instruction ne peuvent rien faire. On l'oublie trop souvent dans les médias : c'est nous qui tenons les affaires au début et à la fin. Sans nous, le juge d'instruction ne peut se saisir d'un dossier, c'est nous qui effectuons une réquisition. A partir de ce moment-là, le juge peut intervenir."

Le service est permanent. 24 heures sur 24, il y a un substitut de garde, soit au palais, soit, le soir et la nuit, à son domicile, relié au téléphone et au sémaphore. Le substitut reçoit tous les appels concernant l'arrondissement de son ressort : accidents mortels, suicides, meurtres, vols avec violence.

Qui appelle le substitut ? La police judiciaire, la police communale, la gendarmerie. Les policiers constatent un délit, ou se trouvent devant un problème qu'ils ne peuvent pas résoudre, alors ils appellent le substitut. Souvent il y a plusieurs appels par nuit. Le substitut peut décider l'envoi d'un expert, il doit décider. Il y a des situations abracadabrantes, des cas douteux, difficiles à apprécier par téléphone. La grande difficulté de son travail c'est de devoir prendre très vite des décisions importantes avec très peu d'éléments. Dans le cas très courant d'inceste du père de famille, la législation n'aide pas : c'est souvent la Cour d'assises ou rien. Le substitut ne dispose pas de moyens humains suffisants. La nouvelle arrive la nuit. Il faut décider : "J'arrête, j'arrête pas" sur base d'une relation téléphonique ou de descriptions faites par un gendarme ou un policier qui essaie d'influencer le substitut. "Une relation téléphonique correspond très rarement à ce qu'il y a dans le procès-verbal, c'est une relation incomplète, orientée, très difficile à apprécier". Annette ne se contente pas de ce qu'on lui a dit. Quand elle prend une décision, pour s'aider, elle se dit qu'elle a vraiment tout essayé. Les descentes sont souvent difficiles. Il y a parfois 6 affaires différentes qui sont en cours. Les devoirs d'une descente sont interrompus par des appels radio concernant d'autres dossiers (la voiture de la PJ est équipée d'un radio téléphone). Ceci explique que les décisions ne sont pas toujours affinées, mais Annette affirme n'avoir jamais commis de bourdes fondamentales. Ce qu'elle apprécie dans son travail, c'est la liberté de manoeuvre par rapport à une hiérarchie bureaucratique qui "heureusement ne peut pas tout contrôler".

Exemple d'un cas douteux classique : suicide en présence d'un tiers (meurtre ou vrai suicide ?). Si, après analyse sommaire, le cas n'est pas suspect, on envoie un expert pour être certain. Si le cas est suspect ou peu clair, si le médecin légiste hésite, trouve des choses bizarres, le substitut met à l'instruction. C'est le substitut qui commence l'enquête et qui apprécie les premiers éléments. Reprenons le cas du suicide : s'il n'y a pas de trace de lutte, si on trouve une lettre expliquant le geste, si le médecin de famille confirme les tendances dépressives, le substitut autorise la remise du corps à la famille (il est le seul à pouvoir le faire), et il classe le dossier. Si les experts estiment que le cas est peu clair, le substitut requiert une instruction. La descente sur place est menée par le juge d'instruction, accompagné du substitut.

Le week-end, en moyenne, il y a, pour l'arrondissement, une vingtaine de coups de téléphone. En cas de hold up avec auteur inconnu, il n'y a pas d'instruction. Si il y a une arrestation, le substitut entend la personne arrêtée et décide s'il y a ou non instruction d'un dossier.

Tout procès-verbal arrive chez le substitut : cela va de l'ivrogne qui a uriné sur une clôture au chien qui aboie la nuit, en passant par le vol, le viol, l'assassinat. Les substituts n'ont droit à aucune récupération. Certains, qui ont passé des nuits de permanence, somnolent à l'audience ou en Chambre du Conseil. Il y a des nuits où Annette a été réveillée 6 fois de suite. Le lendemain, elle était incapable de se souvenir de ce qu'elle avait dit "en tous cas pas une connerie, c'est l'expérience, mais plus aucun souvenir !"

Après 8 ans de carrière, Annette gagne environ 70.000 francs nets par mois. Elle a fait 5 ans de droit et a dû exciper d'une expérience juridique de 4 ans pour postuler. Le milieu judiciaire est très macho. Il y a 9 ans, quand elle a introduit sa demande chez un magistrat pour devenir substitut, elle a été accueillie par cette phrase : "Dites donc ! Pourquoi ne restez-vous pas chez vous à faire du tricot ?" A l'époque, il fallait avoir terminé son droit, avoir 25 ans minimum, plus 4 ans d'expérience juridique, soit comme avocat, soit comme expert dans une administration. Aujourd'hui, le statut a changé sous l'impulsion du ministre Wathelet. On postule, puis on effectue un stage de 3 ans, réparti dans les 2 magistratures, la PJ, les prisons, la gendarmerie. Si le rapport est favorable, on est nommé soit juge, soit substitut.

Pour la nomination, il n'y a qu'un seul truc : le piston politique. La politisation des nominations est systématique : pour être nommé, il faut être appuyé par la section régionale du parti (si on postule pour telle ville, il faut que le PS, le PSC ou le PRL local soit d'accord) et il faut un appui de ce même parti au niveau national. Tous les magistrats concernés par votre nomination doivent donner un avis. Mais, d'après Annette si la politisation des nominations est évidente, la politisation des dossiers l'est beaucoup moins. En tous cas, elle n'a jamais connu de pressions politiques concernant un dossier délicat.

Annette n'est pas tendre avec le parquet : "la hiérarchie judiciaire est rétrograde, imbue d'un esprit de type militaire datant d'un autre siècle, totalement inadapté à notre époque. A 3 heures du matin, on est tout seul pour régler des problèmes excessivement délicats, mais à 9 heures 10', on est en retard et il faut presque remettre des excuses par écrit".

"Certains procureurs ne font que les cocktails et les réceptions : ils sont en représentation permanente et laissent tout le travail aux substituts, d'autres procureurs assistent aux audiences, descendent sur le terrain. C'est une question de personnalité : "les bons chefs sont passés par tous les stades de la profession, ils connaissent le boulot, ils doivent pouvoir comprendre les problèmes qui se posent en-dessous d'eux". Mais ce n'est pas toujours le cas : un procureur ne doit pas obligatoirement avoir été substitut : il peut être nommé directement procureur et ne rien connaître à la réalité du métier.

Annette s'inquiète : "Quand les conditions légales sont remplies, il n'y a plus que le piston qui fonctionne. Cela explique que des postes, impliquant des très lourdes responsabilités, sont confiés à des personnages totalement incompétents. C'est grave dans tous les secteurs de la société, mais c'est gravissime dans le domaine judiciaire."

Elle met en doute les qualifications des juristes pour organiser le travail et stimuler le personnel : "Dynamiser les équipes, gérer les qualités humaines sont des choses délicates, subtiles, et les personnes qui sont nommées à des postes de responsabilité sont rarement qualifiées pour faire ce genre de travail. Quand elles le sont c'est presque par hasard. Les réformes prévues par le nouveau statut Wathelet risquent de rendre les choses encore plus difficiles". Annette cite deux exemples : "Dans notre parquet, il y a une place de substitut vacante depuis 2 ans (il n'y a eu aucun candidat); lors du dernier examen, il y a eu 8 candidats qui ont réussi l'examen pour toute la Belgique, ce qui veut dire que, soit l'examen n'est pas adapté, soit la carrière n'attire que des crétins. Il faudrait tout revoir de fond en comble."

Magré tout, elle aime son métier et y croit encore "parce qu'il y a des moments où on décide seule malgré le système étouffant, mesquin et stupide". Elle rappelle qu'à l'audience, le substitut est complètement indépendant et peut décider de ne pas requérir alors qu'il en a reçu l'ordre. "Quand on étudie un dossier dans toutes ses nuances, on n'a jamais le sentiment d'injustice". Annette cite l'avocat Philippe Mayence : "Un bon procureur est quelqu'un d'humain". "En 9 ans," dit-elle, "je n'ai jamais été contredite par un jugement. Le juge a toujours décidé dans le sens de ma réquisition". Elle estime que ses jugements sont mesurés, souvent humains : "Il y a des malchanceux, mais il y a aussi des crapules et des salauds".

Très critique à l'égard de l'organisation du travail dans "son" palais de justice, Annette affirme qu'avec un peu de savoir faire, on pourrait augmenter la rentabilité du système de 40 à 50 %, rien de moins, mais il y a les lourdeurs de l'administration. Ici, c'est Courteline qu'il faut évoquer : les analyses du grand visionnaire critique de la bureaucratie du 19me siècle sont toujours d'actualité. Ainsi, dans le parquet, il n'y a qu'une seule photocopieuse pour tout le palais de justice, mais les magistrats n'y ont pas accès directement. Ils doivent demander à un employé de photocopier le document. Il faut que l'employé soit présent, qu'il accepte de se déplacer, ou que le magistrat abandonne son bureau, et attende que l'employé ait réalisé la copie. Résultat : une incroyable perte de temps, à cause d'un système moyen âgeux. Par manque de place, il y a généralement deux substituts par bureau. Ils sont assis l'un en face de l'autre et disposent d'un seul téléphone, sans ligne directe. Les substituts ne disposent pas de machine à écrire et évidemment, il n'y a pas d'ordinateur. Les rapports sont envoyés à la dactylographie. Il y a aussi la saga de la recherche des dossiers. Ces dossiers sont stockés dans une aile éloignée du palais de justice. Pour retrouver un dossier, il faut demander à un employé d'aller le chercher. Si l'employé est disponible, il fera ses recherches avec plus ou moins de bonne volonté. Peut-être qu'il parviendra à trouver le bon dossier au bout d'une heure de recherche et de promenade dans les couloirs, mais, pour être efficace, il faudrait le dossier "X" tout de suite, puis, le dossier "Y" ou "Z". Annette a calculé qu'il faut souvent perdre une ou deux heures pour trouver un dossier. A ce rythme, les journées passent vite. Le plus simple, pour le magistrat est de se déplacer lui-même, mais alors, il n'est plus dans son bureau en cas d'appel téléphonique...

N'empêche, Annette tient à un métier qui lui a appris énormément de choses sur la nature humaine, mais qui use terriblement. Les magistrats ne voient que les aspects les plus consternants de la nature humaine : viols, vols, escroqueries, chantages, drogue, assassinats, incestes. L'exercice de ce métier demande un équilibre pour résister et "rester jeune et gai". "Un substitut sans une vie de famille équilibrée est foutu : on ne peut pas se reposer uniquement sur le travail, c'est trop lourd, trop dur". A un moment, il faut faire la cassure, ne plus voir un humain à 15 km à la ronde, regarder des choses légères et peut-être fleur bleue à la télévision." Annette n'habite pas la ville où elle travaille. C'est un choix. Elle ne veut pas courir le risque de tomber sur un collègue ou un supérieur hiérarchique à chaque coin de rue, ou encore sur un "client". C'est arrivé à un collègue qui s'est retrouvé avec le nez cassé. Annette a déjà été menacée à l'audience par des accusés vindicatifs. Il y a aussi eu quelques menaces dans son bureau.

Elle est très discrète sur ses activités. La plupart de ses relations ne connaissent même pas son métier "et c'est bien comme cela".

La permanence du juge Thomas

Thomas est un juge d'instruction de 35 ans. Marié et père de famille. Il passe un dimanche de permanence à son bureau, avec son greffier Emile. Il dispose d'une liste avec tous les noms de ceux à qui il pourra s'adresser : substitut de garde, juges d'instruction, greffiers, officiers de la PJ, officiers de gendarmerie, experts en balistique, incendie, automobile, explosion, accident aéronautique, médecin légiste, responsables du labo, etc. La permanence de week-end est une vraie permanence : il y a présence non stop de 9 heures à 16/17 heures. A midi, Thomas et Emile mangent leurs sandwiches en relisant des documents, entre deux confrontations de détenus, ou en écoutant les infos de la RTBF. Il y a parfois quelques taches de graisse ou de café sur les documents, mais tant pis. Les détenus semblent n'avoir droit à rien au "poste" : ni cigarette, ni boisson, ni nourriture. Parfois, "Monsieur le juge" propose un verre d'eau à un détenu qui se sent mal.

Les "clients" du samedi soir ne sont pas nombreux, ils représentent les paumés d'une grande ville : des parents quart monde, qui ont sans doute tué leur bébé de 18 mois dans une crise de colère (crâne fracassé contre un mur ou un meuble, un grand "classique", hélas), une voleuse et une receleuse impliquées dans une affaire de titres volés, 2 voleurs coincés dans un magasin de jouets à 2 heures du matin (ils ont déclenché l'alarme, mais il n'y a pas de trace d'effraction, par contre ils étaient sous influence de "Rhohypnol", et ont sans doute été tabassés par les policiers de Seraing), un mort par overdose, un jeune homme de 21 ans, dénoncé par son père pour abus d'héroïne, un ouvrier qualifié d' origine italienne, surpris par la police de Herstal alors qu'il vient de se filer 2 doses parce qu'il ne supporte pas d'avoir été licencié pour cause économique, un marocain de 21 ans (3 ans de prison) accusé par plusieurs témoins d'avoir fracturé les vitres de 2 voitures dans son quartier à 4 heures du matin. La plupart des "privations de liberté" sont intervenues après 17 heures. Il y a un cas qui doit absoument être réglé avant 14 heures, le poste s'inquiète : le substitut (un jeune sans expérience) a envoyé une apostille qui s'est perdue dans les couloirs (il y a interruption des services entre 12 et 14 heures).

Premier "client". Ce que Thomas trouve dans le dossier, c'est le procès-verbal de la gendarmerie : "X" est un jeune homme de 21 ans dénoncé et accusé par son père de consommer une dose d'héroïne par jour, d'avoir vendu sa foreuse pour s'acheter de la drogue et d'avoir détourné 40.000 francs en pompant cet argent sur la carte de banque de son amie, une jeune femme handicapée mentale avec laquelle il a eu un garçon il y a trois ans. "X" a suivi des cures de désintoxication. Il reconnaît l'usage régulier d'héroïne, "son seul plaisir", il est traité régulièrement à la méthadone, mais ce médicament lui évite simplement d'être malade. "X" a commencé à se droguer vers l'âge de 14 ans. Il est rapidement tombé dans la consommation de drogues dures. Il était parvenu à se stabiliser, mais il est retombé il y a un petit mois. Il n'a aucune formation et touche 13.000 francs de chômage par mois. Son amie touche une allocation de l'INAMI d'environ 30.000 francs. Une dose coûte 1.300 francs.

Quand Thomas a terminé la lecture du dossier. Il décroche son téléphone : "Allo chef ? "X" peut monter". Quelques instants plus tard, on entend des pas dans le couloir désert. Les pas s'arrêtent à la porte. Il y a un "buzzer". Thomas appuie sur le bouton vert.

La porte s'ouvre. Un gendarme amène un long garçon tout pâle, recroquevillé sur lui même. Entré dans la pièce, le gendarme détache la menotte qui le relie à "X". Ce dernier a les cheveux noirs, teintés au henné, assez longs, bouclés, recouverts par une casquette américaine, encadrant un visage où les yeux semblent morts. Une petite bouche, soulignée par une moustache qui fait corps avec un collier de barbe. Le teint est maladif. "X" est grand mais dégage une grande impression de fragilité. Il porte un foulard enroulé autour du cou. Il n'a plus de lacets à ses baskets. Ses jeans sont crasseux, couverts de petites taches de peinture. Il s'assied sur le siège en face de Thomas, la tête basse, prostré, le dos rond, les mains jointes au bout des bras qui pendent entre les jambes. Il n'a pas l'air d'être là. Le rôle du juge d'instruction est de faire confirmer les renseignements du dossier, et parfois d'aller un peu plus loin, de s'informer des intentions, de la situation familiale, et surtout de juger... si on peut le relâcher ou non. Le cas de "X" ne devrait pas être traité par un juge ou la justice. Il devrait être traité par une assistante sociale, une institution spécialisée ou une instance pour drogués. Comme cela n'existe pas, "X" échoue au poste du palais de justice.

Thomas : "Quand vous êtes prêt Monsieur le Greffier". Emile s'adresse à X : "Vous vous appelez X, né à Beyne-Heusay le 31 janvier 1969, vous êtes sans profession et vous êtes le père de Kevin, 5 ans"

X : "C'est exact".

Thomas : "Avez-vous déjà été condamné ?"

X : "Je ne crois pas" "Non ?"

Thomas : "Pourtant je vois quelque chose, dégradation de clôture, voyage en bus sans billet, ivresse sur la voie publique"

X : "Ah ouais"

Thomas : "Vous avez un avocat"

X : "Non...Oui... Euh...Attendez, il s'appelle M. Vandelois"

Thomas : "Je vérifie." Il ouvre un annuaire, recherche le nom, tout en dictant :"A votre demande, je confirme avoir utilisé la carte de banque de mon amie à son insu." Il reprend l'interrogatoire : "Vous avez pris les 40.000 francs d'une seule fois ?"

X : "Non, par petites quantités"

Thomas : "Monsieur le Greffier, notez : à votre demande, je précise que j'ai utilisé la carte de mon amie à plusieurs reprises, pour prendre des petites quantités d'argent". "C'était pour acheter de la drogue, vous en consommez combien ?"

X : "Une dose tous les deux jours"

Thomas : "Mme le greffier : à votre demande, je précise que contrairement aux déclarations de mon père, je prends seulement une dose tous les deux jours. Il est également exact que j'ai vendu la foreuse de mon père sur un chantier pour une somme de 3.000 francs. Je me suis servi de cette somme pour acheter de la drogue". Il poursuit : "Avez-vous une formation ? Avez-vous travaillé ?"

X : "Non, pas de formation, mais j'ai été engagé comme balayeur public à Herstal".

Thomas : "Vous mesurez combien ? Quel est votre poids ?"

X : "1m80 pour 74 kilos".

Thomas : "Je ne vous crois pas, ce serait plutôt 65 kilos, ça c'est la drogue. Montrez vos bras, votre père affirme qu'il n'y a plus de veines pour vous piquer." Thomas regarde et fait la grimace. "Ce n'est pas beau, vous avez mal ?"

X : "Non, je suis encore sous l'effet de ma dose d'hier"

Thomas : "Qu'est-ce que vous proposez ? Est-ce que vous êtes d'accord pour vous faire soigner ? Le substitut demande un mandat d'arrêt. Ce sera très dur pour vous à Lantin, ce n'est pas le meilleur endroit pour une cure de désintoxication. Vous allez voir le médecin, puis on va vous relâcher, mais il faut que vous arrêtiez parce que si je vous revois, je vous expédie en prison."
Thomas poursuit, à l'adresse d' Emile, qui prend note, "Je prends acte de mon inculpation du chef de détention de drogue illicite et d'usage de stupéfiants". Emile cède la place à Thomas devant le PC. Il frappe rapidement quelques lignes, tandis qu' Emile prend place à son bureau et commence à tamponner des documents. Quand Thomas a terminé, les documents concernant X sortent de l'imprimante.

X : "Monsieur le Greffier, numéro du dossier ? "

Emile : "Le 191/95".

Thomas présente les documents à "X". "Il faut signer les deux documents". Il appuie sur le buzzer. Le gendarme revient. Il passe une menotte au poignet de "X" et l'emmène. Thomas précise au gendarme : "X redescend. Le docteur va venir le voir, et puis, vous me le ramènerez". Quand "X" est parti, Thomas téléphone au médecin légiste de garde "un type formidable, passionné par son métier, comme nous tous".

Thomas : "Allo, Docteur ? Je suis content de vous avoir, j'en ai beaucoup aujourd'hui ! Ah, vous avez examiné Didier Z, comment est-il ? Non, je ne crois pas que ce soit un dealer, vous avez vu ses vêtements et ses chaussures ? Pas le style. Vous analysez ses urines ? Très bien. Je vous en donne d'autres. Il y a aussi "Y", le 172/95, vol avec effraction, il faut un examen de stupéfiants, il prétend être sous Rohypnol. Il est blessé au poignet et à la tête. Non, il n'accuse pas les policiers, mais vous savez qu'il y a des polices plus brutales que d'autres, enfin, des polices où il y a plus de chambranles, de coins de table, de portières de voitures qu'ailleurs. Je n'accuse pas Seraing, mais j'aimerais savoir. Oui, l'autre est moins amoché. Il ne dit rien, mais je suis presque certain qu'ils ont dû en recevoir. Bien, je vous fais un réquisitoire "stupéfiant". Pour ceux-là, on a le temps, mais pour "X", le procès verbal 171/95, il y a urgence, j'attends votre avis stup et urine, je ne veux pas courir le risque de le laisser sortir et de me retrouver avec une overdose sur les bras. Ah, il y a aussi le permis d'inhumer du 123/95, Vous me direz quoi ? Merci, au revoir Docteur, à bientôt".

Précision de Thomas : dès qu'il y a autopsie, le permis d'inhumer doit obligatoirement être délivré par le juge d'instruction.

Thomas dicte l'ordonnance de liberté sous condition : "Etant donné qu'il existe de fortes présomptions pour que, si il n'y a pas de conditions de libération, l'intéressé récidive, j'ordonne qu'il suive une cure de désintoxication et qu'il se rende auprès du docteur Marchand qui l'orientera et auquel il devra rendre compte endéans le mois. Il devra être suivi durant une période de six mois."

Deuxième "client" : il s'agit d'un ouvrier d'origine italienne, surpris par la gendarmerie de Herstal alors qu'il venait de se faire une injection d'héroïne. On l'a retrouvé endormi dans sa voiture, la manche de sa chemise était retroussée et il y avait une dizaine de seringues dans sa voiture.

Coup de téléphone du médecin légiste. "Oui docteur, je vous écoute. Le 191/95 me préoccupe, je n'ai pas envie qu'il nous claque dans les mains. Ah, encore une overdose, mais le substitut ne l'a pas signalée. J'ai pas reçu le dossier, c'est encore pour Libon ! Et puis il y a ces parents qui ont sans doute tué leur bébé de 18 mois. C'est sûr ? Boîte cranienne enfoncée. Un coin de table ? Pas possible en tombant? Vous êtes formel . Bien". Le buzzer sonne. Thomas fait introduire "W", l'italien de Herstal. Un homme d'une trentaine d'années, le cheveu court, très noir, le visage osseux. Il a la démarche caractéristique de la personne arrêtée, il tient son pantalon et marche en traînant les pieds, pour garder ses chaussures privées de lacets à ses pieds. Les yeux bruns sont mobiles. "W" a l'air inquiet, complètement paniqué.

Thomas : "Quand vous voudrez, Monsieur le Greffier"

Emile : "Vous vous appelez Giovanni "W", né à Seraing, le 24 janvier 1964, vous êtes ouvrier spécialisé et domicilié chez vos parents, à Grivegnée.

Sonnerie de téléphone.

Thomas : "Allo ? Oui maître, mais nous sommes en audition, c'est très difficile de parler. Vous intervenez pour qui exactement ? Dans quel dossier, mais je croyais que c'était Maître Chevalier qui défendait cette personne...Ah, vous intervenez pour qui dans cette affaire? Pour... Mais il est sous mandat. Ecoutez, je ne peux vous en dire plus, j'ai une audition en cours. Oui, merci, à bientôt".

La famille ou les avocats des prévenus interviennent de plus en plus souvent, même en week-end, pour tel ou tel détenu, ou telle affaire. Une pratique qui se développe malencontreusement. Thomas : "Avez-vous déjà été condamné ?"

W : "Oui, il y a plus de 5 ans, pour vol avec violence"

Thomas : "Ce n'est pas dans le dossier." Il interroge longuement "W" sur ses relations avec ses parents, s'il a des amis ou non ou des petites amies, non il n'a pas de petite amie, il a quelques amis, mais rien de fixe. Thomas demande :"Pourquoi est-ce que vous ne vous droguez pas chez vous ? "Réponse : "Parce que mon beau-père est très strict. Je pense à m'établir ailleurs. Mon beau-père est un ouvrier qualifié au chômage. Moi-même, je suis mécanicien spécialisé sur les tours de haute précision". Longue explication sur l'entreprise qui a licencié une partie de son personnel. "W" a commencé à se droguer à 17 ans "pour voir ce que ça faisait." Hasch, puis héroïne, mais rien d'autre. Il a été désintoxiqué il y a 6 ans. Il a perdu sa place il y a deux semaines. Il a craqué et a dû "expulser sa rage". Au fur et à mesure de sa déposition, "W" se trouble de plus en plus. Il malaxe nerveusement son mouchoir, essuie de plus en plus de larmes, qui finissent par ruisseler sur ses joues. A un moment, il ne parvient plus à parler. Thomas lui propose un verre d'eau et poursuit : "Les gendarmes ont trouvé une dizaine de seringues dans votre voiture".

W : "J'ai été obligé d'en acheter un paquet".

Thomas : "On a tout dit Monsieur le Greffier"

Emile quitte sa place. Thomas s'installe devant le PC et commence à taper : "Je prends acte de mon inculpation pour usage et détention de stupéfiants". On va vous relâcher, mais je voudrais savoir pourquoi vous avez été vous fixer à Herstal ?"

W : "Pour être franc, je connais un endroit où on voit venir les gens de loin".

Thomas : "Mais vous n'avez pas vu les gendarmes. C'est une malchance. Est-ce que les gendarmes ont saisi la voiture ?"

W : "Non, c'est ma soeur qui a été la rechercher"

Thomas : "Votre soeur et vos parents pourront vous soutenir. Vous allez voir le médecin légiste et on va vous relâcher. Ne vous inquiétez pas, il y en aura pour une heure, peut-être deux, mais vous serez libéré" Thomas sonne pour appeler le gendarme, qui remet la menotte au poignet de "W". Ils repartent vers le poste et le "trou". Commentaire de Thomas : "Il n'aurait jamais dû venir ici. C'est encore le substitut qui a voulu se couvrir" et il fait le geste d'ouvrir un parapluie au-dessus de sa tête.

LE VOISIN DE BERNARD WEINSTEIN

Le 20 août 1995, 3 jours après la découverte des corps de Julie, Melissa et Bernard Weinstein, Luciano Arcangeli enquête pour la RTBF Charleroi dans le voisinage de Bernard Weinstein, à Jumet, rue Daubresse. Il rencontre un voisin et ami de Bernard Weinstein, que nous appellerons Roland D. Un éclairage de première main sur le monde dans lequel Marc Dutroux et Bernard Weinstein évoluaient.

Luciano Arcangeli : "Quand avez-vous connu Bernard Weinstein ?"

Roland D. : "J'ai connu Bernard Weinstein il y a 8 ou 9 ans. Il vendait des motos à Bruxelles. Il en a eu marre. Il est venu vivre chez moi, puis je lui ai trouvé un coin pour se loger. Il a alors travaillé comme électricien. Il a beaucoup travaillé."
"On l'appelait le rat, "notre rat". Il logeait n'importe où, dans une cave, dans un garage. Il ne faisait jamais de bruit. Il était très sale. Quand on l'invitait à manger, on lui disait : "Tu peux venir, mais va te laver." A un moment donné, il était en chômage et il a commencé à commettre des petits vols. Il "faisait" des voitures. Il a eu quelques histoires, mais sans méchanceté."

L.A. : "Marc Dutroux affirme qu'il a donné 50.000 francs à Bernard Weinstein pour enlever des enfants. Qu'en pensez-vous ?"

Roland D. : "Bernard n'a jamais regardé les enfants. S'il avait besoin d'argent, il allait chercher un camion. Ca lui faisait 200, 250.000 francs. Il emballait le plus beau camion en 2 minutes. Ca ne tient pas. Il a passé la Noël, le Nouvel An à la maison, avec mes enfants. Il n'a jamais eu un regard vicieux."

L.A. : "Connaissiez-vous Marc Dutroux ?"

Roland D.: "Je connaissais Marc Dutroux. Je lui ai vendu le camion avec la grue que l'on voit partout maintenant. Je sentais pas tellement bien Dutroux. J'ai recommandé Bernard à Dutroux, et Bernard a commencé à bricoler. Dutroux, c'était une vraie sangsue, avec ses paroles mielleuses...Oui, oui...un type malsain. J'ai entendu dire qu'il tournait des films pornos et que sa femme était une salope. Moi, je lui ai simplement vendu un camion. Je ne voulais pas me lier d'amitié avec ce type-là. Tous ceux qui ont vu Dutroux m'ont dit :"Je l'sens pas c'type-là". Moi non plus je l'sentais pas."

L.A. : "Avez-vous rencontré Michel Lelièvre ?"

Roland D. :"Je l'ai rencontré récemment. Je suis propriétaire de 20 garages, de dépôts, d'appartements. J'avais loué un hangar de 200 m2 à Marc Dutroux, parce que Bernard me l'avait demandé. C'est pour Bernard que je l'ai loué et je lui ai vendu tout le matériel et les véhicules qui se trouvaient dedans. Je lui ai dit : 400.000 francs pour le matériel et 10.000 francs par mois pour le hangar, avec une possibilité pour moi d'utiliser le matériel, en payant une location. Un jour, Dutroux est rentré avec un camion et des rouleaux de câbles de la RTT. Je leur ai dit : "Qu'est-ce que vous allez faire avec ça ?". "Vendre le cuivre qu'ils ont dit". Michel Lelièvre décortiquait les câbles volés. Il m'a dit : "Je suis au chômage. J'ai une amie en Tchécoslovaquie. Je veux la retrouver. Elle va avoir un enfant"."

L.A. : "Quand est-ce que Bernard Weinstein a disparu ?"

Roland D. : "Le camion disparaît un jour. Bernard me dit : "C'est Rochow et son copain qui ont fait le coup. C'est un camion volé. Un monstre, un bête. Il avait arraché la porte et la devanture du hangar pour sortir. C'était un camion très spécial, pas commercialisable. Pas un Mercedes. J'ai dit à Bernard : "Tu ne sais pas porter plainte, c'est un camion volé". Et Bernard a dit : "C'est vrai". Il était content. Mais Dutroux, c'était pas comme ça. Il a dit : "Ils vont me le payer, ils vont me le payer. Je vais les avoir ! Et ci et ça". Et moi je disais à Bernard : "Reste tranquille. C'est un fou c'gars-là, laisse-le." Et par après, ils auraient séquestré les voleurs du camion qu'ils avaient volé ensemble. Ca a tourné mal. Bernard est venu chez moi et m'a dit : "On a séquestré Rochow et son copain, et sa bonne amie. Elle s'est réveillée et elle a appelé les flics". Le quartier a été bouclé. Dutroux et Bernard ont essayé de récupérer leurs affaires. Marc Dutroux était venu avec un revolver. Il a tiré pour impressionner les jeunes. Les jeunes m'ont raconté que Bernard était blanc comme du lait. Il ne savait plus quoi. Dutroux tenait le revolver et lui, il a lié les jeunes sur le lit. Ils les ont drogué avec des gouttes. Dutroux et Bernard sont allés rechercher la bonne femme en prétendant que son ami était saoul et qu'il fallait venir le rechercher. Pendant qu'ils pensaient qu'elle dormait, Dutroux et Bernard sont retournés à l'appartement des jeunes pour voler les voitures et vider la maison, vidéo, télé, tout ça. Et après, quand ça a tourné mal, Bernard est venu chez moi et il m'a dit : "C'est un problème, c'est un problème". Je lui ai dit : "Dans quel bazar tu te fourres avec ce mec". Bernard : "J' sais bien. Le premier vol qu'on a fait ensemble, j'ai été pris. Je me suis fait ramasser, alors que je me suis jamais fait ramasser. C'est un porte poisse, d'ailleurs c'est une poisse. J'ai même rêvé de l'étouffer ce type. Je n'en peux plus. Il me colle. Je ne sais pas où me cacher pour me mettre à l'abri."

"Bernard connaissait les Rochow. Il allait manger chez eux. Je lui ai dit d'aller se rendre. Qu'il en aurait pour quelques semaines ou quelques mois. 'Y avait pas eu de drame. Le 4 novembre 1995, Bernard est venu dormir un peu chez moi. Il avait acheté le chalet où il avait séquestré les jeunes. Il voulait récupérer l'argent , les 500.000 francs que sa mère lui avait donnés pour acheter l'autre chalet. Je lui ai dit : "Bernard, tu veux que je te conduise en France ? Il m'a dit : "Dutroux m'a donné une camionnette, moi je lui laisse ma voiture, une Ford Fiesta Diesel. Je n'ai plus jamais revu Bernard. Dutroux est venu reprendre la voiture et tout ce que Bernard avait. Dutroux l'a dépouillé. Je lui avais demandé de me téléphoner. Je lui avais promis de donner les nouvelles, en bien ou en mal. Je n'ai plus jamais eu de nouvelles. Il avait encore des travaux à faire. Dutroux l'a descendu avant."

L.A. : "Avez-vous vu Michelle Martin ?"

Roland D. : "Elle est venue quand Dutroux était en prison. Elle était toujours en relation avec lui. Dutroux voulait lui faire vendre un de ses camions. Il prétendait avoir trouvé un acheteur. Martin a essayé de m'arnaquer, parce qu'ils me devaient trois mois de loyer. Martin a remonté le camion à Sars-la-Buissière. Elle est venue avec un grand blond, que je n'avais jamais vu."

L.A. : "Est-ce que Dutroux avait une emprise sur Bernard Weinstein ?"

Roland D. : "Bernard faisait le loufiat pour Dutroux. Maintenant Dutroux est en train de tout lui foutre sur le dos. Les jeunes m'ont dit : "Dutroux charge Bernard pour la séquestration. Bernard était bon comme le pain. Je ne pouvais pas piffer Dutroux. C'était "Dutroux au trou". On en riait."

Δ

Déjà parus aux Editions Luc Pire

GRANDES ENQUÊTES

L'affaire Cools - *Sergio Carrozzo, Marie-Pierre Deghaye et Gérard Rogge*
L'affaire Dutroux - *René-Philippe Dawant*
Les affaires sont nos affaires - Du scandale RTT à l'affaire Agusta - *Eva Coeck et Jan Willems*
Les ailes de la liberté - Récits d'enfances volées - *Claude Lelièvre et Jean-Claude Matgen*
Appelez-moi Elvira - Traite des femmes et réseaux de pédophilie en Belgique francophone - *Michel Bouffioux et Jean-Pierre De Staercke*
La Belgacomédie - *Philippe Berkenbaum*
La Belgique nucléaire - *Guy Van den Noortgate*
Le blanchiment en Belgique - L'argent criminel dans la haute finance - *Jean Vanempten et Ludwig Verduyn*
Blanchiment : mode d'emploi - Des affaires qui secouent le monde financier - *Jean Vanempten et Ludwig Verduyn*
Blessures d'enfance - *Chantale Anciaux, Michel Hellas et Georges Huercano-Hidalgo*
Demain, les ghettos en feu ? - Enquête et témoignages dans les banlieues belges - *Erik Rydberg*
Des enfants comme les autres ? - La santé, le droit et le bien-être de l'assistance médicale à la procréation - *Claudine Bourg*
Histoire de l'espionnage mondial - Les services secrets de Ramsès II à nos jours - *Genovefa Etienne et Claude Moniquet*
Le juge Connerotte - Un anti-héros dans la légende *Michel Petit*
La mafia des Hormones - *Jaak Vandemeulebroucke*
Nelson, l'esclave aux pieds d'or - Le roman vrai d'un jeune footballeur - *Daniel Renard*
Paroles d'argent - Les riches en Belgique : enquête et témoignages - *Martine Vandemeulebroucke et Marc Vanesse*
Le Vlaams Blok - *Hugo Gijsels*

COLLECTION POLITIQUE

Le cas Happart - La tentation nationaliste *Bénédicte Vaes et Claude Demelenne*
Commerce mondial : une clause sociale pour l'emploi et les droits fondamentaux ? *Denis Horman*
Confrontations - Le débat PS-Ecolo - *Ouvrage collectif*
La crise blanche - La Belgique du chagrin à la colère *Alain Tondeur*
Elio Di Rupo - De la chrysalide au papillon Biographie - *Chantal Samson et Livio Sérafini*
L'extrême droite contre les femmes *Ouvrage collectif*
Fausses pistes - L'aventure du journal POUR *Irène Kaufer*
Le grand chantier - Réflexions d'écologistes *José Daras, Jos Geysels, Henri Simons et Mieke Vogels*

Ouvrez les yeux ! - Le Vlaams Blok déshabillé *Hugo Gijsels*

Les rats noirs - L'extrême droite en Belgique francophone - *Manuel Abramowicz*
Une réaction citoyenne - Les leçons d'un comité d'action à Mellery - *Catherine Fallon et Philippe Lamotte*
Rendre confiance - Le Manifeste libéral
La société de l'information
Clés pour une ère nouvelle - *Jean-Luc Dehaene*
Tous au chômage ? - Pour en découdre avec l'exclusion sociale - *Benoît Drèze*

COLLECTION INTERNATIONALE

2002, Odyssée de l'Europe - *André Riche* (coordinateur)
Dix commandos vont mourir ! - Rwanda, 7 avril 1994 - *Alexandre Goffin*
Les guépards - De la première à la deuxième république italienne (1992-1995) - *Sergio Carrozzo*
L'internationale de la Haine - Paroles d'extrême droite - France - Italie - Belgique - *Rinke van den Brink*
Qui a tué nos paras ? - *Alain Destexhe*
Rwanda, an 2 - *Pierre Maury*
Rwanda : documents sur le génocide
Citoyens pour un Rwanda démocratique
La solidarité est la tendresse des peuples
Hommage à Pierre Galand - *Ouvrage collectif*
Vers un nouveau Rwanda ?
Entretiens avec Paul Kagame - *François Misser*

COLLECTION DOCUMENTS

D'Abonnement à Zapping - Le dictionnaire de la télévision - *Serge Bailly et Vincent Galuszka*
Défendre l'enfant - Rapport annuel 1995 du Délégué général aux droits de l'enfant - *Claude Lelièvre*
Le droit d'être un enfant - Rapport annuel 1994 du Délégué général aux droits de l'enfant *Claude Lelièvre*

HORS COLLECTION

A chacun son cinéma - Cent cinéastes belges écrivent pour un centenaire - *Jean-Michel Vlaeminckx*
Le duel Tintin-Spirou - L'âge d'or de la BD belge *Hugues Dayez*
La Reine Astrid, mon amie à moi - *Anna Sparre*

HUMOUR

C'est pour offrir ? - 10 ans de petits dessins *Pierre Kroll*
Histoire du belge - Comment il est sorti du tombeau, comment il y est rentré - Tome 1 : de la nuit des temps à la Muette de Portici - *Stéphane Baurins, André Clette, Jean-Claude Salemi et Willy Wolstajn*
Je vous l'emballe ? - L'année de Pierre Kroll 1996 *Pierre Kroll*

REVUE

Cahiers d'Europe · numéro 1 - Présence des religions
Cahiers d'Europe · numéro 2 - La démocratie

NOTRE CATALOGUE COMPLET SUR SIMPLE DEMANDE AUX
Editions Luc Pire, 76 rue Lesbroussart, B-1050 Bruxelles · Tél. : 02/640 85 96 · Fax : 02/646 72 22